神代の風儀（かみよのてぶり）

「ホツマツタヱ」の伝承を解く

改訂新版

鳥居 礼 著

鳥居礼「神代の風儀」

アカハナマイキヒニミウク
フヌムエケヘネメオコホノ
モトロソヨヲテレセヱツル
スユンチリシヰタラサヤワ

アワの歌

神代(かみよ)の風儀(てぶり)　目次

装幀　堀渕伸治

絵画・版画　著者

ういのひといき

語り手——鳥居　礼
聞き手——小笠原　長清

神代の風儀

鳥居 江戸時代の『ホツマ』研究者である、小笠原通當（みちまさ）氏の子孫であり、わたしの古くからの友人でもある小笠原長清（ながきよ）さんに質問をしていただいて、本書のことをわかりやすくお話ししていきたいと思います。

小笠原 よろしくお願いします。まず、『神代（かみよ）の風儀（てぶり）』という題名ですが、これはどんな意味をもっているんですか。

鳥居 日本の文化、文明というものの本質を知ろうとするとき、日本人の心の真相を知ろうとするときに、もっとも注目しなければならないのは、古典の中の「神代」なんです。かの『古事記伝』でおなじみの本居宣長も、この世のいろいろな道理や人の道は、すべて古典の「神代」の中に備わっているといっているんです。道を求めるものは、古えの道を歩み、その中でもとくに神代を知らなければいけない、ということをいっています。

小笠原 『ホツマ』には、『古事記』『日本書紀』とちがって、神代の記事にたいへんすぐれたものがあることが特徴ですね。日本の伝統の本質に触れるような。

鳥居 そうなんです。記紀が落してしまった、古代の人々の考えかたや風習がたくさん書かれています。このような『ホツマ』における「神代」に見られる人々の考え風習（てぶり）を『神代（かみよ）の風儀（てぶり）』としてまとめてみました。

小笠原　とくに天地開闢(かいびゃく)に関する記事はすごいですね。高天原(たかまのはら)との関係において説かれています。

鳥居　とても難解なんですが、まことにすごい。神代の中でも、この天地の成りはじめの部分に本質があるんです。なにかの道を求めようとするときは、そのもっとも成りはじめの部分、初(うい)の部分を見る必要がありますね。『ホツマ』の天地開闢伝承は、他の文献のものとちがって、霊魂観、言霊(ことだま)観にしっかりと裏づけられた体系だったものです。このようなものは、中国の古典にもありませんね。

小笠原　四十八音の一音一音を神として考え、その神々が天地開闢にかかわっているところがすばらしい。美しくもあります。

日本の美意識

鳥居　「美しい」という言葉で思い出しましたが、なにかの本質を探るときは、美意識というものに着目するということが、もっとも大切だと思います。これは古代のこと、神代のこともまったく同じです。たとえば、日本文化の本質のひとつに、「清々(すが)しさ」というものがありますが、これは日本人がもっとも美しいと感じる心の状態、もののあらわれ方なんです。それは理屈よりも、もっと本質的な、直観的なものです。世の中にはいろいろな道があります。宗教にしても、哲学や思想にしても、政治にしても。そして、これらの別々の道に人々がどうして入っていくのかというと、たとえば、ひとつの宗教の道を歩もうとするときは、その宗教の教典や教義をすべて納得して、あるいは理解できて、よしこれならいいといって入っていくのではありませんね。その宗教の教典や美術品、あるいはもろもろの表現にあらわれた美意識に共鳴して入っていくわけです。本音の部分が美意識にあらわれるんですね。逆にいえば、その文化とか、宗教とか、思想とかが、どのような美意識をもっているかによって、それらの本質や水準がわかってくるわけです。

小笠原　その日本美の特質については、「日本の美意識と表現」というところで、かなりのべていますね、美術教育を含めて。西洋では近代になって、とくに創造性、個性といったものが問題にされているでしょう。美術の世界ではとくに顕著ですが、日本の伝統の中ではどうなんですか。

鳥居　日本ではまったくそのようなものは、問題にされませんでした。そのようなことを言挙げすることは、逆に卑しまれたんです。大和絵などを見ればよくわかります。絵師たちは物語りにそって、ただ美しく描いていますね。自分を主張しようなどという気持は微塵もない。大和絵を見ていると、ほっとして心が清まります。近代の絵画の表現は、攻撃を根本にしているので、見ていると疲れ穢れる。大和絵師たちの心ばえというものは、現代の美術の世界や美術教育の考えかたからは、まったく理解しきれない、高い心の世界です。

小笠原　創造や個性の尊重というものを、とくに強調することは、個人主義に根ざしていますね。保田與重郎（よじゅうろう）さんや柳宗悦（むねよし）さんたちは、これを強く否定しています。

鳥居　西欧では個性、創造性を尊重しますが、中国でも「奇」というものを重んじるんですね。文人の富岡鉄斎先生も、絵画における「奇」の重要性をよくいっておられた。しかし、日本ではこの「奇」さえも、問題にならないんです。ただ素直に、清らかに描く、それだけですね。庶民の方では、大津絵やお伽草子（とぎぞうし）、奈良絵本などがそのよい例です。庶民の土俗の力強さ、たくましさ、素直さがいきいきと表われています。

小笠原　「奇」を尊重した鉄斎先生も、この大津絵にはおよばないと、ご自分でいっておられる。教育の世界でも、このような日本古来の人の心のありかた、表わしかたというものを、もっと真剣に考えなおす必要がありますね。そのような時期にきています。音楽でいえば和琴（わごん）ですね。

鳥居　琴（きん）や箏（そう）ではだめです、和琴でなくては。崇高で土俗な音色は、和琴だけがもっています。明治以前、日本には中国の影響下にすぐれた画論、芸術論がたくさんありましたが、明治の学校制度以来、まったく切り捨てられてしまいました。中国や日本の画論は、自然と一体となるということを、絵を描く上での大原則としています。西洋にはない高度な思想に貫かれているんです。ところがそれらは現在まったく省みられていない。逆に外国人の方が興味をもっているという、情けない状況です。西洋美術や音楽はもう古い。

小笠原　教育に関しては、『ホツマ』に日本固有の教育観が豊富に載るので、本書でもかなり取り上げていますね。

鳥居　古えの風儀(てぶり)、古え人のものの考えかたを知る上で、とても大切なことなんです。

大嘗祭のことなど

小笠原　ところで、美意識や日本の古習(いにしえぶり)との関連から、大嘗祭(だいじょうさい)のことを書かれていますが。

鳥居　そうなんです。大嘗祭には、日本の古習の典型、源泉が集約されていますね。もっとも大切な、国をあげての重儀です。『ホツマ』では、嘗事(なめごと)のもっとも大きなものです。君臣民(きみとみたみ)一体の祭りごとですね。悠紀(ゆき)、主基(すき)の地方でとれた初穂を祖霊に供え、天皇御親(おんみずか)らも聞こし召す。吉野国栖(くず)の村人の古俗を奏上することなど、これもやはり古えを知る上で見のがすことのできないものです。本書では、『延喜式(えんぎしき)』に載る「践祚大嘗祭(せんそだいじょうさい)」の式次第の要点を、わかりやすく書きました。

小笠原　吉野山と子守神のことも書かれていますね。

鳥居　ご承知のように、奈良の吉野というところは古くから歴史の舞台となったところで、古くは神武天皇が東征の砌(みぎり)、東吉野の小川に立ち寄られて、重大な卜占(ぼくせん)をなさっています。その後、応神天皇と国栖の村人の出会い、大海人皇子(おおあまのみこ)、のちの天武(てんむ)天皇と国栖の村人、室町になって、後醍醐(ごだいご)天皇と吉野山の南朝樹立など史跡に富んでいますね。『ホツマ』では、神代から神武朝にかけて活躍された子守神の子孫と、吉野山の子守宮が関係してきます。

小笠原　子守宮といえば、古道を説いた宣長がとくに尊んで信仰していた神社ではありませんか。

鳥居　そのとおりです。本居宣長という人は、お父さんが子守宮に祈願してできた子供なんです。また吉野山の桜は、日本美を語る上で欠くことのできないものです。

小笠原　美しい桜の日本的な情景と、古えの風儀が一体となっているんですね。

鳥居　吉野といえば、土産に売っている吉野雛は最高ですね、古風で。今回の調査では、新たにいろいろなことがわかりました。その中でもとくに、子守神の子孫と考えられる、子守家の方にお会いできたのは、個人的にも感激いたしました。『ホツマ』には、綏靖(すいぜい)天皇の御代に、吉野の地に、子守神と勝手神の子孫が、夫婦で住んでいたことが書かれています。そのとき天皇から、子守神、勝手神を祭るよう命ぜられたんです。また、「若宮(わかみや)の大人守(うしもり)の臣(とみ)」という称号までいただいています。現在伝わる子守宮のご祭神は「子守若宮」であり、子守家にも代々子守宮で子守神を祭っていたとの伝承があることから、『ホツマ』の記述を裏づける、有力な手がかりであるといえます。現在の宮司さんは山本康男氏で、山本家の前は前坊(まえぼう)家が祭祀(さいし)にたずさわっていました。その前に子守家が奉斎していたわけです。また、東吉野で国栖奏(くずそう)の翁舞(おきなまい)を代々伝承している辻田さんという方が、わたしの親戚だったことがわかり、より一層、古俗の国栖奏が身近なものに感じられてきました。

小笠原 機織りについて、『ホツマ』には詳細な記述がありますね。機織りのしかたや、刑法、行政の仕組みなども関連してきます。

鳥居 これは「機織りの道」として書きました。機織りのことは、一般にはあまり知られていませんね。絹や機織りは中国から伝わったものだと思っている人が多いと思いますが、これは大きな間違いです。『ホツマ』にそれらのくわしい伝承が載っています。機の織り方、位に応じた織り物の種類、大嘗ヱ(おおなめ)のときの錦織り(にしきお)の御衣(みは)、機と行政組織の関係、それから発展して刑罰の種類など、とても詳細な内容をもっています。

小笠原 『ホツマ』『ミカサ』も、その文全体がひとつの機織りとしての表現がされていますね。題名も「何々の紋(あや)」となっています。

鳥居 そうですね。五七調の長歌と、それを構成する天体の原理を象徴した璽(をしで)によって、原文全体が、さながら天の川の綾錦のように織りなされ、綴られています。

高天原と常世国

小笠原 天上の高天原(たかまのはら)と、地上との交流について、少し話して下さい。

鳥居　先ほども少し話しましたけれど、『ホツマ』『ミカサ』のひとつの特徴は、日本固有の、すぐれた天地開闢(かいびゃく)伝承の記述が多く見られることにあります。そこに関係するのは、四十八音の言霊としての神々です。その中でも、もっとも中心となるのは天御祖神(あめのみをやのかみ)で、その神が天御中主神(あめのみなかぬしのかみ)、国常立尊(くにとこたちのみこと)と転生し、地上に国を経営されるわけです。天上高天原の天御祖神、その転生として地上に降り立ち、常世国(とこよのくに)を造営された国常立尊、その御子のトホカミヱヒタメ八神と八方(やも)の国々の経営などが明確にわかります。『神代(かみよ)の風儀(てぶり)』の中でも天地開闢は中心的課題となっています。とくに、天御祖神が御手(みて)を結ばれ、いろいろな物が生まれてゆくところはすごい。劇的な感じさえします。

小笠原　常世国と橘(たちばな)のことにも触れられていますね。

鳥居　常世国のことも、高天原や浮橋同様、他の文献からは全くその姿がつかめません。『ホツマ』には、天御祖の転生として、この地上に降り立たれた国常立尊が、世界の八方の国々の政事(まつりごと)を整え、その国々を常世国といったことが書かれているんです。天地開闢のときは世界は一つだったともいえますね。一体の政事がおこなわれていた。天地開闢までつきつめて考えていくと、そこに本当の意味の国際性が見えてくるんです。

小笠原　民族性や血脈という、霊的な視点をぬきにした、近ごろのわけのわからない根なし草の国際性とは、まったくちがいますね。

鳥居　そうなんですね。そして、この常世国の風儀は、東北日高見(ひたかみ)地方に後世まで受けつがれていきます。また、伊弉諾尊・伊弉冉尊をはじめ、天照大神など代々の君は、この常世国の政事を最大の理想とし、かぐわしい橘の木を植えることによって、古えの御代の祭政の春の息吹を、今生に甦らせることを願ったのです。すなわち、日本の文化、政治の本質は、復古にあるんですね。古風を再現し、そこにこの世の新しい息吹を吹き与える。それが神代より国風の第一義となっているんです。

小笠原　これは創造なんていうこととは、まったく次元のちがう世界ですね。創造と破壊とは表裏一体ですが、わが国では、いかに復古し、古儀を守り、つなげていくかが問題となる。ところで、橘は依代神籬としての「たてばな」すなわち立花に通じると書かれていますね。

鳥居　そうなんです。後世にいたっても、日本の表現の本質は依代としての表現にあるんですね。

小笠原　二神の国生みのところで、浮橋や瓊矛の神器についてものべられていますが。

鳥居　ここもまた『ホツマ』の真価がはっきりとわかるところです。浮橋も昔から学者のあいだで、いろいろな論議を呼ぶところなんですが、『ホツマ』では、人々を神の道、天の道に導き渡すことを「浮橋を渡す」とたとえていったことであることがわかります。

小笠原　心の橋渡しをすることですね。

鳥居　男女の仲をとりもつことも、浮橋を渡すといいます。

小笠原　『ホツマ』には、そのような比喩が多く見られますが、みな高い美意識をもっていますね。

鳥居　まったくそのとおりです。詩情があふれています。日本の本質は和歌にあり、その大もとは和歌で綴られた『ホツマ』の中にあります。二神が天神より賜った瓊矛（とほこ）ですが、これは『古事記』では「沼矛（ぬぼこ）」、『日本書紀』では「瓊矛（ぬぼこ）」と表記されています。しかし本当は、君のもっとも重要な教えを書いた、神璽としての、あるいは文（ふみ）としての「瓊（と）」と、「天逆矛（あめのさかほこ）」の二種の神器のことなんです。最近の本では「瓊矛（ぬぼこ）」としか書かれていませんが、よく調べると、昔は「トホコ」の訓みもちゃんとされていたんですね。そのような写本がたくさんあります。

小笠原　「瓊（と）」という神器の概念は、他の文献ではまったくわかりません。

鳥居　「瓊（と）」はトホカミヱヒタメ八神のうちの、トの神に通じるものです。そして、代々（よよ）の大君としての教えをしるしたものであることが、『ホツマ』よりわかります。日本はトの神が守護されているので、トの神と宗を一つにすることが大切であると説かれています。「ヤマト」の国号の「ト」もこれと一体です。

小笠原　あと『ホツマ』の神代の記述の大きな特徴はなにかありますか。『日本書紀』や『古事記』には見られないような……。

鳥居　地上の第一神である天御中主神（あめのみなかぬしのかみ）が、アイウエオの五音五元素が一体となった人体として、生（あ）れましたということです。さらに天照大神（あまてるかみ）は男神ですが、十二后を制定し、人としての生活のご様子が描かれています。このように『ホツマ』の神代は、神々が人として描かれていることが特徴であるといえます。わが国では、「カミ」といった場合、神々しい人のことも指すんですね。『ホツマ』にも、「人は神　神は人なり　名も誉れ(ほま)　道立つ法(のり)の　神は人　人素直にて　ホツマ行く　まこと神なり」という、すぐれた歌があります。

小笠原　最後に、『神代(かみよ)の風儀(てぶり)』を読む上での注意を話して下さい。

鳥居　まず表記のしかたですが、『ホツマ』の原文は、助詞にかなりの揺れがあって、一定ではありません。ですから助詞は原則として、原文の璽(をしで)の表記どおりにします。ただし、助詞の「を」に関しては、『ホツマ』では一貫して「お」に当る文字が使われています。ところがこのままでは読みにくいので、「を」に変えて表記してあります。本来は助詞は「お」でなくてはおかしいんです。「を」は、治む(をさ)とか、中央の「を」とか、魂(たま)の緒(を)とか、璽(をしで)とか重要な意味にのみ使われるべきなんですね。璽(をしで)のヲがそのような形なんです。それから、神名などをはじめとする漢字訳ですが、とくに神名などは当て字が多いので、できるだけ訓で考えるように心がけて下さい。漢字は読みやすくするための便宜的なものにすぎません。漢字を付すことによって、日本本来の心、宣長のいう「大和心」が分断されてしまったり、意味が限定されてしまったりという弊害が生じます。たとえば「カミ」は、上、守、神、紙、髪、頭などと表記されますが、これらは本質的に同根なんです。『ホツマ』ではみな「カミ」と表記されます。八母韻説ですとちがうことになるんですが、それは奈良時代だけの表記法をもとにした考えかたです。八母韻説に反対している国語学者もいます。日本人はあまりにも漢字に慣れすぎていて、漢字文化が日本文化であると勘違いしてしまっています。漢語、漢字は日本文化の本質にはまったく関係ないんですね。

小笠原　漢字文化の向うに、ほんとうの日本の姿があるんですね。

鳥居　そうです。漢字にたいする劣等意識、執着というものを捨てたときに、はじめて大和の国風（くにぶり）の美しさが見えてくる。『ホツマ』学は、漢字文化のさらに上にあるのです。

『ホツマツタヱ』とは

ここで、『ホツマツタヱ』にはじめて接する方のために、その概略をのべておきます。『ホツマツタヱ』は、全文が璽（をしで）という、天体の成りたちを象徴した、一字一音の象形表音文字によって書かれた、『古事記』『日本書紀』の原典と考えられる文献です。全編が美しく品格の高い、五七調の長歌と短歌によって綴られ、機織りとしての表現形式をとっています。『ホツマツタヱ』は、大己貴（おおなむちの）命（みこと）や子守神の子孫である、三輪臣大直根子命（みわのとみおおたたねこのみこと）が編纂されたものですが、その内の神代に相当する部分は、大直根子の先祖である、大物主櫛甕玉命（おおものぬしくしみかたまのみこと）が、神武天皇即位前八年に著されたものです。これは『日本書紀』の紀年にそのまましたがうとすれば、西暦紀元前六百六十八年に当ります。それに神武天皇以降を加え、大直根子命が『ホツマツタヱ』四十紋（あや）を編纂されたときに、熱田神すなわち日本武尊の御告げにより、景行天皇も『香久御機』の御文を染め上げられました。そこで、子守神の道の兄である天児屋根命の子孫、伊勢神宮の祭主である三笠臣大暁島命も、天児屋根命より伝わる伝承を『ミカサフミ』として著し、古え瓊々杵尊と鏡臣天児屋根命、剣臣子守神が一体となって政事を治められたように、『香久御機』『ミカサフミ』『ホツマツタヱ』の三書が、ここに上梓されたのでした。『香久御機』はどのようなものであったかは不明です。『ホツマ』は全巻が完全な形で写本が残されていますが、『ミカサ』は六十四紋のうち九紋しか伝わっていません。

その後、数々の政変に遭遇し『ホツマ』『ミカサ』『フトマニ』の三書は、大直根子命の子孫である、江戸時代の三輪容聡まで伝えられ研究されます。容聡亡きあと三書は近江の藤田家に渡り、そののちこれを京都天道宮宮司従四位小笠原通當が発見、公に研究がおこなわれます。その結果『秀真政伝』十巻が著されます。さらにこのころ、やはり『ホツマ』を研究していた僧溥泉が、『春日山紀』『朝日神紀』などを著しています。

小笠原家では、通當の子通孝が同じく天道宮の神主になっていましたが、おしくも戊辰の役に隊長として加わり、自刃してしまいます。のち、親戚すじの小笠原長弘、ついで長武に受け継がれました。小笠原長武は『おやのひかり』『ホツマ歌』をはじめとする、多くのすぐれたホツマ研究書を残しています。

さてこれら小笠原家によるホツマ研究は、大正期の長武をもってとだえてしまいます。ところが、昭和四十一年松本善之助氏によって、ふたたびこの世に甦ることができたのです。氏は心血をそそいで研究に没入し、『ホツマ』原典の復刻版をはじめ、『月刊ほつま』『ホツマツタヘ』正続などをつぎつぎに発表、ホツマ研究に多大な業績を残されています。著者は、小笠原家が主催していた研究会において、松本善之助先生にご指導を受けたのでした。

つぎに『ホツマ』の内容について、少しのべることにしましょう。『ホツマツタヱ』『ミカサフミ』は、日本文化、古代文明を解き明かすのになくてはならない内容をもっています。宮中における伝承、民間における伝承の根源がしるされています。そしてなによりもすばらしいことは、それらの伝承の根拠、すなわちなぜそのような伝統が生まれたのか、ということがわかることです。たとえば言語の方では、一音一音の意味や、語源、枕詞(まくらことば)の発生理由、和歌、琴、神葬祭(しんそうさい)、食生活、腹帯、天児(あまがつ)、男女の道、あるいは三種神宝(みくさのかんだから)の真相などと、他の文献からはまったくわからないようなことがらが、天体の運行、宇宙の原理にもとづいて説き明かされています。これらは、「物と魂魄(たましゐ) 結(ゆ)ひ和(やわ)す」という言葉に象徴されるように、物質的な視点、霊的な視点を常に片寄ることなく、総合的に包括するものであり、今後の文明のありかたを考えるとき、第一に重視されるべきものであろうと考えます。

さらに、『ホツマ』の中でもっとも重要な歌は、「アワの歌」です。「アカハナマ　イキヒニミウク　フヌムエケ　ヘネメオコホノ　モトロソヨ　ヲテレセヱツル　スユンチリ　シヰタラサヤワ」

という「アワの歌」の「ア」は天(あめ)、父、「ワ」は地(くに)、母、「ヤ」は人、子を表わします。この「ア、ワ、ヤ」の一音一音の中に、天地人を父母子とする血脈的自然観が内包されているわけです。これらの音は、頭(あたま)、腑(わた)、子供をあらわす「やや」という言葉などにその意味が含まれています。そして、『ホツマ』における思想、政治、生活というものは、すべて天地人(あわや)が一体となることを最大の目的とし、親和性の中に日々の営みがおこなわれるという、日本伝統の特質の根源を示すものです。また、「人は神　神は人なり」の言葉が示すように、神と人とを区別しない、天界高天原(たかまのはら)の神々の分(わけ)霊(みたま)として、人々の魂魄(たましゐ)があるという思想に貫かれています。すなわち、天上高天原から人となって地上に宿り、死後神となって天上に生まれ出づるという、固有の転生観、死生観にもとづいているのです。そしてこの生死も、すなわち四十八音神の言霊の神々の神力によってなされることがわかります。

いまひとつ、『ホツマ』ことに神代における中心課題は、夫婦和合、子孫繁栄の「伊勢の道」を基軸とする宮中と、怨念によって夫婦和合を崩し、子孫の繁栄を妨げんとする大蛇(おろち)、ハタレの壮絶なる戦いにあります。これは、すでに天地開闢(かいびゃく)のときに清きものと濁れるものとが存在したように、神代においても清きもの穢(けが)れたるものがあったこと、しかし、清らかなるものが常に穢れたものを抑え鎮めるべきであるという、天体の原理、政事の本質を示す記述であるといえます。これに加え重要なことは、『ホツマツタヱ』の表現そのものが、読む者をして知らぬ間に清浄な心にしてしまうような、高度な情感と高い美意識をもっていることであろうと思われます。

さあ、これから古えの道を神代（かみよ）の風儀（てぶり）の中にもとめ、その理想の地を天上高天原（たかまのはら）につづく常世国（とこよのくに）とする神路（かみぢ）への旅をはじめることにしましょう。大直根子命の御歌にこうあります。

世々の文　まちまちなれば
見ん人も　予（あらかじ）めにて
なそ知りそ　百千（ももち）試み
遙かなる　奥の神路え
まさに入るべし

㈣ 天地開闢伝承

古風

『古事類苑』に「宮内官人、吉野の国栖を率ゐて古風を奏し、悠紀の国司歌人を率ゐて国風を奏し、出雲、美濃、但馬等の語部は古詞を奏し、隼人司は、隼人を率ゐて風俗の歌舞を奏す」と、天皇御一代のうちの、もっとも重き祭典である、践祚大嘗祭のいにしえぶりがしるされています。

日本の伝統において、「古儀」ということは、もっとも尊ばれるべきことでした。それは、古えにたいする自負、自信に裏づけられた心がまえでした。古えを尊び、古えをしたいなつかしむ。そういった心と、伝える者の新しい息吹によって、わが国の文明は保たれていたのでした。絵の道においても、歌の道においても、古えをしたいそのなつかしさを表わすということが、その道の第一義とされていました。すぐれた作品を残した人ほど、その心を強く持っていました。何かを表現しようとするとき、一代の体験や記憶だけによってすれば、それはとても微力な、よわよわしい表現となってしまうことでしょう。自己の深層に眠っている、遠い祖先より伝えられた潜在的な記憶を思い起し、その心とひとつになるとき、地についた強くたくましい表現ができるように思われます。

日本の伝統の風儀、古風の源を、究極の形を知ろうとするとき、わたしたちは日本における神典といわれるものにしるされた、「神代」にその目を向けなければなりません。本居宣長も「大かたの世の中のよろづの道理、人の道は、神代の段々のおもむきに、ことごとく備はりて、これにもれたることなし」「されば、まことの道に志あらん人は、神代の次第をよくよく工夫して、何事もその跡を尋ねて、物の道理をば知るべきなり」といっています。本当の道を極めようとするなら、古典の中の神代の記録にしるされたことを学ばなければならないことを強調しています。これはいいかえれば、日本の伝統の源泉が神代の事跡、神代の風儀(てぶり)にあるということにほかなりません。そしてさらに、神代の中でももっとも究極的なものは、天地開闢(かいびゃく)に関する伝承です。天地(あめつち)の成り初めるときの伝承に、現在のわたしたちのおこなう表現といったものの、生のままの原始な姿があるのです。

世界のいろいろな民族が伝承する開闢神話・創世神話は、これからのべようとする『ホツマツタヱ』の開闢伝承に比べ、単純な内容のものがほとんどですが、そこには、さまざまな共通性も認められます。その共通性を見ていると、もっとも原初の時点では、多くの民族がひとつのものであったのではないかという印象さえ受けます。しかしながら、そのような神話、伝承の共通性、あるいは文化の共通性を日本と他の国々のあいだに見つけると、ただちに外国より日本に伝えられたものだとする、今日の学者の劣等意識というものは、まことに悲しむべきものといえます。平田篤胤は『霊の真柱(みたまのみはしら)』の中で、「遙西(はるか)の極(はて)なる国々の古き伝へに、世の初発(はじめ)、天つ神既(すで)に天地を造了(つくりおは)りて後に、土塊(つちくれ)を二つ丸(まろ)めて、これを男女の神と化し、その男神の名を安太牟(あだむ)といひ、女神の名を延波(えは)といへるが、此二人の神して、国土を生りといふ説の存るは、全く、皇国の古伝の訛りと聞えたり」とさえいっているのです。すなわち、イスラエル民族の伝承である『旧約聖書』の創世神話は、わが国の古典に記された伊奘諾・伊奘冉尊の伝承が、変化して伝えられたものである、とものべています。

これから考えていく、『ホツマツタヱ』の開闢神話を見る前に、たびたび日本の開闢伝承と比較される中国神話のうちで、代表的な「盤古神話」を載せておきます。これは、『芸文類聚』という書の『三五歴紀』に記述されたものとして書かれています。――「未だ天地有らざりし時、混沌の状雞子の如し。盤古其中に生ず。一万八千歳にして天地開闢す。清陽は天を為し、濁陰は地を為す。盤古其中に在り。一日九変すること天より神なり、地より聖なり。天は日に一丈高く、地は日に一丈厚く、盤古は日に一丈長くなる。此の如くして一万八千歳。天は極めて高きを数え、地は極めて深きを数う。盤古極めて長く、後に三皇有り」

『ホツマ』の天地開闢伝承

『ホツマツタヱ』の神代の部分には、神典といわれる『古事記』『日本書紀』『古語拾遺』などの書物には見られない、豊富な内容がしるされています。天地開闢の部分についてもまったく同じことがいえます。『ホツマ』における天地開闢の記述は、いろいろな紋に分散して書かれ、あるいは『ミカサフミ』にも多くのべられているので、それらを総合し、訳してここにしるすことにします。

[一]天も地も人も、いまだ何も分かれていなかった時のことでした。天界に坐す[二]天御祖神は、[三]◎(ア)の掌相を両手に結ばれ、初の一息をお生みになられました。初の一息は、東に登り西に降って、極なく巡りつづけました。この御祖の神は天元神ともいいます。

やがてその円な動きの中に、天と地に届くような[四]天御柱が出現したのです。その御柱から、[五]アワとウビが分かれ生じました。アワは清く宗元の陽神となり、ウビは濁っていたので源の陰神となりました。水の上に脂の浮ぶように、陰陽が分かれたのです。陽は清く、軽く巡りながら登って天となり、陰は重く降りながら固まって、地球となったのでした。

またさらに、天御祖神は[六]⦶(カ)の掌相を結ばれ、陽の宗火より日の輪を生じました。そしてそれを赤宮にお据えになられました。つぎに⊖(シ)の掌相を結ばれ陰の源より月が生じると、それを白宮にお据えになられました。⨻(ウン)の手を結ばれ、ウツロヰの神をお生みになりました。⦶(イニ)の手によって級戸神をお生みになりました。そのウツロヰ神を馬として、級戸神を轡とし、光を鞭として、✿(ヲ)の掌相を結ばれ地球を[七]乗り巡られたのでした。そのとき、大地にホオコオという音が轟きわたり、ウビコが煮え、煮上げられた埴は山をなしました。

つぎに御祖神が田手を結ばれると、大地は風に乾かされて野が生まれました。野のクコ埴の上についたウツロヰ神の蹄の跡は、田畑や道となりました。陰である月のシの魂によって、山に滴りが落とされ、それはやがて川となって海と湛えられました。天上では、空が動き出すにつれ、空から風が生じました。風はまた風を生み、そこに火が生まれました。そして、陽の性質をもつものは、空、風、火の三つとなり、陰の性質をもつものは埴、水の二つとなり、合計五つの要素がこの世に生じたのです。

このとき、空・風・火・水・埴、すなわち言霊アイウエオの五つの要素が交わり、天御祖神の分け御魂として、神人がお生まれになったのです。この神人は、人体として出現されました。その御名を天御中主神と申されます。天御中主神は、地球八面にたくさんの人をお生みになられました。日と月にたいし、地球の人々は星に配されました。のちに天御中主神は天にお還りになられ、天界高天原精奇城宮において天御祖神としてご鎮座されました。

しかるのち、天御中主神はふたたび国常立尊として生まれかわられ、常世の道をもって常世国をお造りになられたのでした。国常立尊は、地球八方にトホカミヱヒタメの八降りの御子をお生みになられ、国々を治めさせたのです。この神々を国狭槌尊と称します。トホカミヱヒタメの八御子の神々は、狭霧の道をもって国を治められ、その道を受け入れぬ者は狭槌をもってお治めになられました。

この八御子神のうち、トの国狭槌尊は、木草を土産としホツマ国のハラミ山、すなわち、富士の山にお住みになられました。そのホツマ国の東方遙かに、高く立ち登る日が高波の上に見える国を日高見[十]といいます。

国常立尊は、木の実を日高見の国にお植えになり御子をお生みになられました。その御子の名は葉木国尊と申されました。この神は地上の高天原を日高見の地に定め、御祖である天御中主神を祀られ、橘の木を植えて御子をお生みになられました。この御子は高皇産霊尊、またの名を木の常立尊と申されます。

一方カの国狭槌尊は、赤県国すなわち中国を治められました。名も赤県の豊斟渟尊と申され、代々治められていたのですが、年を経るにつれ道が衰え尽きようとしていました。そこで、カの国狭槌尊の子孫と考えられる西王母は、教えを学ぼうと日本の根の国に渡り来て、豊受大神によくお仕えしたのでした。豊受大神は感心され、菊栗姫の妹として縁を結ばせられ、「山の道奥」を授けられたのでした。西王母は喜んで中国にお帰りになり、[十一]崑崙君と結ばれ、御子をお生みになりました。

その後、西王母はふたたび日本におみえになり、天照大神にお会いになりました。西王母が嘆いておっしゃるには、

「崑崙山の人々はまことに愚かで、肉を常に食し、早死にしております。せいぜい百歳や二百歳

までしか生きられません。まれに千万歳生きる者もございますが、やはり日々肉を喰んでおります。古えより伝わる、長寿の神草の千代見草も、すでに断えてしまいました」

ということでした。天照大神は、その話に耳が穢れたとおっしゃられ、その悪習が日本に移ってこないようにと、二見ヶ浦で禊をなさいました。

やがて歳月も経て、天孫瓊々杵尊の御代に西王母は三度、日本に来られたのでした。崑崙山の険しい山々を越すのにとても便利な峰輿を作られ、民をご養育されていたのですが、その便利な峰輿を、瓊々杵尊への土産として捧げられたのです。瓊々杵尊はたいそうお喜びになられ、西王母に会われました。

「国は越、山は峰輿」

とおっしゃって、峰輿にちなみ、国の名を越国とたたえられたのです。瓊々杵尊は、輿のお礼に三千実の桃を西王母にお与えになりました。その桃は花と実が同時になっていたので、西王母は、

「花実の桃は希なり」

とおっしゃって、国への土産とされたのです。

先の天地開闢時の話にもどることにしましょう。原初の神々は、この地上で国をお治めになり、民を養育されたのち、もとの天界にお還りになられました。天御祖神である天御中主神と国常立尊、およびトホカミヱヒタメの八御子神も、星として天界高天原に配り置かれました。さらに、ア

イフヘモヲスシの八神、三十二の掌相彦（たみめひこ）の神々も鎮座されたのです。そこには、三つの御位がありました。天御祖神（あめみをやのかみ）とトホカミヱヒタメ八神を元（もと）の位、アイフヘモヲスシ八神を中（なか）の位、三十二神（みそふのかみ）を末の位と称したのでした。これら天地開闢（かいびゃく）時の神々がご鎮座なされた高天原（たかまのはら）のうるわしき宮居を精奇城宮（さごくしろのみや）といいます。

十二 天界の様子を見てみると、日の直径（わたり）は百五十トメヂで、月の直径は七十トメヂです。日が巡っているのは、中節（なかふし）の外にある赤き道で、地球（くにたま）と赤き道までの距離は八万トメヂです。月の白道（しらみち）までは四万トメヂ以内の距離にあります。地球（くにたま）の直径は百十四トメヂで、円周（めぐり）は三百六十五トメヂです。地球（くにたま）より、日は遠くに位置し、月は近き位置にあります。諸々の星は天に懸（かか）っていて、まだらの紋様を呈しています。その中で甕星（みかぼし）は、ものごとの吉凶（よしあし）を地上の原野に示す星とされています。日は大きいので一日に一度（たび）遅れ、三百六十五度（みもむそゐたび）動いて、一年目の春立つ日には元の位置に還（かえ）って、はじめ向いあっていた星とふたたび向いあうのです。

十三 天（あめ）はまるで母の胞衣（えな）のようです。日月や人は、みな天の胞衣の中に包まれ、腹ごもっています。天の外を、妊婦の腹にたとえ、「タカマノハラ」とよぶのです。その腹囲り（はらまわり）は、百万トメヂです。地球から星までは十五万八千トメヂです。十四 高天原の外は、その名も常静天（とこしなえ）といって、八隅の極（きわ）には八色の和幣（にぎて）が立っています。南は青、西は紅、北は黄、東は白で、その間の方角の和幣にもそれぞれ色がついています。

高天原の精奇城(きごくしろ)の宮居に坐(ま)す、天御祖神(あめみをやのかみ)のおそばには、トホカミヱヒタメの八元神(やもとがみ)が鎮座されていて、人の魂緒(たまのを)を分け降し、命を結(ゆ)いやわすはたらきをされます。また、そのうちの兄弟(えと)の神によって、人の寿命(よわい)が守られています。アイフヘモヲスシの天並神(あなみがみ)によって、人の音声(ねこえ)が授けられ、東西中南北(きつをさね)と五臓六腑(ゐくらむわた)が整えられます。その周囲に鎮座される三十二神(みそふがみ)により人の眉目貌(みめかたち)が授けられるのです。さらには、それらの神々と、それに従う十六万八千(そむよろやち)の下つ者の神々のご守護によって、人が誕生するときに、神と物と魂魄(たましゐ)が結(ゆ)い和(やわ)され、五臓六腑(ゐくらむわた)および十四経(そよたて)が備わり、人として整った形となるのです。

さて、天御祖神の御丈(おんたけ)は八百万トメヂで、そのお体から発する光は、元々明けの天の恵みとなるのです。御祖神から地上に届けられる天御柱(あめのみはしら)は透きとおっていて、中心の管より天御祖神の息が運ばれます。その管を軸(うてな)として、周囲に八輪、合計九輪の輪が音をたてて回っています。その御祖神の息の数は、日に一万三千六百八十で、人の息の数もさざ波の数も、この息の数と同じなのです。

このように、天界にお還(かえ)りになられた天御祖神と四十八(よそや)神は、奇御魂(くしみたま)となって高天原の精奇城宮にご鎮座されているのです。ゆえにこの地上において、これら四十九(よそこの)神を祭る所を、高天原とたたえるようになったのでした。そのはじめは、東北の日高見地方です。さらに、神を招く清浄な土地は、みなこの高天原に準ずるものとして久しく尊ばれたのでした。

解説

以上が、『ホツマツタヱ』および『ミカサフミ』『フトマニ』などに描かれた、天地開闢の伝承を、各紋から選び出し訳したものです。他の国にはまったく類をみない伝承であることが、よくわかったことと思います。中国の伝承と多少類似性は認められますが、他のほとんどは、まったく異なった固有の伝承であることがわかります。とくに、日本語の四十八音が言霊の四十八神として全体を貫いていることは、たいへん重要なことです。その国や民族において、言語というものに本質が現われるのであり、とくに一音を一神としてあつかっている日本固有の考え方は、他の民族には類のない貴重なものといえます。

それではこれから、『日本書紀』や『古事記』などの文献と比べたり、『ホツマツタヱ』の他の記述と見くらべたりして、注を加え理解を深めていきたいと思います。

一　「天も地も人も、いまだ何も分かれていなかった時のこと」とは、『ホツマ』のいろいろな箇所にその記述を見ることができます。二紋に「古えの　天地ウビの　極なきに」、十四紋に「天御祖神　天地人も　分かざるに」、十六紋に「天地いまだ　分かざるに」、十八紋に「万物を　生みしは昔　天地の　アホウビいまだ　天御祖神」、『ミカサフミ』の「高天原成る紋」に「天地いまだ成らざるに」などと見えます。『日本書紀』においては本文の一番初めの部分に、――「古へ天地未だ剖れず、陰陽分れざりしとき、渾沌たること鶏子の如くして、溟涬にして牙を含めり。其れ清陽なるものは、薄靡きて天と為り、重濁れるものは、淹滞ゐて地と為るに及びて、精妙なるが合へるは摶り易く、重く濁れるが凝るは竭まり難し。故れ、天先づ成りて地後に定まる。然して後、神聖その中に生れます」――と書かれています。この『日本書紀』の記述は『准南子』『三五歴紀』『芸文類聚』『春秋緯』などの中国の天地開闢に関する記述の中から、日本の古伝承に近いものを寄せ集めたものとされています。『日本書紀通釈』の著者として有名な飯田武郷や、その子の飯田季治らは、この一段の文章は日本の古伝にあらずと否定し、つぎに書かれている――「故曰はく、開闢くる初に、洲壌の浮れ漂へること、譬へば游魚の水上に浮けるが猶し」――という記述以降が真の古伝であるとしています。なぜなら前文の「故曰はく」は、前文の開闢神話の一般論が終わり、「だから日本においては、次のような伝承がある」という意味に理解できるからです。

たしかに『准南子』の「天地未剖。陰陽未判。四時未分。万物未生」や『三五歴紀』の「天地渾沌如鶏子。盤古生其中」、あるいは『准南子』の「清陽者薄靡而為天。重濁者淹滞而為地。精妙之合摶易。重濁之凝竭難。故天先成而地後定」、他の漢籍の「伏犠氏定天地分陰陽」などの文を見ると、『日本書紀』冒頭の天地開闢の文章は、たんなる漢籍の寄せあつめであることがわかります。

儒仏二教による影響を神道からとりのぞこうとした、江戸時代末期の復古神道の出現により『日本書紀』の冒頭文に書かれたような、陰陽をもととした考えかた、あるいは五行をもととした考えかたは、もともと日本には存在しなかったとされてきました。復古神道の大成者、古道の提唱者として有名な本居宣長も『古事記伝』の中で「大よそ世に陰陽の理（ことはり）といふもの有ることなし。もともと皇国には、いまだ文字なかりし代に、さること有るべくもあらざれば」云々。また、「漢籍（からぶみ）の易の理をもて説き、陰陽五行を以って説くこととなれる故に、神代の事は、みな假（かり）の作りことの如くになり、古への伝説（つたへ）、尽（ことごとく）に漢意（からごころ）に奪はれはてて、まことの道立ちがたければなり」と、もともと日本には、陰陽五行説のようなものはなく、外来の思想によって説いたために、日本固有の考え方が見えにくくなってしまったといっています。

しかしながら、先の『ホツマツタヱ』の開闢伝承により、それらの考え方は再度検討される必要が出てきます。前記のきわめて貴重な記述を見ていくことにより、中国における陰陽説、あるいは五行説にたいし、日本固有の「メ・ヲ」「イモ・ヲセ」の考え方、あるいは言霊（ことだま）思想にもとづく「アイウエオ」「空風火水埴（うつほかぜほみづはに）」の五元素の考え方が、古来より存在していたことがわかります。さらには、前記のような漢籍における天地開闢の伝承は、個々ばらばらなもので体系性のない単純なものです。それにたいし、『ホツマ』の記述は、言霊観、神々の血脈観にもとづいた、まことに体系だったものということができ、陰陽五行説をはじめとする、中国の開闢に関する記述が、逆にわが国固有の思想の影響によるものであることも考えられるのです。いまいちど、日本文化はすべて大陸から渡ってきたものだという、まことに片寄った先入観を捨て、素直な気持で考え直さなければいけないと思います。日本は古来未開の国で、外国からいろいろな文化を吸収して日本文化ができたというのは、時代の流行に流された、一部の偏向した学者の考え方です。日本文化は、外来文化によってつくられたのではなく、古えより伝わる固有文化がしっかりした下地として備わっており、その表面を外来文化が日本化した形でおおっているに過ぎません。根本の部分はほとんど変わらないのです。

開闢神話・創造神話というものは、各民族に共通した部分がたくさんあります。しかしながらわが国の『ホツマツタヱ』および『ミカサフミ』にしるされた開闢の伝承は、他のどの国のものとも比較にならないような整然とした内容をもっています。また、開闢時の内容が後世の記述と微妙に結びついています。その一例をあげれば、天御柱（あめのみはしら）から地上に届けられる、天御祖神の息の数は一万三千六百八十であると書きましたが、それがずっと降って天照大神（あまてるかみ）の御世、重臣で医術の神である子守神が説かれた「御種文（みたねふみ）」に、「男（を）の息吸（いきす）　一万三千六百八十（よろみちむやそ）　女（め）の息吸　一万三千百八十六（よろみちもやむ）」と男子の呼吸数として出てくるのです。人の命というものが、天界の神々と一体となって動いていることを示しています。

ここで『古事記』の開闢伝承を見てみましょう。――「天地（あめつち）初めて発（ひら）けし時、高天原（たかまのはら）に成れる神の名は、天之御中主神、次は高御産巣日神、次に神産巣日神。此の三柱の神は並独神と成り坐して、身を隠したまひき。次に国稚く浮べる脂の如くして、くらげなすただよへる時、葦牙の如く萌え騰る物に因りて成れる神の名は、宇摩志阿斯訶備比古遅神、次に天之常立神。此の二柱の神も亦並独神と成り坐して、身を隠したまひき」――このように『古事記』の記述は、系図中心のまことに単純なものです。宣長のいうように、「漢意」によっていない点はまことによいのですが、大切な古伝を多く欠いてしまっている点は残念です。『古事記』には、この単純さを求めるがゆえに、不正確な記述となってしまっている所が多々見うけられます。これは、『ホツマ』『書紀』『古事記』の三書比較をすることによって、はっきりとわかります。

二 「天御祖神」は、記紀にその記述のない『ホツマツタヱ』特有の始源神です。「フトマニ図」の中心にある、「アウワ」にあたる神です。この「アウワ」という言葉は、天御祖神の転生神としての、天御中主神の「天」を意味する「ア」、天御中主神がふたたび転生した神である国常立尊の「国」を意味する「ワ」、そして「初」「生む」「動く」の「ウ」から成り立っていると考えられます。

記紀を見てみると、『古事記』では、高天原に成れる神を天御中主神とし、『日本書紀』では、本文に、天地の中に国常立尊が生まれりとしています。紀の「一書」には、虚中に国常立尊が化生でたとし、あるいは国の中に可美葦牙彦舅尊が化生でたとしています。また、高天原に天御中主神が所生れましたとする「一書」も見えます。しかしこれらは、『ホツマツタヱ』に見るような、高

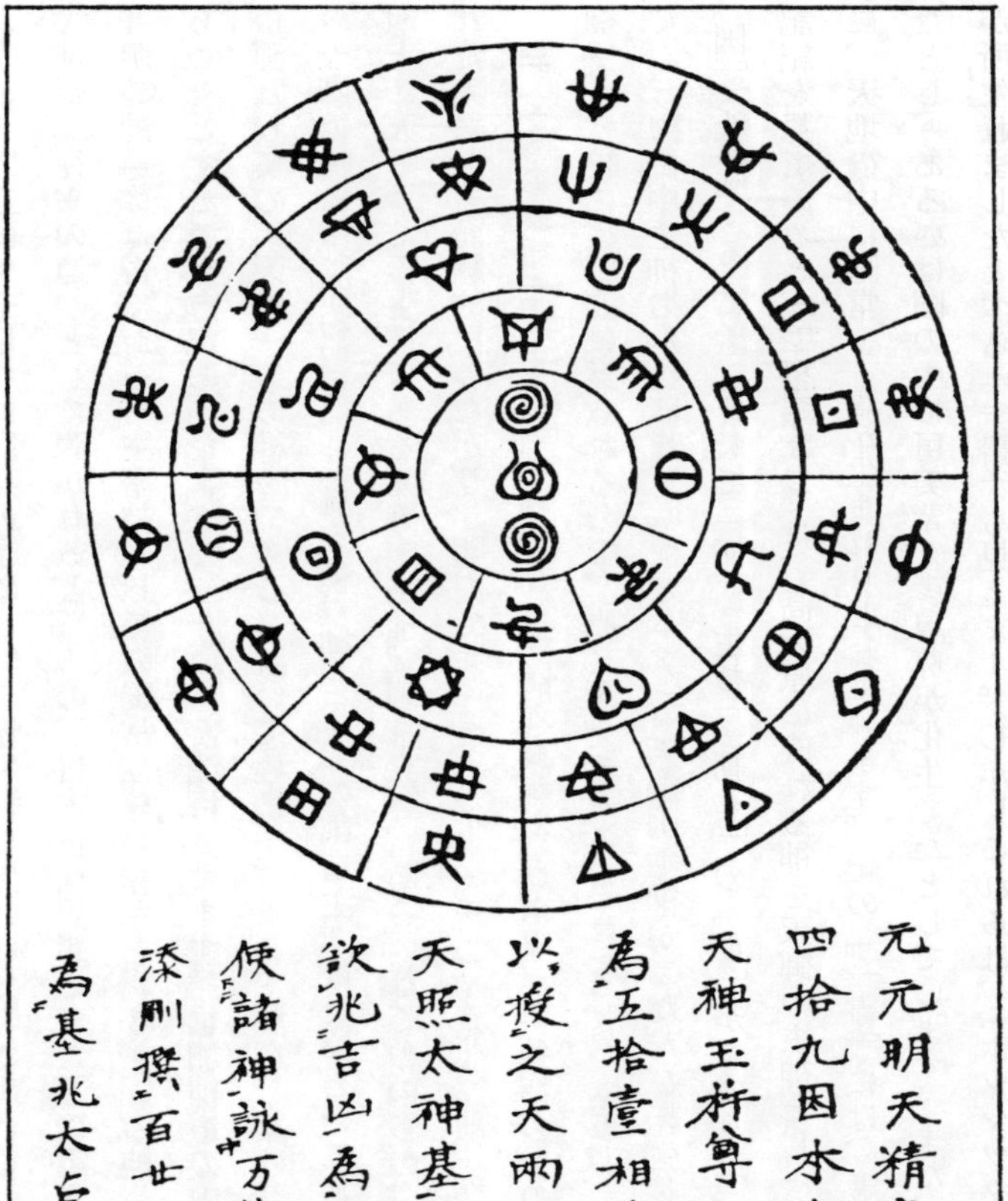
元元明天精奇城
四拾九因本席圖
天神玉杵尊鋟之
為五拾壹相攙璽
以授之天両神兮
天照太神基是璽
欲兆吉凶為點長
使諸神詠万葉情
漆剛撰百廿八詠
為基兆太占紀兮

フトマニ図

天原から地上に、そしてまた高天原にという転生観を欠いたものです。この転生観は、のちに豊受(とよけの)大神(かみ)が「往来(ゆきき)の道」として説かれるところの、日本古代思想のまことに重要なもののひとつです。

伊勢神道には古くから、主宰神としての国常立尊の尊さを説き、この神が天御中主神と同一神であったとする考え方があったようで、たいへん注目されます。垂加(すいか)神道の山崎闇斎(あんさい)も、国常立神が根源としての「天地一気の神」であると説いています。ここで注意しなければいけないことは、この天御祖神は、『旧約聖書』に見る絶対神としての創造主ではないということです。天御祖神は、地上に天降った転生神である天御中主神、国常立尊、あるいはそののちの、代々国をお治めになられた大君とも血脈的なつながりが明白です。

三　「◎(ア)の掌相(たみめ)を両手(まて)に結ばれ」という記述もまた、『ホツマ』独特のものです。この掌相(たみめ)の記事は、十八紋に集中的に見られるので、原文を見てみることにしましょう。

万物(よろもの)を　生みしは昔
天地(あめつち)の　アホウビ未(いま)だ
天御祖神(あめみをや)　◎(ア)手を結びて
吹く空(うつほ)　極(きわ)なく巡り
(ウ)(キ)と(ウ)(ヌ)　◎(ア)(ウ)(ヌ)結びて
天造(あま)り　(ウ)(ヌ)天治(あまし)りて

〔ウハ〕結び　〔ウビ〕を地球（くにたま）
〔カ〕手結び　宗火選（むねほえら）みて
日（ひ）と丸（まろ）め　赤宮（あかみや）に据え
〔シ〕手結び　源選み
月の輪と　白宮（しらみや）に据え
〔ウン〕の手の　ウツロヰを馬
〔イニ〕の手の　級戸（しなど）神は轡（くつわ）
光鞭（むち）　〔オ〕手に地球（くにたま）
乗り巡り　音はホオコホ
ウビコ煮え　煮上（にあが）る山ぞ
〔ノ〕手結び　野風に乾く
クコ埴（はに）に　蹄（ひづめ）の跡は
野良と道　〔シ〕の魂（たま）山に
滴（しただ）りが　流れ海なる
〔カ〕の御魂（みたま）　肥地（こわ）に喜び
〔ウワ〕の手を　地（わ）と天（あ）に分けて

アイウエオ　空風火（うつほかぜほ）と
水埴（みづはに）の　交（まじ）わり成れる
御中主神（みなかぬし）

まことに神秘的な、貴重な記述です。『ホツマツタヱ』の奥義ともいえる部分であり、言霊（ことだま）思想の究極的なところを表わしています。一貫した言霊と語源の関係を見ることができます。ア手と空（うつほ）に巡る息吹（いぶき）。その巡りに関連するウヰとウヌ。アウヌの手と天（あま）造り。ウヌと天治（し）り。ウハの手とウビと地球（くにたま）。カ手と宗、火、日、赤宮。シ手と源、月、白宮（しらみや）。ウンの手とウツロヰ神。オ手と地球の乗り、法（のり）。ノ手と野。シの魂と滴（したた）り、水。カの魂と肥地（こわ）の恵み。ウワの手とアイウエオ、空風火（うつほかぜほ）水埴（みづはに）。という驚くべき言霊観が展開されています。

ここで留意しなければならないのは、「ア手を結びて　吹く空」というところです。十四紋に「天御祖神（あめみをや）　天地人（あめつちひと）も　分かざるに　ウイの一息（ひといき）　動くとき　東登りて　西降り」とあり、アの文字が、天御祖神（あめみをや）の一息（ひといき）の動きを象徴したものであろうことがうかがえます。この「初（うい）の一息」のことは『ミカサフミ』に「天地（あめつち）未だ　成らざるに　天（あめ）の御祖神（みをや）のなす息は　極なく動く」とあり、『ホツマ』の十六紋には「天地（あめつち）未だ　分かざるに　初の一息　円にて」、十四紋に「天御祖神（あめみをや）　天地（あめつち）人も　分かざるに　初の一息　動くとき　東登りて　西降り　空に巡り」と見えます。

『ホツマ』では「ア」はアとも表記されます。そこで『日本書紀』の「一書」を見ると、「天地（あめつち）初めて判るとき、一物虚中に在り状貌言ひ難し」とあります。「虚」は「空」と関係してきますから、この『書紀』の一文とホツマ文字の⊙には、なんらかの共通性があることがわかります。

山口志道、別名杉庵志道の著した『水穂伝』に、自家に伝えられた「布斗麻邇御霊」の⊙という形について、つぎのようにのべられています。――「父の一滴の御伝へ。天之御中主神の御霊」「此の御霊の正中のゝは、天地未だ生らざるのゝなり。此の御名のアメといふはアは、空水の霊にして、五十連の水火の総名なり」「天地の初、虚空の正中にゝの気と云ふ御名にて、則ち〇の正中にゝをなして、其の御形⊙是の如し。則ち天之御中主の御霊なり。〇は母の水、ゝは父の一滴なり。草木一粒の種なり。此の御中主の御ゝ、女男交合時、引く息と共に入りて、一滴の中に位す」「万物此の御ゝより発す」――『ホツマ』における天御祖神と「初の一息」の空の回転、そののちに人体として誕生される天御中主神など、伝承と類似した内容が所々見うけられます。

掌相についての記述は、右記の十八紋のほかに二十一紋にも、「屋造りのもとは国常立尊亼の手結び　室屋造りて　民を生む　のち⊕手結び　社なる　これに居ます　今の宮」と書かれ、亼の掌相から「ムロヤ」、⊕の掌相から「ヤシロ」が生まれたことがわかります。この国常立尊の古儀を伝承し、のちの瓊々杵尊の御代、棟上の祭りのとき、大匠が亼の掌相を結び、「天地の　開く室屋の　神あれば　疫病は弱かれ　主は永かれ」という祝詞を三度奏上することがしるされています。

十四紋には「春日若彦命　御柱を　世嗣御座に　御手結び　天御祖神を　招き請ふ」とあります。これは「世嗣祈る祝詞の紋」のはじめのところで、古代の祈禱の様子を描いた貴重なものです。「世嗣御座」とは、世嗣社の御座という意味でしょうか。そこに「御柱」を立て、掌相を結んだことが書かれています。さらに、前後の原文に「右は大山　香久祇命の　時じく香久の　祝ひ歌」、「大物主命が　ノンなして　万木美保彦命　木綿花に　八色和幣の　紙進む　一言主命が　デンなして　葛木安彦命　幣串手　四十九の花に　木の実なる」とも見えます。「時じく香久」とは橘のこと。国常立尊の「常世の道」「常世国」と深い関係にあります。「八色和幣」とは、高天原の外がわの常静天の八隅の極に立つという「八色の和幣」を象徴したものと思われます。「四十九の花」とは、高天原にご鎮座の四十九の神のことで、「木の実」とは子胤を象徴した言葉です。このように、香久の木、御柱、掌相、天御祖、八色和幣、四十九の花、という言葉から、この祈禱は天地開闢のときの風儀の再現を意味する、きわめて重要なものであると考えられます。

「掌相」は仏教の印相、印契というものの、もとになったものであろうと考えられます。この印相、印契は、大別し手印と契印の二種にわかれます。契印は、諸仏の所持している器物をいいます。手印は、密教において僧が陀羅尼を唱えながら、手指をいろいろな形に組み合わせることで、その数はきわめて多く、一説に数千を数えるということです。印契は修観行法の重要なものであるため、これを秘し、非器の者にはみだりに伝授しないこととされています。袈裟または法衣の下にて結び、表にあらわさずに結びます。

四　「天御柱」のことは、『ミカサフミ』の「高天原成る紋」に、「巡る空の　その中に　天地届く　御柱を　巡り分かるゝ　アワ・ウビの　アワは清くて　宗陽神　ウビは濁りて　源陰神」との記述を見ることができます。「巡る空の」とは、「初の一息」が円を描いて巡っている様のことです。また、ほかの箇所に「元々明けの　天恵み　届く柱は　透きとおる　中の管より　運ぶ息　車の軸　九の輪の　響きて巡る　息の数」ともしるされています。天御祖神の息が運ばれる「中の管」を車軸として、その囲りに八つの輪が音を響かせながら巡っていることが書かれていますが、これは、「フトマニ図」の天御祖神と、その周囲に配置されている、トホカミヱヒタメ八神の関係と同じです。十四紋にも、「アワ・ウビの　巡れる中の　御柱に　裂けて陰陽なる」と見えます。これらのことから、天御柱と御祖神の息とが、ともに回転しながら、天と地を結んでいることがわかります。

天御柱といえばすぐに思い出されるのが、二神の御柱巡りと国生みです。伊奘諾尊・伊奘冉尊の二神は、国造りの前の神事として御柱を巡られます。はじめ言挙げの順序が逆になり、言挙げの内容も逆だったので失敗に終わってしまいました。二度目は、男神が左巡り、女神は右、男神は「あなにゑや　うまし少女に　会いぬ」、女神は「わなにやし　うまし男に　会いき」と「あ」にたいし「わ」のつく言葉でお答えになられたのでした。これはホツマ文字の◎と密接な結びつきがあるのです。◎（ア）は天をあらわす文字であり、左巡りをもあらわしています。逆に◎（ワ）は地をあらわす文字であり、右巡りをもあらわしています。そして、男は霊的に天と感応し、女は地と感応することもわかっているので、男神、「あ」、左巡り、女神、「わ」、右巡りと、天の巡りにしたがったことをされて初めて国造りに成功されたということが、ここに明確に示されています。この二神の神事もまた、天地開闢時の地生みの再現だったともいえるのです。すなわち、政事における古儀の厳守の原形をここに見ることができるのです。

五　「アワとウビ」という言葉は、『ホツマ』特有の言葉です。『ミカサフミ』に「アワ・ウビの　アワは清くて　宗陽神　ウビは濁りて　源陰神　陽は軽清く　天となり　女は重り固る　地の球」とあり、『ホツマ』にも「アワ・ウビの　巡れる中の　御柱に」とありますが、さらに「アホを天　ウビを地球」、「天地の　アホ・ウビいまだ」ともあります。「アワ」と「アホ」は同じものと考えていいと思います。『ホツマ』十六紋に、「陽まづ登りて　天となり　陰はのち降り　地埿の　埴水分けて」とあることから、「ウビ」は埴と水の混りあった埿のようなもので、「アワ」、「アホ」は、地球のまわりの大気のようなものを示す言葉ではないかと思われます。

六　「⦶（カ）の掌相」は原文から、陽、宗、日、赤宮と、⊖（シ）の掌相は、陰、源、月、白宮と関係していることが理解できます。

七　「乗り巡られた」とは、『ホツマ』十八紋に「○（ヲ）手に地球　乗り巡り」、「○（ヲ）の璽　野風に乗れる轡の」、「常世の道を　教ゆ神　国常立尊も　乗り巡り」、「二神の　嗣ぎてあまねく　乗り巡り民の教えは」、十九紋にも「二神も　乗り巡りてぞ　国治む」などと見えることから「ノリメグル」という言葉は、単に馬に乗ることだけではなく、「法をめぐらす」ことをも意味しているようです。すなわち、馬に乗り各地を巡るごとくホツマ法をめぐらし、国民をやすらけく治めるということでしょう。『ホツマツタヱ』からは、他の文献とちがい、天御祖神により、天、地、日、月、山、川、海、人体などが生みだされ、国常立尊により世界の国々の経営がなされ、伊奘諾尊・伊奘冉尊の二神により、日本の国々の経営がおこなわれたことが明確にわかります。すなわち、天御祖神、国常立尊、二神がそれぞれ乗り巡られたのです。

八「空・風・火・水・埴」の五元素から天御中主神がお生まれになられたことは、十八紋に「空風火と　水埴の　交わり成れる　御中主神」と見え、十四紋、十六紋にも五元素が合体して人となったという記述があります。『ミカサフミ』の「高天原成る紋」には「この五つ　交わり成れる　神人は　アウワ現わる　御中主神」とあります。中でも十八紋の記述は「[ウワ]の手を　地と天に分けて　[アイウエオ]　空風火と　水埴の」とあり、アイウエオ五音と空風火水埴の五元素の関係を示したものとして、たいへん注目されます。日本以外にも、五行説、五大、四元素といった考え方がありますが、『ホツマ』のような体系だった内容性を見ることはできません。ホツマ文字の[illegible]の[illegible]という形は、それぞれが空の形、風の動き、炎の形、水の流れ、四方の埴土を表わしています。ホツマ文字は、一字一音の音表文字であるとともに、宇宙の原理を示す象形文字といえます。

　地上にお降りになられた第一神が人体となられたということは、まことに神妙なことと思えますが、『日本書紀』の「一書」に「天地混れ成る時に、始めて神人有す。可美葦牙彦舅尊と号す」とあります。また他の「一書」には、「天地未だ生らざる時に、譬へば海上に浮べる雲の根係る所無きが猶し。其の中に一物生れり。葦牙の初めて泥の中に生でたるが如し。便ち人と化為る。国常立尊と号す」と見えます。この二つの「一書」に書かれた「神人」と「人」という書き方に注意しなければなりません。このことを飯田季治は、「天地よりも以前に此の神様が在して、しかも既に人の形体を成して居られたといふ意を含めて記された」と述べており、「人」という書き方が漢文の潤色ではない日本古来の考え方であることを説いています。『ホツマツタヱ』に明記された、人体としての天御中主神の記述との関係において、大いに注目すべき意見であるといえます。

九　「地球八方にトホカミヱヒタメの八降りの御子をお生みになられ」たという『ホツマツタヱ』の内容は、『ミカサフミ』には、――「御中主神　地球八方に　万子生み　初に近江の　兄弟の子の　兄御子天に　嗣ぎ　近江治す　弟御子の住む　ト下国　これ今ハラの　宮の名も　瓊下宮と言いて　世々の名の　百ハカリのち　弟の尊　兄に受け治む　それよりぞ　かわるがわりに　世を嗣ぎて」――と書かれ、天御中主神とヱト神のあいだに国常立尊がなく、こののちに出現されています。「ハラの宮」とは富士にある宮ということで、近江の神のヱ神とハラミ山のト神が、交互に日本の国を治められていたことがしるされています。古代日本の重要地点、聖地は、近江、富士山、筑波山、仙台周辺です。

十「日高見」とは、勿来以北、津軽以南の宮城県仙台付近を中心とする、古代の神域であり、政事の中心地でもあります。

十一「崑崙君」は、崑崙山の君のことで、崑崙山は今の崑崙山。ここに古代国家があったとされます。崑崙山については、『山海経』『准南子』などに多くの記述を見ることができます。『准南子』の「地形篇」には、——「幾重にも重なった城があり、その上に穀物の実る樹があり、これを中心として、東西南北の四方に、珠樹・玉樹・不死樹というような、世にもめずらしい宝樹が茂っている。そのまわりには、四百四十の門がある。そのかたわらに九つの井戸があり、玉彭すなわち不死の薬を受ける器が、その西北隅にある」——と書かれています。崑崙山西方には玉樹という地名が今も残っています。

西王母のことは、『山海経』の「西山経」に「人面、虎歯、豹尾、蓬髪」と書かれ、『准南子』には、不死の仙薬をもった仙女としるされています。また、長寿を願う漢の武帝が、仙桃を与えられたという伝説も残っています。この桃が三千年に一度花が咲き実がなることから、珍しく得がたいもののたとえとして「西王母が桃」という言葉もあるくらいです。『ホツマツタヱ』には、この桃が天孫瓊々杵尊から授けられたものと書かれています。中国には古くから、東海の沖に蓬萊山、瀛洲、方丈などという神城があり、仙人が住み不老不死の妙薬があるという伝えがあり、それを日本とする考え方も、中国にも日本にもあります。その点から『ホツマ』に記された「千代見草」「三千実の桃」の伝承は、まことに興味深いものです。

十二　「天界の様子」は、『ミカサフミ』にしるされた、天体に関する記述です。「トメヂ」という単位によって、日・月・地球・赤道・白道・高天原・天御祖神などの大きさがしるされている点が注目されます。この辺もふくめて『ミカサ』は『ホツマ』と少々異なる文体をもっています。

十三　「天はまるで母の胞衣のようです」とは、『ミカサフミ』に「天は胞衣　日月人皆　天の胞衣　外は高天の　腹囲り」との原文によります。地球は授精卵のようなものです。人は高天原の精奇城宮から御種が降り、高天腹の内の天の胞衣に宿ります。人はこの世で胎児として成長し、やがて罷ることによって完成された神として胎内から出て、精奇城宮居に還るのです。これを「神上る」といいます。そして、右の『ミカサ』原文は、以上のようなうるわしくも美しい、世界に誇るべき日本固有の死生観を解く鍵となります。死生観にこそ、その民族の美意識の本質があらわれるのです。「罷る」「神上る」「神去る」という言葉は、いずれもどこかに行くことを示しています。日本には古来「死」という、寿命を終え無に帰すというような概念はありませんでした。命をまっとうしたものは神界に行き、邪道に陥った者は幽界にて迷い苦しむという考え方があったのです。

地方における日本の伝統に根ざした葬儀が、何か一定の楽天性をおびているのは、このような「神上る」ことを愛でるという、わが国の伝統の風習によるものです。神葬祭がもっと広くおこなわれ、日本固有の死生観があまねく流布されることにより、日本人の美意識はますます洗練され高度なものとなることでしょう。またこの死生観の再認識は、道徳観といわれるものにも、大きな変化をもたらすことでしょう。

十四　「高天原の外は、その名も常静天」などと、『ミカサフミ』や『ホツマツタヱ』には、天界のありさまが明記されているので、もういちどまとめてみます。まず、常静天があり、八隅の極に八色の和幣が立っています。これは、八色の和幣のような状態である、ということかもしれません。つぎに、その内側に高天原があり、そこには精奇城宮があって、天御祖神と四十八音神の四十九の神がご鎮座されています。この神々によって人の魂緒が分け降され命が与えられて、さまざまな守護を受けます。高天原の内は天で、その天の胎内に日月星、そして地球が納まっています。そして地上のとくに清浄な地を高天原として、天界高天原との直接的な神人交流の地点とするのです。『ホツマ』には、「葉木国の神　日高見や、高天原に祭る　御中主神」、あるいは「諱玉杵命　元明けを　遷す高天原に　天御祖神　元本天並　三十二神　祭れば民の　豊受大神」と見え、いずれも東北日高見の地に天地開闢時の原初の神々をお祭りし、天界高天原の風儀をこの地に再現するという、古儀伝統の重視の国風の根本原義はここに定まったのでした。すなわち古えを古えのままにま

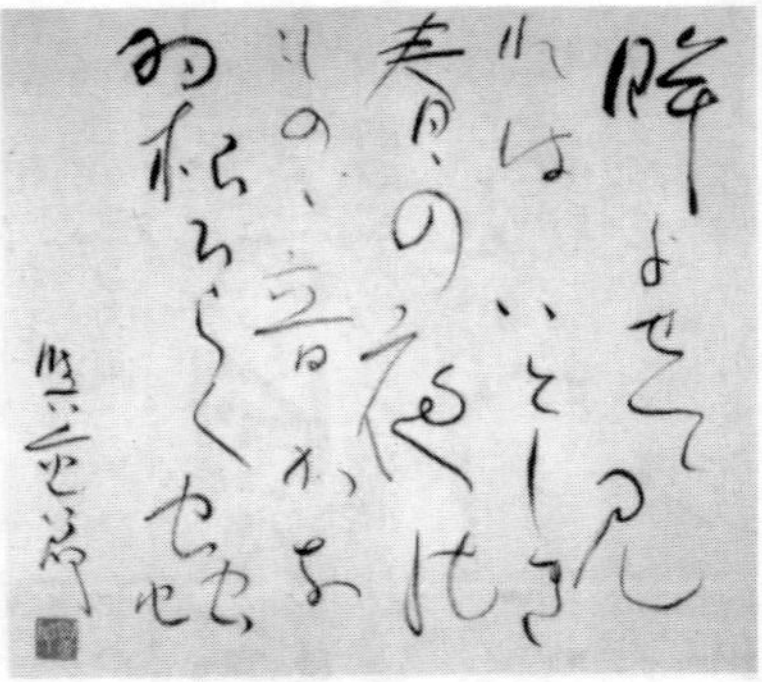

保田與重郎の書

に写(うつ)し伝えるというわが国の美風の源は、天上高天原の神々を地上に遷(うつ)すということにこそあったのです。

このような天地開闢に関する伝承が『ホツマ』『ミカサ』などに伝えられていたということは、驚くべきことといえましょう。記紀には見ることのできない、霊的な視点をふくめて、天界と地上とのかかわりあいが、みごとに甦ります。やさしく、清浄な雰囲気に満ちた、これらの天地開闢伝承は、日本の風儀あるいは美意識といったものの源流を探る上で、もっとも基本となるものです。岡潔先生が、芸術作品を鑑賞する上でもっとも重視されたことは、その作品が「神代調」であるということでした。作者が遥か神代の心をもって何かを表わすときに、そこにもっとも質の高い情緒が表われるということです。保田與重郎先生は『日本の美術史』の中で、――「くらしそのものが芸術であるやうな日本の美術の世界では『高天原に神留(かむつま)ります』とたたへられた状態が、造形上でもその本質であり境地だった。神留りますとは、魂(たましい)が天上に充満してゐる状態である。芸術観としていへば、さういう充満した魂は、神のものなるすみわたる高貴さと大らかのなごやかさをもつものだつた」――と、いまだ日本

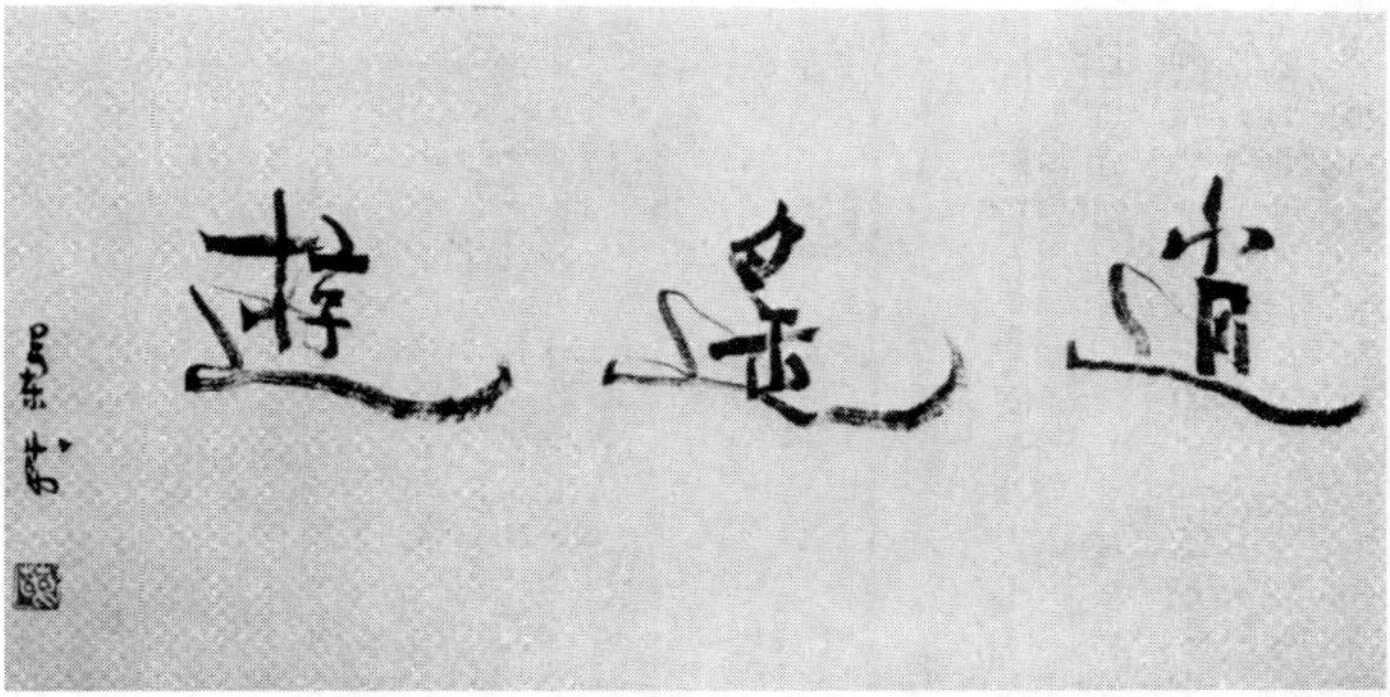

胡蘭成の書

美を語る者がだれ一人として到達していない至高の心境をのべておられます。今日の美術評論家といわれる人たちが、西洋的な視点から語っているような美術の見方は、外国にたいする劣等意識から発して物を作っている、一部の芸術家と称する人々には共感しえても、生活をもっとも基本とし、家内の安全をはかり、子孫の弥栄を祈り、日常の生活をまっとうすることこそ人の道であると信じているような一般庶民の心を、根底的なところにおいてつかむことはできないのです。

日本美にたいし、むしろ日本人よりも高い境地に立っておられた胡蘭成先生は『天と人との際』の中で、日本の古風をもっとも強く残している伊勢神宮を参詣された時の感想をつぎのようにのべられています。――「その日の朝、私は神宮境内を歩いて、自分は生涯ここの石のきざはしと玉砂利の径の掃除役をするだけでありがたく何の不足もないと思った」――美しさとは何かということを悟った人の言葉であろうと思えます。胡先生とは、一度金春流の能の席でご一緒したことがありましたが、それはすきとおるような品格を持たれた神人といえるような方でした。胡先生は汪兆銘政府の法制局長をされていた方であり、古えの中国の政事の高さを、身をもって示されていました。

フ

二神の国生み

天浮橋

「二神は天浮橋にお立ちになり、天の沼矛をさしおろして、海水を、こをろこをろと音をたてながらかきまわされました。矛を引き上げられたとき、矛先から滴る海水が積ってオノゴロ島となりました」――という伊奘諾尊・伊奘冉尊の国生みの神話は、あまりにも有名です。ここには、独特の古語である「アメノウキハシ」「アメノヌボコ」「オノゴロジマ」という言葉があります。これらの古語は神代の風儀、神々のこころばえ、といったものを知る上でとても大切なものであり、代表的なものでもあります。それらの古語の真相を『ホツマツタヱ』をもとに探っていくことにしましょう。

『古事記』を見ると、二神の国生みの様子がつぎのように書かれています。――「天の沼矛を賜ひて、言依さし賜ひき。故、二柱の神、天浮橋に立たして、其の沼矛を指し下ろして画きたまへば、塩こをろこをろに画き鳴らして、引き上げたまふ時、其の矛の末より垂り落つる塩累なり積りて島と成りき。是れ淤能碁呂島なり」

また『日本書紀』の「本文」には、――「伊奘諾尊・伊奘冉尊、天浮橋の上に立たして、共に計ひて曰はく、『底下に豈国無けむや』とのたまひて、廼ち天之瓊矛を以て、指し下して探る。是に滄溟を獲き。其の矛の鋒より滴瀝る潮、凝りて一の嶋に成れり。名づけて磤馭盧嶋と曰ふ」

——と書かれています。
それでは『ホツマツタヱ』ではどのようにしるされているでしょう。二紋に――「ときに天より二神に　壺は葦原　千五百秋　汝用ひて　治らせとて　瓊と矛賜ふ　二神は　浮橋の上に　探り得る　矛の滴の　オノコロに　宮殿造り　大ヤマト」――と見えます。また十八紋には「二神の浮橋に立ち　この下に　国ならんかと　瓊矛以て　探る御矛の　滴りが　凝り成る島を　オノコロと」と書かれています。

「浮橋」ということについて、本居宣長は『古事記伝』の中で、天浮橋は、天と地との間を神たちの昇ったり降ったりされる通路にかかっている橋であるとのべています。また、天地の間に梯子をかけて往来することと同一視するような考え方もあるようですが、『ホツマツタヱ』では、記紀などからはまったく想像のできないような意味に、この「浮橋」が使われています。先の二つの原文のほかに、二紋に「豊受大神の　姫の伊佐子と　浮橋を　速玉之男命が　渡しても　解けぬ趣　解き結ぶ　事解之男命ぞ」、三紋に「二柱　浮橋に得る　オノコロの　八尋の殿に　建つ柱」、また七紋に「男は父に得て　埴を抱け　女は母に得て　天と居寝よ　浮橋を得て　嫁ぐべし」、十三紋に「伊勢の道　天浮橋　よく渡す　神の教ゑの　イモ・ヲセの　道の大宗　通るこれなり」などと見えます。二紋は男女の間をとりもち橋渡しすること、七紋は正しい男女の間の教え、十三紋は男女の間を正しい教えをもって結びつけること、などと「浮橋」を解釈することができます。小笠原通當(みちまさ)は、このような『ホツマ』の記述から、「浮橋」というものを「国家の道を教へて、人に世渡りさせる先達を成し給ふ事を浮橋の上に立ち給ふと申すなり」とのべています。

先の原文にある、二神(ふたかみ)が国生みの際に立たれた「浮橋」とは、それまで道が衰え、規範(のり)の乱れた生活をしていた民に神のまことの教えを説き、人としてのくらしをさせるための橋渡しをする行為を意味するものであることが、『ホツマ』の内容を深く読みとることによってわかってきます。神の教えに導くことの比喩として「浮橋を渡す」という言葉が使われたのでした。『ホツマ』の他の原文から、二神の前代、面足尊(おもだるのみこと)の御世に世嗣がなく政事(まつりごと)が衰え、人の道が乱れていたことがわかります。この時に、瓊(と)の教えをもって人々を橋渡しさせ、世を再興させられたのが二神でした。記紀の「天浮橋に立たして」「天浮橋の上に立たして」、あるいは『ホツマ』の「浮橋の上(ゑ)に 探り得(う)る」ということは、二神が道の衰えた諸民を導き教えている様をたとえた言葉だったのです。記紀には、『ホツマ』に見るような、面足尊(おもだるのみこと)の御世の伝承、あるいは男女の間をとりもつという意味での「浮橋」の用例がなかったために、その真相がわからなくなってしまったのでした。

先の原文の「瓊(と)と矛(ほこ)賜ふ 二神は 浮橋の上(ゑ)に 探り得(う)る 矛の滴(しづく)の オノコロに 宮殿(みやとの)造り大ヤマト」を解釈すれば、次のようになります。――「面足尊の御世は栄え、国土も広がったのですが、君に世嗣の御子がおできにならなかったために、道が衰え、民の生活規範も乱れてしまいました。ときに、宮中より二神に、国を治める壺としての重要な地点は、葦原の国、すなわち近江である。そこを田となし民を治めよ、とのお言葉がありました。二神は、瓊と矛という二つの神器を賜り、葦原国にて瓊のまことの道の浮橋の上に立たれ、矛のいましめの力によって、国を再建されたのでした。この国を天地開闢時の天御祖神の結ばれた掌相のヲ・ノ・コ・ロに因み、オノコロ島と称したのでした。そこに、八尋殿を築かれ、ここを拠点とし、各地を再建してまわられたのでした」——

男女の間を結ぶという意味の「浮橋」は、つぎのような場合にも使われています。和歌姫は、天智彦命に一目惚れされ、「紀州こそ　妻をみぎわに　琴の音の　床には君を　待つぞ恋しき」という求婚の歌を贈られたのでした。天智彦命は、これを受けとり見てみました。「思えらく　橋架けなくて　結ぶやわ」と原文にあります。これは、和歌姫が仲人の仲介を経ずして求婚してきたこと、歌が回り歌であったために上から詠んでも下から詠んでも同じで、端と端の音が欠けずに結ばれていて、ぐるぐると回ってしまう神歌であることをのべた言葉です。前記の男女の仲を結ぶ「浮橋」と同じような意で、「橋」が仲人の意味にも使われているのです。

『古事記』『日本書紀』には、このような二神の国生みに関する伝承の部分が欠けているため、「天浮橋」というものがなにか超次元的なもののように考えられてしまうのです。

瓊と矛

記紀に見える「アメノヌボコ」「アマノヌボコ」と、『ホツマ』における「トホコ」の比較をしてみましょう。記紀の「アメノヌボコ」「アマノヌボコ」の「アメ」「アマ」はともに美称、「ヌ」は玉の義。すなわち、玉で飾った矛の意味に理解されています。しかしながら、『ホツマ』の詳細な伝承からすれば、これもまた間違った解釈であるとしなければなりません。

『ホツマ』二十三紋の「御衣定め剣名の紋」に、記紀の「沼矛」「瓊矛」の真相を明らかにするくわしい記述が載っています。――「天の神　嗣無く政事　尽きんとす　故伊奘諾尊に　曰ふは　豊葦原の　千五百秋　瑞穂の田有り　汝行き　治らすべしとて　瓊と矛と　授け賜わる　瓊は璽　矛は逆矛　二神は　これを用ひて　葦原を　オノコロ終ゑて　ここにおり」――「天の神」とは天神六代目にあたる面足尊のことです。「瓊と矛と　授け賜わる」とあることから、「トホコ」が「ト」と「ホコ」という、二種類の神器であったことがわかります。また「瓊は璽」とあるように、「ト」というものが、ホツマ文字であることもはっきりします。『元元集』の「天御量柱篇」に、天御柱は天瓊矛の形を表わすものであるとし、さらに「八坂瓊戈形」の柱の説明のところに「亦名登保言、此名二天璽一也」とあり、「トホコ」を天璽、すなわち「アメノヲシデ」「アメノシルシ」とする説が見えます。

さらに、國学院大学日本文化研究所編の『校本日本書紀』によって、この「瓊矛」の訓について調べてみると、これを「ヌホコ」あるいは「ヌボコ」と訓ませる写本が三件であるのにたいし、「トホカ」あるいは「トボコ」と訓ませる写本が十三件もあることに気づきます。「ニホコ」は一件あります。これによっても、「瓊矛」は「トホコ」でなければならず、さらに「ト」と「ホコ」と二種の神器であることは明白です。

ではここで「瓊」についての『ホツマ』原文を見てみましょう。二十三紋です。

大八洲　通る真の
瓊の教ゑ　千五百の葦も
みな抜きて　田となし民も
賑えば　弥真瓊通る
ヤマト国　真瓊の教えは
登る日の　本なるゆえに
日の本や　しかれどヤマト
な捨てそよ　われは瓊の道に
治むゆえ　臣も瓊身なり
そのゆえは　元々明けの

御祖神（みをやがみ）　居ます裏庭
北の星　今この上は
三十六相（みそむめ）の　トの神居ます
その裏が　中柱（なかはしら）建つ
国の道　天（あめ）より恵む
トの神と　宗（むね）に応えて
守るゆえ　人の中心（なかご）に
相求め　一つにいたす
瓊（と）の教え　永く治まる
宝なり　天（あめ）の日嗣（ひつぎ）を
受くる日の　三つの宝の
その一つ　天成（あめな）る文（ふみ）の
道奥（みちのく）ぞこれ

天照大神（あまてるかみ）がお話しになられるには、「わが二神のお働きにより、国中に真（まこと）の瓊（と）の教えがゆきわたった。二神は近江一円にはえていた葦を皆引きぬいて、水田をお作りになられた。民の暮しも潤い賑いを増して、弥々真（いよいよまこと）の道もあまねく通ったのである。そのイヤマトという言葉にちなみ、ヤマトという国の名も生まれた。真瓊(まと)の教えというものは、登れる日の下(もと)にて、その御心のまにまに負うものであるから、国号を日の本つ国ともいうが、ヤマトという国号を忘れてはならない。わたしは瓊(と)の道によって、国民(くにたみ)を治めた。臣とは、わたしの教えの瓊をもって、民に教え広める身ゆえに、瓊身(とみ)と称するのである。この瓊の道が大切なわけは、天界高天原(たかまのはら)の精奇城宮(さごくしろの)に鎮座まします天御祖神(あめのみをやのかみ)の裏庭に北極星がある。この星の上にトの神が鎮座されているのである。その向う側には、兄君のヱの神が鎮座されていて、その下が中柱の建つ近江の八尋殿(やひろのとの)である。ここから、国の道が八洲全土に広がったのである。天界より御恵を垂れたもうトの神の宗と一(いつ)になり、感応することによって、その守護を与えられるのであり、正直、真の人の心にのみ、天神の御心が求めあい、一体となるのである。これこそが瓊の教えというものである。このように瓊とは、国を永く治めるための、三種神宝(みくさのかんだから)の一つである。君の所持する天成る文(あめなるふみ)の奥義こそが、この瓊の教えなのである」

「三十六相(みそむめ)」は不明。「トの神居ます　その裏が　中柱建つ」は、『ミカサフミ』にト神が富士山、ヱ神が近江を治められたことがしるされていること、「フトマニ図」のヱ神ト神の配置などを考えあわせ訳しました。以上の原文解釈から「瓊(と)」に関する驚くべき古義がわかりました。「ト」「マコト」「イヤマト」「ヤマト」「日の本」「トの道」「トミ」「トの神」「天成る文(あめなるふみ)」という事がらが深くかかわりあって古代思想ともいえるべきものを形成しています。記紀や他の文献からはまったく想像もできない、整然とした古えの風儀(てぶり)が甦ってきます。「マコト」をもっとも尊い心のありかたとするわが国の伝統的美意識は、トの天神の宗と同化するための霊魂観、あるいは祖霊信仰をもとにした心がまえだったのです。宗（むね）と胸（むね）とは同義です。日本においては、美意識と道徳観とは、区別のないひとつのものだったのです。古代の真（まこと）の瓊（と）の道は、後世においても人々の心に強くその古習（いにしえぶり）を残しています。伝統が伝えた正直という心もちは、単なる美徳といったようなものではなく、神霊的な視点からの、まったく合理的な考え方をもとにしたものだったのでした。

オノコロ

十八紋の「オノコロと呪（まじな）ふの紋」の中に、天孫瓊々杵尊（ににきねのみこと）が「オノコロ」というのは、天地開闢のときに、天御祖神（あめみをやのかみ）が乗り巡られたときの「ホオコホ」という音が訛った言葉なのでしょうか、と天照大神（あまてるかみ）にご質問されたことが書かれています。天照大神のお答はつぎのようなものでした。

ホオコホは　混じる音なり
よく聞けば　車はギイン
鳴る神は　ホオロホオロぞ
声の緒（を）は　肥地（こわ）に納まる
ヲの璽（をしで）　野風に乗（の）れる

轡(くつは)みの　音はコオコオ
踏む跡の　野に人生(ひとう)みて
宣(の)るは田(ノ)手　根地(ねわ)に喜ぶ
根地(ねわ)は[コ]手　人成る道は
[ト]を用ひ　その元は[ロ]手
[ヲ]田[コ][ロ]の　四つは地(わ)に合ひ
国治む　技(わざ)とこの真手(まて)

『ホツマツタヱ』の中でも、奥義中の奥義ともいえる内容が、右の原文に書かれています。ここに、「オノコロ」のもつ、本質的にして霊妙無比なる意味がわかってくるのです。[ヲ]の璽は、天地開闢のときの音が、肥地(こわ)に治まることを意味します。すなわち納まるのヲです。田(ノ)の掌相(たみめ)は、野に人を生み、法(のり)を下す力をもちます。すなわち宣るのノ。[コ]の掌相は、肥地(こわ)から植物が生え、人々はそれを生活の糧とし、肥地(こわ)を生活の根地(ねわ)として喜んだのでした。すなわち根地(ねわ)としての肥地(こわ)のコです。[ロ]の掌相は、「人成る道」すなわち人倫は瓊(と)の教えをもって導き、その[ト]のもとは璽(をして)を逆さまにした[ロ]の掌相により生み出されるのです。すなわち、[ト]のもとの[ロ]です。

このような貴重かつ深遠な意味をもつ記述は、ほかのどのような文献をさがしてみても見あたらないことでしょう。『ホツマ』の『ホツマ』たるゆえんは、このような所にあるのです。原文では

「オノコロ」、「ヲノコロ」の二種類が使われていますが、そのような違いがなぜあるかということは難解です。しかしながら、ヲもオも意味と形の上での共通性をふくんでいます。

さてここで、開闢伝承をふりかえってみましょう。『ホツマ』『ミカサ』に載る、開闢伝承の原文すべてを見てみると、天御祖神の天地形成と、天御中主神および国常立尊の出現の二つに話を分けることができます。天御祖神は、いろいろな掌相により、天、地球、日、月、山、川、海などを生じ、日と水の恵みによって万物を生じたことがうかがえます。そして最後に、天御祖神の分け御魂としての天御中主神が、人体として成り出でたのでした。また、天御中主神の転生として、国常立尊が成り出で、地球八方に多くの子孫をふやされ、「常世の道」をもって国家を経営されたのです。

『ホツマ』十八紋に、

天御中主神　八面に生める
人は星　星は種なす
御祖神　人に生まれて
動めくに　常世の道を
教ゆ神　国常立尊も
乗り巡り　クコ地に八方を

何県（なにがた）と　生む国すべて
オノコロぞ

とあります。ここで問題となるのは、「生む国すべて　オノコロぞ」という所です。御祖神（みをやのかみ）により、すでに国土は形成されていたわけですから、この場合の「生む国」というのは、国土を形成したのではなく、「常世の道」をもって人々を導き、八面（やおも）に国家を経営されたことと考えるべきです。その国々を何県、何県と名づけたのです。中国を赤県（あかがた）としたのもその一例です。県（かた）は方（かた）と同義です。また、原文に「ヲノコロの　四つは地（わ）に合ひ　国治む　技（わざ）とこの真手（まて）」とあるように、御祖神が各種の掌相（たみめ）により天地を形成された手振（てぶり）に従い、それを伝承されて、国常立尊もまた、「ヲノコロ」の奥義をもって、国を治めるための技とされたのでした。「ヲノコロ」とはすでにのべたごとく、天地開闢から人体としての神人（かみ）が出現されるまでを象徴した、言霊（ことだま）の集合だったのです。それが、国常立尊以降、国を治めるための技として使われたのです。「生む国すべて　オノコロぞ」は、国常立尊がお生みになった国家すべてが、「オノコロ」の技によって治められたことを意味するのです。

つぎに、はじめの方で掲げた原文、「二神は　浮橋の上（ゑ）に　探り得（う）る　矛の滴（しづく）の　オノコロの　宮殿（みやとの）造り　大ヤマト」の内容をもう一度考えてみましょう。「天浮橋」「浮橋」は、男女の間を橋渡しすること、人々を神の道に渡すことを意味していました。また「矛の滴（しづく）の」は、乱れた者を「ほころばす」ことを語源とする矛の威力の滴によって、という意味です。そして「オノコロの」は、天御祖神や国常立神の技である「ヲノコロ」の手振（てぶり）の秘儀によって、国を「修（をさ）め理（つく）り固（かた）め成（な）し」、豊葦原瑞穂国をお造りになられたことを表わす、きわめて奥の深い言葉なのです。二神もまた、国常立尊とおなじく「ヲノコロ」をもって国々を経営されたのでした。

三紋につぎのように書かれています。

　　　　　和（やわ）してアワを
胞衣（ゑな）として　大和（やまと）・秋津洲（あきつす）
淡路島（あはぢしま）　伊予（いよ）・淡（あわ）・二名（ふたな）
隠岐三つ子　筑紫（つくし）・吉備（きび）の子
佐渡島（さとうしま）　生みて海川
山の幸（さち）　木祖句句廼馳命（きをやくくのち）
草野姫（かやのひめ）　野槌（のづち）も成りて
アワ歌に　治むハラミの
宮に居て　すでに八洲の
国生みて　いかんぞ君を
生まんとて　日の神を生む

これは二神が開き治められた国々の記述です。このことは記紀にも載るところですが、『ホツマ』の立場からすれば、その解釈はまったく異なってきます。「和してアワを　胞衣として」とは、天地と和して、八尋殿にては「天のアワ歌」をもって、民には「地のアワ歌」を教え言葉と身を整えて、の義です。さらに淡海すなわち近江を拠点として、という意味も含まれます。このようにして二神は、前代面足尊の御代に衰えてしまった国々土地土地を、改めて整え治められたのでした。面足尊のときすでに日本中が開国されていたことは、「面足の神　惶根尊と　八方を巡りて　民を治す　近江安曇の　中柱　東は山本　日高見も　西は月隅　葦原も　南阿波素佐　北は根の山本細矛　千足まで　およべと百万歳」という原文からすでに明らかなところです。「月隅」は筑紫すなわち九州。「素佐」は熊野地方。「根」は北陸地方。「細矛」は出雲地方。

つぎに先の原文にある「海川　山の幸」とは、『秀真政伝』に明確な答えを見つけ出すことができます。『ホツマ』と同じ内容をしるした『書紀』の説明にこうあります。「海を生む」とは、船を造り運送渡海し、魚をとって漁し、海を利用することを民に教えられたことであり、「川を生む」とは川の利用法を教え、「山を生む」とは材木の利用、植樹、炭のことなどを教えられたことをさすのである、ということです。かくして、「天のアワ歌」と「地のアワ歌」によって国々をきり開かれた二神は、ハラミ山すなわち富士山の宮にて、世嗣御子である天照大神をお生みになられたのです。

このように、細かな部分の伝承を誤り伝え、あるいは欠いてしまった、記紀をはじめとするほかの文献からは、『ホツマツタヱ』に見るような、一貫した二神（ふたかみ）の国生みの伝承を導き出せず、また、「ヲノコロ」「瓊矛（とほこ）」「浮橋」といった神代（かみよ）の風儀（てぶり）の道奥（みちのく）を知り得ることは、とうてい無理なことといえるでしょう。『ホツマ』には、古えの神々の美しくも尊い教えが満ち満ちています。

（ミ）常世国と橘

常世国への憧憬

「常世国」という言葉のひびきの中に、なにか言い知れぬなつかしさと、憧れに似た思いを感じるのは、わたしだけでしょうか。そこには、理想郷のような、遥か遠い世界でありながらも、常に身近に感じていたいような情景があります。そのような憧憬からか、この「常世国」は今まで多くの学者によって論じられてきましたが、その真相がはっきりとつかみきれないのが事実といえます。「常世国」は、たとえば、古代人が海の向うのきわめて遠い所にあると考えていた想像上の国。「常」は床の意で、床石から転じ安定長久、永久不変の国。あるいは、不老長寿の神仙境の国などとも論じられています。

「常世国」の出典を見てみると、『古事記』の上巻に、――「大穴牟遅と少名毘古那と二柱の神相並ばして、此の国を作り堅めたまひき。然して後は、其の少名毘古那神は、常世国に度りましき」――と書かれています。『日本書紀』では、――「其の後に、少彦那命、行きて熊野の御碕に至りて、遂に常世郷に適しぬ。亦曰はく。淡嶋に至りて、粟茎に縁りしかば、弾かれ渡りまして常世郷に至りましきといふ」――と記されています。また、『古事記』『日本書紀』ともに、垂仁天皇の御代に田道間守を遣わして、常世国にときじくかくの木の実、あるいは非時の香菓を求めさせたことは、よく知られています。

浦島明神縁起絵巻

『風土記』の「丹後国逸文」には、浦島(うらしま)子(ご)伝説が載っていて、仙郷としての「常世」が出てきます。その話はこうです。与(よ)謝(さ)の郡の日置という里にある筒川村に、浦島の子という者がいました。ある日、一人小舟に乗って海で釣をしていると、五色をした亀がかかりました。浦島子がひと眠りしている間に、その亀は大そう美しい姫に変わっていました。浦島子が、どこから来たのかと問うと、姫は天上の仙(ひじり)の家の者であると答えました。やがて二人は、夫婦の契を交わし、姫が蓬山(とこよのくに)に行こうというので、浦島子は姫について海中の島に行きました。そこで、姫の両親に会い、人の世と仙都(とこよ)のちがいを聞き、人と神とが奇しくもめぐり会ったことを、おたがいに喜びながら語りあったのでした。

浦島子は、仙(とこよ)の歌や神の舞を楽しんでいるうちに、三年の歳月が流れてしまいました。急に故郷を思い出した浦島子は、泣き悲しむ姫に別れを告げて、もとの筒川の郷に帰ってきました。しかしそこには、浦島子が知っている人は一人もいませんでした。落胆した浦島子は、帰りしなに姫からもらった玉匣を開いてみると、みるまに若く美しい姿は、雲にのり天の彼方に飛んでいってしまいました。――という、いわゆる浦島太郎の逸話です。この話の中で「トコヨノクニ」には、「蓬山」「仙郷」「神仙」などと、中国の神仙思想をとり入れた漢字が当てられています。この「逸文」の最後に浦島子が詠んだ歌が載ります。

子らに恋ひ朝戸を開き吾が居れば常世の浜の浪の音聞こゆ

というものです。

『神道大辞典』には、「常世国」についてこう書かれています。――「上古、わが国より遠隔の地にありと信ぜられたる外国の称。その指す所につきて数説あり。或は常陸国にありといひ、或は朝鮮の済州島なりとも、また或は熊野地方なりともいひ、さらに、死後往く所をも常世国といったことがある」――という説明がされていて「常世国」について、その説のひとつに定まらないことがわかります。民俗学者の柳田国男氏や折口信夫氏らも、日本人の血の中にもっとも深く染みこんだ意識として「常世」についてのべています。折口氏は「常世」を、霊魂の帰着するところと考えています。また本居宣長などは、「常世」を「常夜」とし、常に変わらないという意味であるともし、結局のところ日本を遠く離れた、たやすく往くことのできない所をいうとしています。

国常立尊の常世国

ここで、諸説の「常世国（とこよのくに）」とはまったく異なった、「常世国」の真相実体を『ホツマツタヱ』に探ってみたいと思います。まず『ホツマ』原文を見てみましょう。すでに「天地開闢」の説明でのべたように、二紋には「神その中に　生（あ）れまして　国常立尊（くにとこたち）の　常世国（とこよくに）　八方八降（やもやくだ）りの　御子生みて　みなその国を　治めしむ」とあり、国常立尊と「常世国」の関係が明記されています。すなわち、国常立尊が築かれお治めになられた国が「常世国」だったのです。「クニトコタチ」の「トコ」と「トコヨ」の「トコ」が同義であることがうかがえます。また、十八紋に「常世の道を　教ゆ神国常立尊も　宣（の）り巡り」ともあったように、天地開闢後、国常立尊が「常世の道」をもって治められた国が「常世国」であることもわかります。『ホツマ』により、「国常立尊」、「常世の道」、「常世国」という他の文献には見られない関係が浮び上ってきます。

つぎに五紋を見ると、二神は「筑紫（つくし）に行幸（みゆき）　橘（たちばな）を　植ゑて常世（とこよ）の　道なれば　諸神受けて　民を治（た）す」とあります。伊奘諾尊（いざなきのみこと）・伊奘冉尊（いざなみのみこと）は筑紫に行幸され、橘（たちばな）の木を植えられ「常世の道」を民に教えられた。すると諸神もその道をお受けになり、民を治めた、ということです。この原文から「常世の道」と橘の関係がわかってきます。また「常世の道」が、民を治めるための教えであることも理解できます。また二紋を見ると、

常世神　木の実東に
植ゑて生む　葉木国の神
日高見や　高天原に祭る
御中主神　橘植ゑて
生む御子の　高皇産霊尊を
諸称ゆ　木の常立尊や

国常立尊は、木の実を東の国にお植えになり、葉木国神をお産みになられました。葉木国神は、東方の日高見の国の高天原に、天御中主神をお祭りになり、橘を植え高皇産霊尊をお生みになられました。その神は木の常立尊と諸神にたたえられました。——と書かれています。国常立尊は木の実、葉木国神は橘を、それぞれ植えて御子をお産みになりました。木の実あるいは橘という植物を植えることにより御子を生むというところに、何か大切な意味があるように思われます。御子を生むということは、子孫繁栄を宗とするわが国の祭政の基本であり、この原文が、わが国の政事の祖形を意味することを考慮すれば、植物を植え御子を生むという素朴な表現の奥に、なにか深

い神理があるように思えるのです。

二神の御世に下っても、開闢時と同じように、まず第一に橘を植え、祭政の原理である「常世の道」を確立したというところに、神代の風儀をそのまま伝えるということの重大さが隠されているように感じます。右の二つの原文から、「国常立尊」「常世国」「常世の道」「橘」の関係がわかります。また、四紋には、国常立尊の御子国狭槌尊が「常世の花を　ハラミ山　香久山となす」とも書かれています。「常世の花」とは橘の花のことであり、それがとても香ぐわしいかおりがしたので、ハラミ山すなわち富士山を香久山とたたえたのでした。この原文もまた、国狭槌尊が政事をおはじめになるときのことをしるしたもので、政事の開始と橘との深いかかわりあいがわかります。当然この御子である国狭槌尊は、父の教えの「常世の道」にしたがって、国を治められたものと考えられます。

さて、後世になって天照大神の御世、大君が伊雑宮においでになられるとき、「南の殿に　橘植ゑて香久宮　東に桜植ゑ　大内宮　親ら政事　聴こし召す　普く民も　豊かなり」と六紋にしるされています。この原文にもまた、政事をはじめる前に橘を植えるということが書かれていることに、注意しなければなりません。現在でも、京都御所の紫宸殿の南階下の西側には右近の橘があり、東側には左近の桜が植えられています。

素戔嗚尊の乱行により、天照大神が天岩屋にお隠れになってしまわれたことは、記紀などにも見えていますが、ここに「常世の長鳴鳥（ながなきどり）」というのが出てきます。天照大神が、天岩屋にお隠れになってしまわれたので、国中が闇夜と化してしまいました。諸神はこまりはてて、天安河原（あめのやすかはら）に集まりご相談されました。そこで思兼尊（おもいかねのみこと）は、常世の長鳴鳥を集め鳴かせたのでした。『日本書紀』には、「思兼神、深く謀（はか）り遠く慮（たばか）りて、遂（つひ）に常世の長鳴鳥を聚（あつ）めて、互に長鳴（ながなき）せしむ」としるされています。この箇所を『ホツマ』によって見てみると、記紀にはない神楽歌（かぐら）が歌われていることに気づきます。

　　　　深く議（はか）りて
思兼神（おもいかね）　常世の踊り
永幸（ながさき）や　俳優（わざおき）歌ふ
香久（かぐ）の木　枯れても香（にほ）ゆ
しほれても良や　吾（あ）が妻
あわ　吾が妻　あわや　しほ
れても良や　吾が妻　あわ
諸神は　岩戸の前に

香具山といわれる富士山（鳥居礼筆）

かしま鶏(どり)　これぞ常世の
永幸や

「香久の木」の歌が、「常世の踊り」とともに歌われています。「香久の木」はもちろん、橘の木のことです。「常世の踊り」は、国常立尊の御世の風儀(てぶり)を伝えた、あるいは、その寧楽(ねいらく)の御世への憧憬にもとづいた踊りであろうことが充分推測できます。ここでも、「常世」と橘とが深い関係にあることがわかります。橘は蜜柑(みかん)科の常緑低木で、日本で唯一の野生蜜柑です。きわめて香りが高い小さな実をつけ、秋から春にかけ半年もの長い間実をつけています。

「香久の木　枯れても香(にほ)ゆ　しほれても良や」は、先に天照大神が政事(まつりごと)の事始めとして、常世の木である橘をお植えになられたことから、大神が岩室にお隠れあそばして、政事から退かれた今、その御神木たる橘も枯れてしまったようだが、まだ常世の国を忍ばせるような香りは強く残っていることよ、とばかりの意味です。

田道間守と香久の木

天照大神の御世から、さらに時代は降り、垂仁(すいにん)帝の御宇に、また「常世国」と橘との関係を示す記事が出てきます。『日本書紀』には、「九十年の春二月(きさらぎ)の庚子(かのえね)の朔(ついたちのひ)に、天皇(すめらみこと)、田道間守(たぢまもり)に命せ(みことおほ)

て、常世国に遣して、非時の香菓を求めしむ。今橘と謂ふは是なり」と見え、『古事記』には「又天皇、三宅連等の祖、名は多遅摩毛理を常世の国に遣はして、ときしくのかくの木実を求めしめたまひき」とあるのがそれです。ところが『ホツマツタヱ』には、この田道間守の常世行きの勅命の中に、きわめて重要なお言葉がしるされているのです。この一点によって、記紀と『ホツマ』との文献としての価値のちがいは一目瞭然とします。原文三十七紋の記事です。

勅「香久を求めに
田道間守　常世に行けよ
わが思ふ　国常立尊の
御世の春」

と書かれています。垂仁天皇が勅をおおせになるには「田道間守よ、香久の木を探しに常世国に行ってくれ。わたしは、あの大御祖であらせられる国常立尊の、常に春であるような寧楽の世をしのぶばかりであるぞ」という内容です。「わが思ふ　国常立尊の　御世の春」という短い言葉の中に、『ホツマ』に一貫して流れる、神代の風儀というものが伝えられていたことを知るのです。記紀の神代あるいは後世の人皇の世には、このような古えの風儀を知る上での、きわめて大切な部分が欠落しているために、神代は単なる神話としてしか受けとることができません。神代におこなわれていた政事の祖形などを知ることがほとんどできないのです。『ホツマ』によれば、垂仁帝は、橘を植えることによって、そのかぐわしき香りの中に、国常立尊が古え「常世の道」をもって治められた、常春の「常世国」の祭政の息吹を、ふたたびこの垂仁朝の御世に吹き返さんとするご意志だったのです。これは『ホツマ』全体を貫く、「国常立尊」「常世国」「常世の道」「橘」そして「祭政の事始め」という古代の風儀にもとづくものであることは、すでに明白となっているところです。古えの風習のままを、今日に伝えんとする古え人の正統な心ばえを、そこに見ることができるのです。わが文明のありかたは、天地の開けしころの神の代の春の息吹を吹き返すことを第一義としていたのでした。古儀の尊重とはそういうことです。西洋に見る、創造と破壊の断続した文明とは、まったくその次元を異にする、まことに平和な常春を最上とするうるわしい美風をその文明の根本根義としていたのです。

田道間守は、天皇の命を受け一路常世国に向います。『日本書紀』には、この常世国のことを、「命を天朝に受りて、遠くより絶域に往る。万里浪を蹈みて、遥に弱水を度る。是常世国は、神仙の秘区、俗の臻らむ所に非ず。云々」――天皇の勅をお受けして、遠路より遥かな国に行きました。遠く波を越えて、遥かかなたにある川も渡ってまいりました。常世国は聖の隠れ棲んでいる国で、普通の人が行けるような所ではありません。――としるしています。『古事記』には、もっと簡単にしか触れられておらず、記紀両者の記述からは、「常世国」が神仙境のような所のように理解されてしまいます。『書紀』の表現のしかたは、もちろん漢籍の影響によります。

ところが、同じことをしるした『ホツマ』の内容に、記紀とは異なったものがあるのがわかります。

　国染まざれば
香久の木を　得んと思えば
橘の　元彦命が家に
年経りて　馴染みて巡る
日高見と　島津の君に
相知りて　やゝ得て香久の
曳かぬ間に　君神となる

「国染まざれば」とは、垂仁天皇の宇内がいまだ国常立尊の「常世国」の風儀に感化されていないので、という意味です。「橘の　元彦命が家に」とありますが、武蔵国に橘樹郡があり、郡内に橘樹、三宅の二郷があったことが知られています。三宅連は、田道間守を祖としていることや、『新撰姓氏録』に「橘守、三宅連道祖。天日桙命之後也」と書かれていること、さらに『ホツマ』の原文にも「ホツマ国　香久元彦命を」とあることから、田道間守が関東地方で留まっていたことがわかります。「橘樹郡」は現在の神奈川県内、「ホツマ国」は富士山を中心とする関東地方です。しかし、記紀には、田道間守がホツマ国に行ったということは、まったく書かれていません。

さて、田道間守命は、ホツマ国の元彦命の家に年月を経て、やっと東国の風習に馴染んだので、ホツマ国のさらに北にある、日高見（ひたかみ）の国に行かれたのでした。日高見の国で島津の君と知りあい、ようやくの思いで香久の木を得ることができ、香久の実二十四籠（かご）、香久の木四株を持って、大和国にふたたび帰ってきました。「日高見」とは、原文の考証により、関東勿来（なこそ）以北、津軽以南であることがわかります。とくに仙台、多賀あたりが中心地となっています。したがって、『ホツマ』から、垂仁帝の御世における「常世国」が、東北の日高見の地であったことが、はっきりとわかるわけです。記紀などからは、「常世国」が天上の、あるいは海のかなたの仙境の地としか考えることができませんが、『ホツマ』の原文によって、それらの謎は一挙に氷解します。『ホツマ』では、「常世国」が、より現実的な土地の名、国の名として把握できるのです。

長年の田道間守の努力にもかかわらず、垂仁天皇は、田道間守の帰りを待たずして、神上ってしまわれます。田道間守命は嘆き悲しんで語ります。

「これ得んと　遥（はる）かに行きし
常世（とこよ）とは　神の隠れの
及びなき　風習（ふり）を馴染（なじ）むの
十年（ととせ）ぶり　あに思ひきや
凌（しの）ぎ得（ゑ）て　さら帰るとは
天皇（すめらぎ）の　奇（く）し日（ひ）霊によりて

帰る今　すでに神去(さり)ます
臣(とみ)生きて　何かせん」とて
追ひ罷(まか)る

「この香久橘(かぐたちばな)の木を得ようと、遥かに旅した日高見の常世国とは、天地開闢の時の国常立尊をはじめとする、偉大な神々がお隠れになられたところです。その古えの風儀(てぶり)が、神代のままに残っていて、わが身になじむまで十年もの歳月を必要としました。なんで帝(みかど)がお亡くなりになられたなどと考えましょうか。帝の奇しき日の霊気の恩頼(みたまのふゆ)によって、帰ることができました今、すでに大君が神去りましたとは。臣がこのまま生きていて、何を得るところがありましょうや」といい遺して、天皇のあとを追って殉死されてしまったのでした。――三十七紋の原文です。

これらの『ホツマ』原文によって、『日本書紀』の「神仙(ひじり)の秘区(かくれたるくに)、俗(ただひと)の臻(いた)らむ所に非ず」という文章が、『ホツマ』の伝承を間違って伝えたうえ、漢文によって潤色してしまったことがわかります。この田道間守命の十年の歳月を費した努力のうちに、古代の人々がいかに古えの風儀の伝承を重んじていたかを、うかがい知ることができます。

世界の常世国

『ホツマツタヱ』に書かれた、豊富な「常世国」の記述によって、より明らかな「常世国」の姿が浮び上ってきました。とくに、田道間守(たぢまもり)と「常世国」の関係を語る記述により、その時点では、「常世国」がホツマ国の東北の日高見(ひたかみ)の地にあったことが、はっきりわかりました。しかしながら、はじめの方で見た二紋の原文「神その中に　生(あ)れまして、　国常立(くにとこたち)尊の　常世国(とこよくに)　八方八降(やもやくだ)りの　御子生みて　皆その国を　治めしむ」から、天地開闢当時においては「常世国」が世界全体の八つの国々を示していたと考えられます。またその常世の国々を、国常立尊の御子のトホカミヱヒタメ八神が治められていたとも書かれています。わが国では、古儀の伝承ということを国風(くにぶり)の第一義と考えていたために、垂仁天皇の御世にまでも「常世国」の存在を明らかにするような記述が見られます。それは、わが国が、相つぐ民族闘争、王位略奪に明け暮れていた諸外国とは、異なる歴史を持っていたからに他なりません。

垂仁天皇の御世にまで「常世」の風儀(てぶり)を残していた東北日高見の地こそ、古代文明の中心地なのです。代々の高皇産霊尊(たかみむすびのみこと)をはじめ、忍穂耳尊(をしほみみのみこと)が政事(まつりごと)をおこなわれたのもこの東北日高身の地だったのです。高皇産霊の「タカミ」は、「ヒタカミ」の「タカミ」からとったものと考えられます。「タカミムスビ」とは、日高見の地にて、天界高天原とこの地とを結びつけ、神力を得て政事をおこなうということを意味した名前ではないでしょうか。また、天照大神が祖父であり五代高皇産霊の豊受大神（とよけのかみ）に、君に必要な諸々の道の奥義を学ばれたのも日高見国でした。「ミチノク」とは道奥（みちのく）を意味します。ホツマ学は、古代東北文化の重要性を明らかにするという、重大な目的を持っています。「常世国」が柳田国男、折口信夫両氏が考えるように、日本人の血脈の深層に流れるものであるとすれば、東北こそが日本の伝統の原点であるといえるのです。そして、「常世国」に世界に共通する民族伝承の原点があり、その古代の世界的な風儀（てぶり）は、東北の地に眠っているといえるでしょう。

「常世国」の地理的な解明とともに、見のがすことのできないものは、政事（まつりごと）と橘の関係です。まず、国常立尊は木の実を植えられ、葉木国神（はごくにのかみ）をお生みになり、葉木国神は橘をお植えになり、高皇産霊尊（たかみむすびのみこと）をお生みになりました。この神は木の常立尊とも称します。さらに後世、伊弉諾尊と伊弉冉尊は橘を植えられ、「常世の道」を確立され祭政のはじめとされました。また、紀州国（きしいの）に橘を植え、常世郷（とこよさと）としたことも書かれています。その御子である天照大神も、やはり祭政の事始めとして、橘を南（さ）の殿にお植えになっています。時代はさらに下って、垂仁天皇は「常世の道」の復古を願われ、「常世」の息吹を伝えるべく橘を求めさせたのでした。ここに、祭政の根本としての一貫した、古えの風儀を見ることができます。祭政の長たる君は、古えの風儀を今生に伝えるということを、政事の第一義と考えていたのです。これは、古えほど美しい政事がおこなわれていたと考えていたからにほかなりません。そして、その美意識の究極を、地上における最初の国である「常世国」に求めたのでした。橘とは、この古道伝承の際、なくてはならぬ神籬（ひもろぎ）であったと考えられます。『ホツマ』にみる古代の神々は、橘を植えることによって、太祖（おおみをや）国常立尊の御魂（みたま）の降臨を願ったのでしょうか。神籬とは、清浄な土地を選び、周囲に常緑樹の常磐木（ときわぎ）を植えて神座としたものをいいます。後世、室内などの祭儀の場合は、常磐木を案上（あんじょう）に立てたものを使用するようになりました。古えの大君たちが、国のはじまりとしての「常世国」をしのび、また国常立尊の「常世の道」をなつかしみ、その風儀を復古するという行為に、日本伝統の根底を支えている、心のありかたの原型を見ることができます。民間においても、神社神道においても、古えの風儀を尊ぶということを第一としてきた日本人の心ばえの源を、「常世国」に見ることができるのです。「トコヨノクニ」という言葉の響きの中に感じるなつかしさは、祖霊としての国常立尊への信仰につながるものだったのです。国常立尊が築かれたと伝えられる「常世国」になつかしき想いをはせるとき、そこにはじめて、本質的な意味において、他の民族と共通する太古の記憶が甦ってくるのです。国の成り初めにおいて世界は一つであったという希望がそこに現われるのです。

由ヨ 古代日本の教育

伝統的教育

西欧流の考え方を模した明治以降の学校教育以前から、わが国固有の伝統に根ざした教育というものが存在していたわけですが、近年、西洋文明の行きづまりとともに、教育においても、今までの西洋的な考え方を第一として教えるようなあり方が反省されてきています。これは、美術教育においてもっとも早く、顕著に現われているようです。その一因として、西洋人の日本の美意識に対する評価の高まりという、まことに皮肉な事実があります。しかし、いずれにしても日本本来の教育のありかた、美意識のありかたというものを再認識する傾向にあることは、喜ぶべきことと思います。その中でも、美術教育、音楽教育を本来の日本の伝統に則った形にもどすということが一番大切でしょう。なぜなら、文明というものは、美意識によって造り出されるものだからです。西洋の美意識は西洋特有の自然観、すなわち自然物は人間の操作が自由にできる「物質」、という考え方にもとづいています。その点日本の美意識は、物としての自然の中にすら心を見い出し、さらには神をも見い出すという、固有の心物の調和された自然観にもとづいていました。すなわち、物と心と神とが渾然一体となった自然観であり、天(あめ)を父、地(くに)を母とし、われを子とする血脈的、親和的自然観なのです。これからの教育者はこのことを充分学ばなくてはなりません。

さて、このような日本固有の教育の大もととなるような古代教育の記述が、『ホツマツタヱ』にはあふれんばかりに書かれています。これからそれを見ていくことにしたいと思います。
もともと倫理的な考え方は日本にはなかった、そのような考え方はみな大陸から学んだものである、と今までは考えられてきました。江戸時代の国学者である賀茂真淵も、日本のことを「天地の心のまにまに治めたまひて、さるちひさき理りめきたること」のない国であるといい、真淵の弟子である本居宣長も、日本の上代には「道」というような理屈がましい道徳的なものはなかったとのべています。また宣長は『玉勝間』の中でも「皇国の古書には、露ばかりもをしへがましき事見えず、此けぢめよく考ふべし」といっています。これは、宣長たちのいわゆる復古神道論の以前におこなわれていた、儒仏の影響を強く受けた旧来の神道論への批判の意味をこめた言葉です。それと同時に、宣長が古典神典の対象とした『古事記』『万葉集』『祝詞』といったものに、道徳的な記述がほとんど書かれていなかったことも原因しています。

しかしながら、記紀の原典としての『ホツマツタヱ』には、まことに豊富な、古代日本人の教えが書かれているのです。もちろんそれらは、儒仏以前の日本固有の教え方です。民間伝承や日本人の美意識の中に、古代より伝わる教育観というものが絶えることなく受け継がれています。その中には当然隣りの中国の思想と同じようなものもあるでしょうが、似ているからといって単純に排斥するのは誤りです。また、復古神道によって批評された、儒仏の影響を強く受けたそれまでの神道論の中にも、日本固有のものと思われる教えが見られます。したがって、それらを単純な形で排斥するわけにはいかないのです。

たとえば、伊勢神道の経典である神道五部書の一部を見ても、日本固有の思想を知ることができます。『伊勢二所皇太神宮御鎮座伝記』に、――「黒心無くして丹心を以て清潔斎慎しみ、左物を右に移さず、右物を左に移さずして、左を左とし、右を右とし、左に返り右に廻る事も、万事違ふ事なくして大神に仕へ奉れ。元を元とし、本を本とする故なり」――と見え、清浄さの大切さ、正の心の大切さを説いています。また神は正直を好む、として、――「日月四洲を廻り、六合を照らすといへども、須く正直の頭を照らすべし」――と書かれています。その他『造伊勢二所太神宮宝基本紀』には、――「神を祭る礼は、清浄をもって先と為し、真信をもって宗と為す」、「人は、すなわち天下の神物なり。須く静謐を掌るべし。心は、すなわち神明の主たり。心身を傷ましむること勿れ」――とあります。「心身を傷ましむること勿れ」という表現はとても興味深いものと思えます。すなわち、体に悪いことも心を病むこともないこと、穢れを受けぬこと、ということでしょう。これと同じようなことは、先の『御鎮座伝記』にもしるされています。

「人は、すなわち下の神物なり、心身を傷ましむることなかれ。神垂は、祈禱をもって先を為し、冥加は正直をもって本と為す。その本心に任せて、皆大道を得しめらる。故に神人は、混沌の始めを守り、仏法の息を屏け、神祇を崇めよ。口に穢悪を言はず、目に不浄を見ず、とこしなへに謹慎の誠を守り、宜しく如在の礼を致すべし」

「神垂」は神が御心を注ぐこと。「如在」は神がそこに坐すごとくの意。さらに『倭姫命世記』には、――「大日本は神国なり。神明の加被に依りて国家の安全を得、国家の尊崇に依りて神明の威を増す」――などとしるされ、正直、清浄、謹慎、真信、神人不二といった日本の伝統的な考え方を知ることができます。漢語が多く使われているため、純粋な日本的表現にはなっておらず、品格も落ちていますが、その奥には、日本古来の思想が脈打っているのです。

ここで注目したいのは、先にのべた真淵、宣長をはじめとする国学四大人の一人である平田篤胤の言葉です。――「その善しき性質の従に、曲らず過たず行ふを人の道といひ、その道のまにまに導くを教とは云ふなり」――という立場から、日本の上古において教えというものが存在していたことを認め、その教えは子を導き教えることからはじまったと説いているのです。著者もこの意見にまったく同感です。教えというものが何もなければ子を立派に育てることもできませんし、ましてや高い文明を維持することもできません。日本には漢意とは別の、大和心にそった教えというものがあったはずです。

さて、『ホツマツタヱ』にしるされた「教え」、すなわち儒教をはじめとする中国の思想にまったく影響を受けていない古代日本の教育が、どのようなものであったかをのべていきたいと思います。また古えの風儀美風が、どのような「教え」によって保たれていたかを確めていきたいと思います。文明の風儀というものは、その文明固有の「教え」によって造り出され、伝えられるのです。伝統はすなわち「教え」です。「教え」を持たない民族が文明、伝統を維持することはできません。そしてこれからのべる『ホツマ』の「教え」は、日本の伝統風儀に根ざした、これからの新しい教育の基となるものと確信します。

子育ての教え

『ホツマ』十七紋「神鏡八咫の名の紋」は、紋全体が教育的な内容に満ちています。中でも子育てのための教えは、真理をついたすぐれたものです。その中心となるものが「緩法」という教えで、不断にやさしく説きほぐす心がまえが重んじられています。

○「荒猛の松は拗ける」十七紋

子を持たば　確と聞くべら
荒猛の　松は拗けて
蟠る　人の若葉も
わがままに　道に悖りて
蟠る　人も薪に
伐るごとく　惜まで血脈の

痛みかな　子を養す法
癖松を　曳き植ゑ荒木
培えば　直木となるぞ

天照大神が申されるには、「もし子を持っているなら、よく聞きなさい。険しい岩山に生えている松は、形が拗けてしまい、かがまり曲ってしまう。まるで若葉のような初々しい人の子も、わがままに育てれば、神の道に背いて、蟠ってしまう。だからといって、それらの拗けた心で成長した者を、惜まずに薪の木を伐るように、斬り捨ててしまっては、斬った方が血脈の痛みを残してしまう。ねじ曲った癖のある松を、山から曳きぬいて植えかえ、荒れた木を培えば、やがて真直ぐな木となることであろう。子供を養育するのも、まさにそのような方法でおこなうべきである」

風雨にさらされた岩場の松のように、厳しすぎる環境で育った子供は心がゆがんでしまうということです。しかし、それをむやみに切り捨てるのではなく、違った環境に移し細やかに教育すれば、やがて心も素直になる、ということが書かれています。「人も薪に　伐るごとく　惜まで血脈の痛みかな」と難解なところですが、同じ十七紋に、「人討つときは　痛み知る　謀れば恨み　器者盗まば惜む　損はば　血脈の痛みも　知る中心」とあります。「損はば」は殺害するの意。また八紋にも、ハタレ魔のような罪人もむやみに殺せば、魂緒が世に蟠ってしまうことが書かれています。「シム」も『ホツマ』の中で難解な古語の一つです。その人の身に染みこんだ祖先からの記憶、祖先との霊的なつながり、あるいは潜在意識のようなものと考えられます。また親族を指すこともあります。あるいは、ハタレ魔の「シム道」として悪い意味にも使われ、十種神宝(とくさのかんだから)の一つとして「ハハチシムヒレ」の語も見えます。

○「子は長(をさ)の根」十七紋

親心　細々篤(こまごまあつ)き
瓊(と)の教ゑ　子は長(をさ)の根ぞ
幼子(おさなご)は　荒木(あらこ)教ゑて
培えば　直き筬(おさ)とぞ
なる心　恵みを知らば
子宝の　棟梁(むねうつばり)と
なるごとく　人の住居(すまい)の
上にあり

天照大神が申されるには「親心というものは、細々と細部にまで気を配り、心をこめ、真(まこと)の瓊(と)の教えをもってすべきである。子はすぐれた人となる素質をもっている。荒れた木を心をこめて手入れをし培うと、真直ぐな機織りの筬(をさ)の木となるように、幼子もその心をもって教え導けば、すぐれた人となるのである。そのような子供のありがたき恵みを悟ることができたなら、人の子は木が成長して家の棟木や梁となるように、人の住居の上に位置するような宝であることがわかるであろう」

「瓊の教ゑ」は、国常立尊の八人の御子の一人である、トの御子の御魂と宗を一にすることです。原文に「真の　瓊の教ゑ」とあります。二紋に「床は瓊矛に　子を求む」とあり、伊奘諾尊・伊奘冉尊が、子孫をお生みになる際の床とは、瓊の教えと、戒めとしての逆矛によって子を求める、瓊と子の意味であることが書かれていて、瓊の教えと子の関係が示されています。十七紋には「瓊は整ふる　璽なり」ともあります。「筬」は機の重要な部品です。経を整え、緯を織り込むのに使用します。「梁」は棟木を受ける木のこと。後世の「子は夫婦の鎹」に同じたとえです。

○「和し教えよ」十七紋

　　　荒猛心
子に求め　利き過ぎ拗け
邪の　ハタレとなるぞ
益人ら　幼のときは
拗けの芽　早改めよ
すでに前　法を誤まる
益人の　褒め過ぎ拗け
邪が　経を捩けて

常闇の　涙和して
やや鎮む　これも三種の
器法

「荒く猛々しい心を、子に求めれば、悪知恵だけが発達して、心が拗け、天の道に背く、かの白人・胡久美らのような、ハタレ魔となるであろう。幼いときの拗けた心の芽は、早く摘んで改めよ。幼きころ、その育て方を誤った白人と胡久美らは、褒められ過ぎて心が拗けてしまった。邪な心が、御機の経を捩るように、神の経に通った道を、ねじ曲げ人の心を穢し、世を乱して常闇の世としたことがあった。そのときに血脈の過ちから、大蛇、ハタレとともに、世を乱したわが素戔嗚も、その過ちを知り、おのが涙によってようやくその心が和された。そして、世の乱れも治まったのだった。その情より出づる和す心も、三種神宝のように大切なものである」

「ハタレ」は先にもあったように、邪悪な心を持ち、動物霊をあやつって神の道に背く朝敵。錦大蛇のシム道、鵺のハルナハハ道、咬のヰソラ道、狐のキク道、猿のヰヅナ道、天狗のアヱ道の六ハタレがいます。「大祓祝詞」にも載る、白人、胡久美はハタレの主領格です。「益人」は官職。

『ホツマ』の思想は、「機の道」によって規定され、天につらなる神の道としての経と、邪の道を取り締まる緯という考え方によって成り立っています。「涙和して」とあり、和すことの重要性は『ホツマ』全体にわたって説かれているところです。

○「厳し過ぎれば拗ける」十七紋

荒猛の　風激しくて
俄降り　松節瘤と
　蟠り　千代を経るとも
ましならず　親の心も
年激し　敢え忍ばずて
俄風　愚かに暗き
鈍き子は　その荒風に
吹き打たれ　痛み忍べば
直からず　鞭を逃るる
早利を　褒め喜べば
過ぎ拗け　ハタレとなるぞ
　誤るな

天照大神がおおせになるには「険しい岩山は風が激しく、俄雨も降るので、そこに自生する松は、節や瘤ができて形が拗けてしまう。その形は、たとえ千年たとうが良くなりはしない。親が子にたいする心がまえも同じことであろう。年中厳しいだけでは、子供はそれに耐えることができない。

生まれつき愚鈍でものごとの判断の暗い子は、俄に吹く親の荒風に吹き打たれて、理由もわからずに痛みを忍んでいれば、素直な子供にはなれない。そればかりか、親の鞭を逃れようとして、ずるがしこい能力だけが発達し、親の前でだけ良い子をつくろう二心をもった様を、親が褒め喜べば、それが拗けのもととなりハタレとなるのである。このところを誤ってはいけない」

先のはじめの原文とほぼ同じ内容をくわしく説いています。真理を鋭くついた教えです。親の厳しい鞭から逃れようとして、その場だけをつくろうために、邪(よこしま)な知恵がつき、本心はまったく良くならないということです。

○「細かに教えよ」十七紋

　　　親慎めよ
暗き子も　細かに教ゑ
日を積みて　少しは通る
月を経て　篤く教ゑば
鈍(にぶ)去るゝ　年々(としどし)学ぶ
曙の　業(わざ)も早きぞ

天照大神が申されるには「親たるものは、感情的になることを慎まなければならない。暗愚な子に、細々とていねいに教え、日を重ねれば、少しは教えが通うようになる。月を重ねて心をこめ篤く教えれば、鈍さがなくなる。年を重ね学ぶことによって、ある時期からは、曙光の輝くごとく能力も急激に成長するものである」

○「くり返し教えよ」十七紋

初よりも　良からで業を
変えずとも　百千教ゑて
覚ゑずば　鎮むる杖に
また教ゆ

「この方法がよい、あちらの方法がよいといって、色々教えかたを変えないで、初めから終わりまで、同じことを百回千回とくり返し教え、それでも覚えないときは、感情的にならず、心を鎮めてしかることである。そしてまた、くり返し教えるのである」

『ホツマツタヱ』の編纂者、三輪臣大直根子命の言葉にも「百千試み　遙かなる　奥の神路えまさに入るべし」という、天照大神の教えを受けたものがあります。

○「緩法」十七紋

教人の　手もとも松の
蔓杖　負ゑるままにて
培えば　十年に直る

兆(きざ)しを得　三十年(みそとせ)やゝに
伸び栄ゑ　百年(もも)の作り木
三百年(みもも)の梁(はり)　五百年(ゐもも)は棟木(むなぎ)ぞ
人教(のり)も　十年(そとせ)ほぼ直(な)る
三十年(みそ)の梁(はり)　五十年(ゐそ)は棟木(むなぎ)の
功(いさおし)も　篤き恵みの
緩法(ゆるのり)を　必ず倦(う)むな
早るなよ　速きハタレに
赴(おもむ)かで　八咫(やた)の鏡の
紋(あや)聞けば　邪(よこま)を去るぞ
わが心　入れて居安く
天(あま)が守るぞ

天照大神がおおせになりました。「拗けた若松も葼杖(しもとつえ)によって枝を支えながら、心をこめて培えば、十年にして真直ぐになる兆しが現われる。三十年にしてやっと伸び栄えて、百年できちんと整った作り木となる。さらに、三百年で梁(はり)に使える木となり、五百年にしてりっぱな棟木(むなぎ)となることができるのである。これは、人の教育でも同じことだ。教人(をしゑど)のやさしい教えと、笞(むち)によって、十年でそれまで身についていた癖がほぼ直り、三十年で一家の梁としての人格が身につき、五十年たてば棟木としての力量も備わるのである。教えることをまめに怠らす、あせらずに教えよ。ずるがしこいハタレにならぬよう、八咫の鏡の紋の教えをよく聞き、実践すれば、邪を去ることができる。私の心をその教えの中にこめて教えれば、天神と感応し、ありがたき守護を得ることができるであろう」

「蔞」は木の細い枝のことで、細い木の枝で作ったむちの「蔞」の意味をも含みます。「作木」は、手入れして枝ぶりなどをよくした木のこと。「八咫の鏡の紋」は、この原文が書かれている十七紋が、「神鏡八咫の名の紋」と称するので、そこに書かれている天照大神の御教えを示すものと思われます。

伊勢の道の教え

「伊勢の道」とはイモ・ヲセの道の略で、すなわち男女の踏みおこなうべき道を意味します。のちの世に「妹背」という言葉となって伝えられています。これは、天照大神の説かれた教えで、原文に「この道を　学ぶ所は　神風の　伊勢の国なり」とあるように、伊勢国を中心として、その教えが広まったことがわかります。また、大己貴命の子、事代主奇彦命が実行された「鈴明の教え」とは双璧の関係にある『ホツマ』の「教え」の究極奥義をつかさどる重要なものです。『ホツマ』全編をとおし、この「伊勢の道」の古代思想が貫かれていることがわかります。

天照大神は、母君伊奘冉尊の胎内においでになったときも、お生まれになられてからも、母君にご苦労をおかけしたことを思われ、

　　親の恵みを
返さんと　伏して思えは
子を授く　道は恵みを
返すなり

とおおせになられたのでした。すなわち、親から受けた恵みを返そうと伏すようにして深く考えたが、それは民に子を授ける道を教え導くことであった、ということです。天照大神は、この子孫繁栄の道のもとである夫婦和合の「伊勢の道」を、伊勢国は伊雑宮（いざわの）のお白洲に民を招かれお説きになられたのでした。子孫繁栄、夫婦和合の教えこそ、天照大神のもっとも重きを置かれたものであり、『ホツマ』の中で最重要な思想といわねばなりません。

『ホツマ』には大蛇（おろち）のことが多く書かれています。その内容から、この大蛇は女の怨念の凝固したものであることがわかります。この大蛇の最大のねらいは、子孫の断滅にあります。すなわち、妬（ねた）みの念が男女の仲を裂き、子種を嚙み、子孫が繁栄しないようにするのです。政事（まつりごと）の乱れの根

本がここにあります。天神六代の面足尊の御世も、世嗣がなかったために国が衰え、政事が乱れてしまったとしるされています。子孫の繁栄と政事の繁栄とは一体であることが考えられます。このような大蛇の災いから身を守るための教えが「伊勢の道」なのです。さらに、「伊勢の道」に加え、怨念を防御する神器として、腹帯、天児、這子などがあることも、『ホツマ』にくわしくしるされています。家の核たる夫婦の結合を確固たるものにすることによって、国の泰平が導き出せるという古代日本人の考えは、男は日の霊気によって、女は月の霊気によって生ずるという宇宙観に根ざしたものでした。男女が和合することにより祭政が整い、ひいては天地自然との調和が保たれるという、霊的な視点からの思想なのです。

○「常睦まじく」十一紋

相ともに　常睦まじく
ミヤビなせ　われ二神の
道をなす　わが子つらつら
道行かば　日月の栄ゐ
天地と　まさに窮無し

「夫婦ともに、常に睦まじくして深い情をもって、おたがいを思いやりなさい。わが両親の伊奘諾・伊奘冉尊が、男神女神の神力によって天地の歌をもって民に教えを広め国を栄えさせ給うた。

わたしもまた、国が栄えるようにと二神の敷かれた道を歩んだ。わが子も心をこめ、祖先よりの道を続けて歩むなら、夫婦は日月とともに栄え、天地と一体となって正に無窮のものとなるであろう」

これは、天照大神が御子忍穂耳尊（をしほみみのみこと）に与えられた教えです。「ミヤビ」は「情け」から派生する心のあらわれ。「日月の栄ゑ」はすなわち、忍穂耳尊ご夫婦の栄えのこと。「正に窮無し」は『日本書紀』に天孫瓊々杵尊（ににきねのみこと）への勅として、「宝祚（あまのひつぎ）の隆（さか）えますこと、当（まさ）に天壌（あめつち）と窮（きはま）り無（な）けむ」と書かれ、「天壌無窮（てんじょうむきゅう）の御神勅（ごしんちょく）」として広く知られています。

○「子末（こずえ）思ひて」十三紋

　　子末（こずえ）思ひて
睦まじく　業（わざ）を務むる
伊勢の道かな

「子孫が長久に続くことを願って、夫婦睦まじく、心を配ることこそ伊勢の道なのである」

○「天の浮橋」十三紋

伊勢の道　天（あま）の浮橋（うきはし）
良く渡す　神の教ゑの
イモヲセの　道の大宗（おおむね）
通るこれなり

「伊勢の道というのは、人々を正しい道に良く橋渡しさせるという、神の教えである。男女(いもをせ)の道もこの神の橋渡しをもって、その大宗が通るのである」

○「夫は日、妻は月」十三紋

　　　　良夫(よをと)は日なり
良女(よめ)は月　月はもとより
光無し　日景(ひかげ)を受けて
月の影　女男(めを)もこれなり
日の道は　中節(なかふし)の外
月は内　男(を)は表業(おもてわざ)
務むべし　女(め)は内治め
絹綴(つづ)り　家を治(をさ)むは
兄なれど　病(や)めるか親に
叶(かな)わぬは　弟(おと)に嗣(つ)がせて
嫡子(あこ)となせ

「良き夫は日のようなものであり、良き妻は日に向う月のようなものである。月はもともと自らは光らない。日の光を受けて、はじめて輝くのである。男女もまったくこれと同じだ。また、日の道は天界の中節の外側にあり、月の道は内側にある。したがって、男は家の外の仕事をよくし、女は家の中の仕事を治めて、絹を綴るべきである。家を嗣ぐのは兄であるが、病気か親の意にかなわないときは、弟に嗣がせ嫡子とせよ」

○「夫一人に向う」十三紋

日は天に　月は土守る

嫁の身は　良夫一人に

向ふ日ぞ

「日は天に位置し、月は地球の土を守護している。嫁の身は、日である良き夫ただ一人に、向いあっている月のようなものである」

「日は天に　月は土守る」は、『ホツマ』全体の考察から、天と日、男、陽。地と月、女、陰の関係が導き出せ、一貫した思想となっていることがわかります。「向ふ日ぞ」とありますが、天照大神の后瀬織津姫は、日の御子である天照大神に向いあっている月として、日に向津姫のたたえ名を持っています。

○「良き子を生む」七紋

男は父に得て

埴を抱け　女は母に得て

天(あ)と居寝(いね)よ　浮橋を得て
嫁ぐべし　女(め)は月潮(つきしほ)の
のち三日(みか)に　清く朝日を
拝み受け　良き子生むなり
誤りて　穢(けが)るゝときに
孕(はら)む子は　必ず荒るゝ
前後(まえうしろ)　乱(みだ)れて流(なが)る
わが恥を　のちの掟(おきて)の
占形(うらかた)ぞ　必ずこれを
な忘れそこれ

二神が申されるには、「男は父として、天の神力を得て、大地を抱くような心持ちでいなさい。女は母として、地の神力を得て天とともに寝るような心持ちでいなさい。仲人を立て、神の教えに則り結婚することである。女は月経のすんだ三日後に身を清め、朝日を拝んで、その霊気を受け、夫と交って良い子を生むことである。誤って、月経の穢(けが)れのあるときに孕んだ人は、かならず心が荒れてしまう。われわれも、月経のときに孕み、荒々しい素戔嗚(そさのを)を生んでしまった。わが恥を、のちの人々の戒めとしなさい。かならずこの教えを忘れてはならない」

○「女の妬みと慎み」十六紋

　女は一途に
思えども　妬み煩ふ
胸の炎ぞ　大蛇となりて
子種咬む　障り除かん
世嗣文　慎む紋の
花と花　打てば散るなり
諸ともに　常に慎み
な忘れそこれ

子守神がおっしゃるには、「女の人は何ごとにつけ、一筋に思うのですが、ともすると、その一筋さが妬みを招き、燃えさかった胸の炎が大蛇と変じ、子種を噛むのです。この障害をわが御種文によって除きましょう。女同士は、美しい花と花のようなものです。たがいに嫉妬し、ぶつかり合えば、美しい花も散ってしまいます。常に女は慎みを忘れてはなりません」

○「夫の親は産みの親」十三紋

　夫の両親は
産みの親　明け暮れ宜べに

うまし以て　老いに仕えよ
良夫には　操を立てよ

天照大神が申されるには、「女は一度その家に嫁いだからには、夫の両親をわが産みの親と思わなければならない。明けても暮れても気を配り、老いた親に満足してもらうよう仕えなさい。また良き夫には、操を立てることである」

○「宝集めて子末消ゆる」十三紋

伊勢の道　子末思ふに
戒めの　なければ乱る
ハタレ魔の　宝集めて
子末消ゆる　これ鈴暗ぞ
生きの内　欲を離るゝ
これは鈴明ぞ

天照大神がおっしゃるには、「伊勢の道にしたがって、子孫繁栄を願うのに、戒めがなければその道が乱れてしまう。人をだます知恵が発達したハタレ魔は、財を一挙にわがものとし、己れの欲望は満たされるが、子孫は断ち消えてしまう。これを鈴暗というのである。生きている内に、必要以上の欲望を捨てることを鈴明というのである」

「鈴暗」は鈴木が暗いこと。鈴木とは古代暦として用いた木で、一本六万年生き続けるとしるされています。この木のようにゆっくり物ごとをなし、長寿を得て子孫繁栄することを鈴木の教えが明るく通ったという意味で「鈴明」といいます。

○「欲心をなくす」十三紋

　　欲に貪る
心なく　往来の道も
覚ゑ知る　女男を結びて
人心　世に還るとき
直なれば　また良く生まれ
邪欲は　ある帰らぬぞ

豊受大神が申されるには、「わたしは欲望を貪る心もなく、転生の道である往来の道も覚え知っている。男女の仲を結び、人としての情を教えた。またこの世に生まれ来るときは、素直な真の心であれば、良き人に生まれ変わることができる。邪欲があるものは、動物などに生まれ変わってしまい、人として生まれ変わることはできないのである」

○「魂魄の苦しみ」十三紋

彼の欲を　羨む人が

咬むゆえに　魂緒乱れ
旋風の　衢に魄の
苦しみが　獣となるぞ

春日神天児屋根命がおっしゃるには、「一度に集めた財産を羨み妬む者が、魂緒を咬むので、魂緒が乱れ、魂は天に還れず、衢には魄の苦しみ満ち、それらが旋風となって吹き荒れる。そしてそのような人は来世は獣となって生まれてくるのである」

政事の教え

「まつりごと」とは、祭祀と政治が一体となった状態です。古代日本では、祖先の神々にたいする信仰と、国の政治はまったく同じものでした。『ホツマ』に書かれている政事に関する教えは、君臣民を親子孫とするいたわりに満ちた血族的政治観です。この血族的、血脈的な考え方は、『ホツマ』の風儀、すなわち日本の伝統の基盤となるものです。

○「労り」二十一紋

労りを　知らねば神は
取りいぬぞ　ホツマを嘗めて

鳥居なりける

臣たるものは、民にたいし、労りの心をもって接しなければならない。労りを知らなければ神の守護はない。ホツマツタヱの教えを嘗め味わい、実践することによってはじめて、神が取り用いて下さるのである。それを見分ける所が鳥居なのである。

この原文は、瓊々杵尊の御代に、事代主命が製作された新治宮の建築法の中の、鳥居の説明のところに書かれたものです。「取りいぬぞ」は、神が取り用いぬぞということと鳥居を掛けた言葉。

○「民の両親」七紋

天が下　和して巡る
日月こそ　晴れて明るき
民の両親なり

天照大神は乱行する素戔嗚尊を諭されるための御歌を詠まれました。「天下の政事は和す心をもっておこなわなければならない。天を巡る日と月のように、妻を娶って夫婦和合の神力をもって民を和し治めるときこそ、晴れて明るく民の頭上を照らす日月の両親となることができるのであるぞ。独身にては叶わぬぞ」

この歌は前記の鳥居の歌と同じく、含みの多い歌で、『ホツマ』の中でもとくに重要なものです。この御歌の主旨は、祭政の長たるものは「和す」ということを第一義とすること。これは、わが国の伝統の風儀となっているもっとも大切な心がまえです。さらに「和す」心を強く持つためには、独身にてはその心がわからないので、妻を娶り夫婦となること、という二点にあります。この歌こそ、古代祭政の一大理念を端的に表わしたものといえるでしょう。「日月こそ」は先にもあったように、日と月に男神女神を掛けていっている言葉です。「君」とは木と実という意味で、男神女神一対をもってその本体とします。御夫婦によって治めるということが、わが国固有の風儀なのです。日と月、男女が一体となったときに、はじめて強く和らいだ力がわいてくるということが、右の歌よりわかります。伊奘諾・伊奘冉尊のご夫婦も、諾尊が前半、冉尊が後半をお作りになった、「アワの歌」によって天地の息吹をこめて、民をお治めになられたのでした。ご夫婦力を合わせて政事をおこなわれたことが『ホツマ』よりわかります。天照大神にしても、忍穂耳尊にしても、瓊々杵尊にしても、ご夫婦の睦まじきこと、后が政事の重要な位置を占められていることがわかり、日本の祭政の特質を表わしています。素戔嗚尊が天照大神の夫婦にて和す教えを理解できず、なおも乱行を続けられたことが、四十紋の「天が下　和して巡る　日月こそ　晴れて明るき　民の両親　これ解けず　罪に落つるを」という素戔嗚尊のご神託から察せられます。素戔嗚尊はのちに出雲の清の地に宮を築かれ、櫛稲田姫と睦まじくお暮らしになられたのでした。そして大御神の「和す教え」もようやくにして理解することができ、「ヤワ」を歌の天地にこめ、「八雲立つ　出雲八重垣　妻籠めに　八重垣作る　その八重垣わ」と歌われました。この歌は、天照大神の「天が下」の御製の返し歌と見ることができます。

○「民はわが子」十七紋

古神(いにしかみ)　造り授くる
瓊矛(とほこ)あり　瓊(と)は整ふる
璽(をしで)なり　二神(ふたかみ)受けて
親となり　民をわが子と
育つるに　篤(あつ)く教ゑて
人となす　教ゑてもなお
逆らはば　討ち綻(ほころ)ばせ
罪咎(とが)の　糺(ただ)しも遠き
天(あめ)と地(つち)　届かぬことを
思ふなり　臣(とみ)ら終日(ひめもす)
倦(う)まなくて　教ゑを常の
業(わざ)となせ

天照大神が申されるには、「昔豊受大神(とよけのかみ)がお造りになられ、二神に授けられた璽(をしで)の瓊(と)と天(あめ)の逆矛(さかほこ)がある。二神はそれをお受けになり、民の親となって民をわが子とし養育されたのであった。天の道を丹念に教えて、一人前の人となし、教えてもなおも神の道に逆らうものは討ち滅ぼしなさい。罪や咎があまりにも重く、糾明しがたいこともある。それはあたかも天と地が離れているように、天意が届かないことを思うばかりである。臣らは、なまけることなく、神の教えを広めることを常の仕事とすることであるぞ」

○「臣民は子孫」十七紋

臣民子孫（とみたみこまご）
隔（へだ）てなく　慈（ゐつ）く恵まん
思ひなり　教ゑぬ者は
臣ならず　教ゑ受けぬは
民ならず　常に思えよ
天法（あめのり）を　得て身を修め
耕して　ゾロを植ゑ播（ま）き
草切りて　刈り修む身の
民は孫　工匠商人（たくみあきど）も
曽孫玄孫（ひこやさご）　物知るとても
蠢（うぐめ）かで　瓊（と）の導きに

入らざらんをや

天照大神がおっしゃるには、「君にとって臣や民は、子や孫のようなものである。なんの隔てもなく慈しみをもって、恵み育てようと思うのみである。民に神の道を教えない者はわが臣にはあらず。また教えを受けぬ者もわが民にはあらず。常に天法を考え、身を修めることを心がけよ。田畑を耕し、稲や他の穀物を植え蒔いて、雑草をぬき稲を刈って、身を修めた民はわが孫である。工匠は曽孫、商人は玄孫である。知恵が多くあるからといって、邪悪な道に蠢く虫のようなハタレ魔になってはいけない。瓊の教えの導きの中に歩み入ることだけを心がけることである」

○「屑を捨てなで」十七紋

二神の　瓊矛に治む
年経れば　鈍均鋭の
民あるも　たとえば数の
器者　屑を捨てなで
鈍鋭を　均し用ゐん
天の心ぞ

天照大神がおおせになるには、「昔二神が瓊矛によって民を治められていたが、時がたつにつれ、民の中にも頭の鈍い者、平均的な能力の者、鋭い頭をもつ者が分かれてきた。人の上に立つ器の者は、たとえ屑のような者でも捨てたりせずに、鈍鋭の者たちを平均的な能力になるように均して用いることである。これが天の御心にかなうことだ」

○「天の報い」十七紋

　　　　天の報ひは
盗めるも　誹るも打つも
身に返る　人を打てども
そのときは　痛き報ひも
あらざれど　のちの病ふは
天が槌　盗みも人が
知らざれば　宝得るとぞ
思えども　一度隠し
二度盗み　三度損ひ
改めず　天地人の
見るところ　天の御告げは
人に告ぐ　罪顕はれて
滅ぶとき　なすことなくて

悲しきは　他（よそ）は喜ぶ
血脈（しむ）の恥　悔（くや）めど返（かえ）ぬ

天照大神がおおせになるには、「この世には天の報いというものがあり、物を盗むことも、人を非難したり攻撃することも、みなわが身に返ってくるのである。盗んだり、非難したりする人は、そのときはなんの痛みも感じないが、天が下す槌によって、病み患うのである。盗みも他人にわからなければ、財を得たと思い、一度隠してまた盗み、さらに人々に害を加えておこないを改めないでいても、ちゃんと天地人（あめつちひと）はそれを見ているのである。天はそのことを人に告げ、自然に罪が顕（あらわ）れて身を滅ぼすときは、なすすべもなくただ悲しむばかりであるが、他人はその様子を喜び、己（おの）は血脈の恥となる。いくら悔（くや）んでみてもとり返しがつかぬこととなるのであるぞ」

○「罪免（まぬが）るゝ処無し」十七紋
中心（なかご）の形

鏡ぞや　人見ぬとても
盗むなよ　凡（およそ）の人は
知らねども　みな現はるゝ
元の守（もり）　天（あま）は居（い）に知る
埴（は）に応（こた）ふ　人は告げ知る

この三つに　告げ現はれて
公の　罪免るゝ
処無し

天照大神がおおせになるには、「心の形は鏡のようなものである。人が見ていないからといって、盗んだりしてはいけない。ほとんどの人は知らなくても、最後にはみなわかってしまう。天は居ながらにして、その鏡に人の心を写し出す。地はそれに感応し、人はその告げを知るのである。天地人の三つに告げ現われて、どこに行っても罪を免れる処はないのである」

○「夢の苦しみ」十三紋

神打たず　たとえば夢の
魘われぞ　忍びがたくて
弁えず　罷るの罪も
魘われぞ　人を惑わす
わが欲しも　人は打たねど
魂緒に　覚ゑ責められ
永き夢

春日神がおおせになるには、「邪欲があるものは、神が罰しなくとも他から罰が下されるのである。たとえば、悪夢を見てあまりの苦しさにがまんできず、あと先も考えず自殺してしまう。人を惑わすような、自己中心的な欲望を持つ者は、人は責めはしないが、おのれの魂緒（たまのを）に記憶され、死後までも悪夢にうなされるのである」

○「臣は子民は孫」二十三紋

物部（もののべ）ら　しかと聞けこれ
わがまゝに　民を斬（き）るなよ
民はみな　なおわが孫ぞ
その民を　守り治むる
国神は　これなおわが子
国神は　民の両親（たらちね）
その民は　国神の子ぞ

天照大神が申されるには「物部たちよ、確（しか）と聞きなさい。自分勝手に民を斬ったりしてはならぬぞ。民はみなわが孫である。その孫である民を守護し治める国神は、わが子である。ゆえに、国神は民の親であり、民は国神の子であるのだ」

○「民（たみ）となせ臣（とみ）」十七紋

培（つちか）ふは　身の葦原（あしはら）も

瑞穂（みづほ）なる　民となせ臣
臣となせ民

天照大神が申されるには、「古え二神が葦原の葦を引きぬき、水田をお作りになられ、民を豊かにされた。人の身も同じようによく教え導けば、りっぱな人となることができる。臣は民と一体となって治めよ。すぐれた民は臣として取り用いよ」

○「奢（おご）りより国乱る」二十三紋

誇（ほこ）る世は　天（あめ）の憎（にく）みに
雨風も　時も違（たが）えば
稲やせて　民の力も
やゝ尽きて　世に苦しむぞ
飾（かざ）りより　奢（おご）りになりて
鋭計（ときはか）る　果てはハタレの
国乱れ　民安からず
故（かれ）常に　民の居安き
木綿（ゆふ）を着る

天照大神がおおせになるには「贅沢（ぜいたく）を人に自慢するような者が多い世は、天神がそれを憎み、雨風が不順となって稲が痩せる。国の礎である民の力も次第に尽きて、世の中全体が困窮してしまう。身のまわりを飾り立てることにより、心が奢り高まり、邪悪なことを考え出すようになる。果てはハタレ魔と化し、国を乱し民も安らかな生活を送れなくなる。ゆえに、常に民が平安に暮せるよう、木綿の着物を着るのである」

この原文は「御衣定め剣名の紋」の中に書かれているもので、同紋は「機の道」にもとづく、古代刑法および装束についての記述があります。

その他の教え

○「和らぎ」八紋

われも無し　慈しを以て
神形　中心素直に
神力　良く物知るは
神通り　事無ふ保つ
奇し日霊ぞ　ただ和らぎを
手段なり

金析命がおおせになるには、「我欲もなく、慈しむ心をもって処すれば、その人はうるわしい神形となる。心を常に素直にしていれば神の力を得ることができ、物ごとをよく知れば、神が通り、事無きを保てば、奇しき日の内魂の守護を得ることができる。ただただ心を和らげることを手段とせよ」

この教えは、朝敵ハタレ魔軍討伐の大武神経津主命すなわち香取神に、金析命がお授けになられた教えで、内容の深さから『ホツマ』最大の教えであるといえます。この教え一つによって、『ホツマツタヱ』というものが、どのように優れた文献であるかということを知ることができます。

○「言葉を直すアワの歌」一紋

言葉を直す
アワ歌を　常に教ゑて
アカハナマ　イキヒニミウク
フヌムエケ　ヘネメオコホノ
モトロソヨ　ヲテレセヱツル
スユンチリ　シヰタラサヤワ
アワの歌　葛垣琴打ちて
弾き歌ふ　自づと声も

明らかに　五臓六腑緒（ゐくらむわたを）
音声（ねこゑ）分け　二十四（ふそよ）に通ひ
四十八（よそや）声　これ身の内の
巡り良く　病あらねば
永らえて　住吉（すみゑ）の翁（をきな）
これを知る

言葉を正しくする「アワの歌」を子供のときから常に教えて、「アカハナマ　イキヒニミウク　フヌムエケ　ヘネメオコホノ　モトロソヨ　ヲテレセヱツル　スユンチリ　シヰタラサヤワ」と葛垣打琴（かだかきうちの）を弾きならしながら歌えば、自づと歌が明確になる。五臓六腑（ゐくらむわた）や魂緒（たまのを）が音声の作用によって整い、身体の二十四の道に通い、四十八音によってできている部分に感応する。この歌により、体の中の循環が良くなり、病気をしないので長寿を得ることができるのである。

○「妬（ねた）み」十六紋

みな咎（とが）ぞ　妬（ねた）む妬まる

子守神が申されるには、「人を妬むことも、人から妬まれることも、みな罪なのです。人の妬みが子種（こだね）を咬（か）むのです」

○「素直」十七紋

素直なる　業も教ゑて
培えば　家も栄えて
ゾロ殖ゆる

天児屋根命が申されるには、「心を素直にする方法を教えて養育すれば、その人だけでなく、やがて家までも栄えて五穀豊穣となるのである」

○「天の祭り」十三紋

天の祭りを
立て置けよ　屍の宮に
神楽を　奏せば緒解け
人成るぞ　祭りなければ
天恵み　漏れて落つるぞ

天児屋根命が申されるには、「天に坐す先祖の神々の祭りを日々おこないなさい。死者の宮に神楽を奏すれば、魂緒も解け、天に還りまたふたたび人となって、生まれかわって来ることができるのであるぞ。祭りをしなければ、天の恵みをいただくことはできないのである」

卌 恵比須・大黒の伝え

国譲り

古くから民間で強い信仰を集めているものに、恵比須（えびす）・大黒（だいこく）信仰があります。この二神は、わたしたちの心に、なにかなつかしい神代のあたたかさを与えてくれるような感じがします。日本の伝統の風儀（てぶり）を語るとき、見のがすことのできない、親しみに満ちた恵比須・大黒の二神が、いにし神代においてどのような神だったのかを考えてみることにしましょう。

恵比須・大黒の二神は、七福神の中の神々とされていますが、この福神信仰は室町時代に町衆の生活の中から、金運を求める現世利益にたいする民間信仰として生じたものでした。はじめのころは、福神は恵比須・大黒の二神に限られていましたが、のちに弁財天（べんざいてん）、毘沙門天（びしゃもんてん）、布袋（ほてい）、福禄寿（ふくろくじゅ）、寿老人（じゅろうじん）が加わり、七福神となったのです。七福神という形で崇拝するようになったのは近世中期以後であるといわれています。『享和（きょうわ）雑記』という随筆に、「近頃正月初出に七福神参りという事始（はじま）りて、遊人多く参詣する事となれり」と見えています。

「ダイコク」は大黒と書きますが、これは記紀などに見える大国主神（おおくにぬしのかみ）のことで、天台宗の開祖である最澄がはじめて比叡山にもたらした大黒天（マハーカーラ）と後世混同されたものです。恵比須神は、単独で漁民の信仰と深いかかわりあいをもっていましたが、やがて七福神信仰とともに、都の商家で商売繁盛の神として、信仰されるようになっていきます。恵比須講もそのあらわれで、関西では十日戎（えびす）

美保神社

として、陰暦の一月十日、東日本では一月二十日、十月二十日に親類知人、または同業者などを招いて祝宴を開き、商売繁昌を祈る習わしとなりました。

また恵比須神は、蛭子神（ひるこの）とも、事代主命（ことしろぬしのみこと）であるともされていますが、事代主命をお祭りする神社として、島根県の美保関町（みほのせき）にある美保神社が有名です。この神社の事代主命は、同県の出雲大社のご祭神である大国主命とともに、出雲の恵比須・大黒とならび称されています。また一般に「大社だけでは片詣り」といって、出雲大社に参詣する人はかならず美保神社にも参詣する風習があります。このように、出雲大社と美保神社は、信仰上深い関係にあるようですが、このことを『古事記』『日本書紀』および『ホツマツタヱ』によって探ってみることにしましょう。

大国主神と事代主命との関係は、『ホツマ』、記紀ともに出雲の国譲りの伝承の中に見ることができます。また、「コトシロヌシ」は、記では「言代主」、紀では「事代主」と記されています。『ホツマ』の十紋「鹿島立ち釣鯛の紋」に詳細な伝承が載ります。原文を見てみましょう。

二十五鈴（ふそゐすず）　九十三枝年（こそみゑとし）の
サアヱ夏　香久枝（かぐゑ）萎（しぼ）みて
フトマニの　「シチリ」は屋漏（やも）り
激しくて　西北隅（つねすみ）の国
見せしむる　緯部（よこべ）帰りて
申さくは　出雲八重垣
大己貴命（おほなむち）　満つれば欠くる
理（ことわり）が　額（ぬか）を玉垣
内宮と　これ九重（ここのゑ）に
比ぶなり

ホツマ古代暦である鈴木が二十九鈴九十三枝のサアヱの年の夏、すなわち大濡丹（うひぢに）朝より百七十四万五千五百九十九年目の夏、忍穂耳尊（をしほみみのみこと）の坐（ま）す日高見（ひたかみ）の多賀若宮に植えた橘の枝が萎（しぼ）んでしまいました。そこで「フトマニ」を占うと「シチリ」の相が出て、雨漏りが激しい様子と西北隅（つねすみの）国、すなわち出雲国を示しました。さっそく高皇産霊尊は緯部を遣わし出雲の状況を調べさせました。緯部が出雲より帰り報告することには、出雲にて八重垣の臣として忠義を果たさねばならない大己貴命は、物が豊かになれば奢る心があらわれるという世の常どおり、宮の庭に玉垣を造り、忍穂耳尊の坐す日高見の九重に比肩するような宮を建てたとのことでした。

出雲大社

以上の『ホツマ』の記述から、記紀には書かれていない、国譲り事件の原因が明らかになります。出雲大社の社伝および古伝に、古代出雲大社は三十二丈、すなわち九十八メートルあったということが伝えられています。そのような高い宮を建ててしまい、さらには、「庭を玉垣　内宮と」とあるように、九重のような玉垣を周囲にめぐらしたことが、事件の原因だったことがわかります。「ヌカ」は一般に「額」という字が当てられますが、神楽の方では、額は天照大神の御光をいただく天庭であるという考え方があることから、この場の「ヌカ」は宮の庭を指すことと考えられます。

以上の部分を記紀は省いてしまっています。『古事記』では事件の原因を――「是に天忍穂耳命、天の浮橋にたたして詔りたまひしく、豊葦原の千秋長五百秋の水穂国は、いたくさやぎて有りなり」――としるしています。その少しあとに思金神が、「この国に道速振る荒振る国つ神等の多在り」といったように書かれています。「豊葦原の水穂国」とは、本当は近江国のことですが、記紀では出雲の国のことのように書かれています。

さて『日本書紀』ではどうでしょう。「本文」に「彼の地に、多に蛍火の光く神、及び蠅声す邪しき神有り。復草木咸に能く言語有り」と書かれ、出雲が魑魅魍魎の住む国であるかのように書かれています。「草木咸に」云々は、草や木までが霊力をもち、人間をおびやかしている、というまったく空想的な内容です。

『ホツマツタヱ』の内容にもどりましょう。出雲の大己貴命の奢りを知った高皇産霊尊は、さっそく諸神をお集めになり神議りをされます。その結果、天照大神の御子の穂日尊が出雲を糺しに行かれることとなりましたが、穂日尊は大己貴命にへつらって帰って来ませんでした。そこで穂日尊の息子の御熊野命を遣ったのですが、父に同じくもどってきませんでした。つぎに行った天稚彦もまた帰りませんでした。

そこで再び神議りがおこなわれ、今度は大武神である武甕槌命と経津主命の両名が行かれることとなりました。「身を誇って宮中を欺く邪道を糺そうとわれらは参った。その心はいかに」と二神がおっしゃると、大己貴命はその答えを、息子である事代主命にお聞きになろうと遣いを出しました。事代主命は、美保崎に釣人となって隠栖されていたのです。

原文に、

　天の答えを
問ふときに　事代主命が
ゑみす顔　「われ鈴明にて
親に　ほろゝ鳴けども
鉤の鯛ぞ　魚と斬るも
愚かなり　高天原は民の
恵美須鯛　糸掛け巻くぞ
勅　わが父去らば
諸共」の

日高見からの糺しの答えを問うときに、大己貴命の息子事代主命は、ゐみす顔をされてお答えなさいました。「私は鈴明の道を守り、わが身を慎みて美保関に隠棲しておりました。父に諫言いたしましたが、鯛のごとく奢ってしまってお聞き入れになりません。父はどうせ釣人の糸にかかった鯛なれば、斬り捨てることもばかばかしいことでありましょう。日高見高天原の九重と、父大己貴の関係は、釣人として身を隠している私と、その鉤にかかった鯛のようなものでございます。釣人は鈴明の教えによって鯛に糸を掛け巻き、高天原の九重は父大己貴にとって、いと畏けまきものなれば、勅命に従い出雲を去るべきでございましょう。もし父去らば私も諸共に去ることにいたします」と、心素直で慎み深いことの人一倍すぐれた事代主命ならではの答えでした。もちろん記紀をはじめとする他の文献には、このような記述はありません。内容が比喩に豊んでいて、複雑な掛詞になっているため、きわめて難解な内容となっています。「釣の鯛」は、釣人の糸にかかっているのも知らず奢っている鯛、すなわち宮中からの御恵みをも忘れ奢り高ぶっている大己貴命のことをいったものです。「民の恵美須鯛」とは、高天原は民にとっても臣である父にとっても尊いものであり、ゐみす顔の事代主命と釣られた鯛のごとく糸でしっかりと結ばれているとばかりの意です。「糸掛け巻くぞ」は「いと畏けまくぞ」との掛詞となっています。この短文の中に含まれていることは、恵美須事代主命、鯛、鈴明の教え、これと平行して、日高見の九重と高皇産霊尊、出雲の大社と大己貴命、君臣の関係、という二つの流れがあります。この貴重な『ホツマ』の記述から、釣人の姿で鯛をかかえている恵比須像のもつ深意がくみとれたことと思います。また、この事代主命の一言一言に、慎みをもとにした神代の美風を感じることができると思います。わが伝統の表現の中で欠くことのできない慎みという風儀は、このような神々の伝えをもととしているのです。

　事代主命の諫言(かんげん)によって、ようやく父大己貴命は納得し、つぎのように語ります。

「わが子去りにき
　われも去る　今われ去れば
　だれかまた　敢(あ)えて慣(な)れなん

古代出雲大社　（『古代出雲大社の復元』学生社より）

者あらじ　わが草薙の
この矛に　均し給え」と
いひて去る

「わが子が去るというのであれば、わたしもこの土地を去りましょう。しかし、今わたしがここを離れてしまっては、この土地によく慣れた者がいなくなってしまいます。わたしの草薙の矛によって人草を均し治めて下さい」といって大己貴命は去って行かれました。

民を養う大己貴命

ところで、大己貴命はこの部分では奢り高ぶった神として描かれていますが、実はその反面すばらしい業績も残されているのです。『日本書紀』の八段「一書」に「天の大己貴命と少彦名命と力を戮せ心を一にして、天下を経営る」としるされ、人々や家畜などの病気治療にあたったことが伝えられています。『ホツマツタヱ』にも同じく、二神で力を合わせ医療に取り組まれたことが書かれています。また『古語拾遺』にも二神の業績が見えるほか、神社ではこの大己貴命と少彦名命は、日本の伝統医術、すなわち和方の薬祖神として祭られているのです。

さらにこの二神は温泉の神としても崇められ、各地の温泉神社にはこの二神が祭られています。

『伊豆国風土記』や『伊予国風土記』にも湯神と大己貴命、少彦名命との関係がしるされています。『古事記』には、神話でなじみの深い大穴牟遅神と稲羽の素兎の話が載っています。大穴牟遅神は赤裸になった素兎に蒲の花の黄色い花粉をぬることをすすめます。この蒲の花粉はもともと止血鎮痛薬または利尿剤として知られています。

さて、『ホツマツタヱ』には、記紀をはじめとする他の文献には見られない、大己貴命に関する、とても重要な記述があるのです。九紋の原文を見てみましょう。

　　　　大己貴命には
奇彦命を　大物主の
代りとて　事代主と
仕ゑしめ　己は出雲に
教ゆるに　一二三六百八十
二俵の　胙 数え
種袋　槌は培ふ
御宝　飢ゑ足す糧も
倉に満つ　雨風 旱
稔らねど　天糧配り

飢ゑさせず
天照大神は、大己貴奇杵命には息子奇彦命を、大物主の代理役の事代主として仕えさせました。父奇杵命は近江国から出雲国に、民の教化に行かれました。たくさんの食糧を数え、種袋をかつぎ、民を培う神器である槌を持ち、民を養育されたのでした。飢えを補うたくさんの食糧も倉に満ちて、雨風が激しく、または旱で作物が稔らないときも、倉に貯えた天の恵みの食物を民に配り、飢えさせないようにされました。――

「大物主」は官職名。「事代主」も同じです。このことは他の文献からはわからず、単なる神名のように考えられています。「一二三六百八十 二俵の」は難解です。『秀真政伝』には、「一人に二俵宛を残し置きて、普く施し給ふ」と見えます。「胙」は神聖なる食糧の意。「槌」は戒めに使う神宝。「ツチカウ」と「ツチ」を掛けている。「天糧」は、「ア」は天の意。「タ」は助けるの意。「タラ」は足す、養す、親などの意。天の恵みの食糧によって、子の民を養うという意と考えられます。

以上の原文から、民間に伝わる大国主像の根拠が理解されます。大国主命または大黒様が背負っている袋は、民の田畑に植える種を入れた袋だったのです。『古事記』には、「共に稲羽に行きし時、大穴牟遅神に帒を負せ」と見えますが、何の袋かはしるされていません。また手に持っている木槌は、民の邪心を戒め、神の教えに導いて培うための神器だったのです。さらに二つの俵の上に乗っているのは、胙としての俵を表わしたものです。

恵比寿・大黒

この原文からわかるもっとも大切なことは、大己貴命がご自分の豊富な糧を分け与えて、出雲国の民を養育されたことにあります。まことに尊い臣の鏡と仰ぐべき神様だったのです。したがって、先にのべた「国譲り」の伝承に見られる大己貴命の奢りは、一般の人々のように我欲から出たものではなく、出雲国中の民を自らの食糧を惜しげもなく分け与えて養われたという、臣としての誇りから出たものだったのです。このことをよく留意しなければなりません。ところが記紀からは、出雲国には荒振る神や、あやしげな妖気を放つ神々がいたようにしか理解できず、その首領が大己貴神あるいは大国主神であるかのように考えられてしまいます。しかしこれらはまったくの伝承の混乱であるといえるのです。『ホツマ』からすれば記紀のこれらの記述は、素戔嗚尊（そさのをのみこと）の時代のハタレ魔軍の大乱の伝承が混入したものと考えられます。大己貴命の神代における業績は、たいへんすぐれたものがあるのです。その偉大な業績の象徴たるものが、大黒像あるいは大国主像です。大黒像は恵比須像とともに、神代の風儀美風を伝える大切な神像です。

小笠原通當（みちまさ）の『秀真（ほつま）政伝』にもこう書いています。――「大己貴命、千種のたね物を大袋に入れ、背おゐて田畑を巡り見て、路の側、高き峰に至るまでも、あるいは空豆、あるいは遠豆と少しも田地の空しく稔らぬように教え植ゑさせ、普く国内新田を開発して、作り込み給ふ。故（ゆへ）に大福神と成り給ふ」――

以上のような『ホツマツタヱ』の考察から、ようやくにして恵比須・大黒の本当の姿が浮び上がってきました。民芸品の人形や掛軸の神像として伝えられてきた、この父と子の二神は、わが国の神代の美風の象徴でもあり、ありがたい神の恵みの象徴でもあったのです。日本の伝統の美意識を知る上で、父と子の道を示した恵比須・大黒像は見のがすことのできないものです。

神名考

ここで、大黒・恵比須としての、大己貴奇杵命（おおなむちくしきねのみこと）と事代主奇彦命（ことしろぬしくしひこのみこと）の神名について、もう少し考えてみましょう。この父子二神に関する神名は、文献によりとても変化があります。父大己貴命の方を列記してみると次のようになります。

『ホツマツタヱ』○大己貴　○大物主　○遷国魂神　○奇杵　○津軽大元神　○日隅君
『日本書紀』○大己貴命　○大国主神　○大物主神　○国作大己貴命　○葦原醜男
○八千戈神　○大国玉神　○顕国玉神
『古事記』○大国主神　○大穴牟遅神　○葦原色許男神　○八千矛神　○宇都志国玉神
『古語拾遺』○大己貴神　○大物主神　○大国魂神
『延喜式』○国作之大神　○櫛甕魂神
『出雲国造神賀詞』○大物主櫛瓺玉命
『出雲国風土記』○所造天大神
『播磨国風土記』○国堅大神

これらを見ると、各文献に共通したものがあることがわかります。ただし漢字は二義的なものであり、訓が一番重要であることを忘れてはなりません。まず『ホツマ』『日本書紀』『出雲国造神賀詞』の三書に見える「オオモノヌシ」または「オホモノヌシ」という名ですが、これは一般には大国主神の和魂と考えられています。しかしながら「ホツマ」原文から、それがなにを意味するものなのかがはっきりと理解できます。二十三紋に「物部を八百人束ぬる主はこれ大物主や」と書かれているのです。八百人(やもり)の物部を掌握するのが大物主であるということですから、大物主とは官職名であることがわかります。物部は、律令制で刑部省(ぎょうぶしょう)所管の囚獄司(しゅうごくし)、衛門府(えもんふ)、東西の市司(いちのつかさ)に置かれた職員と考えられていますが、『ホツマ』によりそれ以前から物部という官職があったことがわかります。同二十三紋に、「政事(まつりごと)　民の夫婦(いもせ)は　筬一羽(をさひとは)　五屋(ゐや)組む長(をさ)は　一手指(ひとてゆび)　八十手部(やそてべ)一人　村長(あれをさ)と　なる大人(おおと)らが　滕巻(ちぎり)く　八十村部(やそあれべ)置(お)く　県主(あがたぬし)　これ一読(ひとよみ)の　物部(もののべ)ぞ」と書かれ、『ホマツ』固有の「高機法(たかはたのり)」にもとづく「機の道」によって、物部の位置づけがなされていることがはっきりとわかります。さらに二十三紋には、「添へ物部」という言葉も見えます。

つぎに『ホツマ』、記紀に見える「ウツシクニタマノカミ」ですが、『ホツマ』十紋にこうあります。

　　　　時にまつらふ
大己貴命(おほなむち)　百八十神(ももやそがみ)を
率(ひき)ゐ来て　忠(まめ)も日陰の
涙(なんだ)あり　高皇産霊尊(たかみむすび)の
忠(ただ)し枝(ゑだ)　理(ことはり)あれば
勅(みことのり)　賜ふアソ辺(べ)の
明る宮　天恩頼(あふゆ)を受くる

大己貴命　明るアソ辺の
大本宮　造る千尋の
架橋や　百八十縫ゐの
白館に　遷国魂
大己貴命　津軽大元の
神となる　穂日尊を
元祭り

時に宮中に忠誠を誓われた大己貴命は、百八十人の神々を率いて、出雲から日高見多賀の宮の高皇産霊尊のもとへやってきました。奢りを紕され至誠を誓われた大己貴命ではありますが、その裏には諸国を巡り国民を養育された数々の陰のご苦労があったのでした。大己貴命が奢ってしまったのも、自らの糧を分け与え、多くの民を養ったという理由があること、また息子事代主命が大忠臣であることなどから、高皇産霊尊は情けをもって裁決を下されたのでした。すなわち、津軽アソ辺の明る宮を大己貴命にお与えになりました。天の恩頼を受けた大己貴命は、明る宮に百八十人もの神々を率い、国を遷されたのでした。その大己貴命の忠義をたたえ、遷国魂神という名も与えられ、のち津軽大元神として神上ったのでした。そして、穂日尊が大己貴命の御霊を出雲大社に奉祭されたのでした。

『日本書紀』には「顕国玉神」という漢字が使われていますが、『ホツマ』の九紋に、「少彦名命は　これと言ふ　奇杵命篤く　恵むのち　共に努めて　ウツシクニ　病めるを癒し」とあることから、国を移すという意味の「遷国魂神」の方が適切でしょう。また、「百八十神を　率ゐ来て」は『書紀』に「今我当に百足らず八十隈に、隠去れなむ」とあり、『古事記』には、「僕は百足らず八十坰手に隠りて侍ひなむ」と書かれています。記紀の「百足らず八十」「隈」「坰手」はそれぞれ、大己貴命が百八十人の神々を率い、津軽すなわち日隅の国に移られたことの誤伝と考えられます。つぎに『ホツマ』、記紀、『古語拾遺』などに見られる「オホナムチ」と「ホツマ」のみに見られる「クシキネ」の名を考えてみましょう。『ホツマ』原文につぎのように書かれています。

稲田姫　ついに奇妙
顕はれて　八重垣打ちの
琴歌ぞ　生む子の諱
奇杵命は　琴に優しく
治むれば　流れを汲める
諸が名も　八洲シノミの
大己貴

稲田姫のお弾きになる琴の音に、ついに神妙なる力が顕れて、八重垣打の琴歌の奥義を修得することができました。このときにお生みになった御子の諱(いみな)は、奇杵(くしきね)というお名前で、琴の力によって優しい人柄に成長され、その優しさをもって国を治められました。奇杵命(くしきねのみこと)の流れをくむ子孫もまた、八洲(やしま)シノミの大己貴(おおなむち)と名づけました。——

この原文から「クシキネ」は諱(いみな)、すなわちたたえ名、幼名(をさなな)とは別の本名であることがわかります。また、「クシキネ」は「奇(く)き音(ね)」とも考えられます。さらに大己貴の名をもって奇杵命の流れを汲む者の姓としたことがうかがえます。

原文三十一紋に「大己貴命(おほなむち)　事なすときに　三諸神　われあればこそ　大よその　事なさしむる　幸御魂(さきみたま)　また術御魂(わざみたま)　鰐彦命(わにひこ)ぞ　故(かれ)大己貴　嗣ぎとなす」とあり、鰐彦櫛甕玉命(わにひこくしみかたまのみこと)も大己貴の名を嗣いでいたことがわかります。「八洲(やしま)シノミ」は紀に「八嶋篠(やしましの)」、記に「八島士奴美神(やしまじぬみのかみ)」と見えます。

最後に『ホツマ』だけに見られる「日隅君(ひすみぎみ)」というたたえ名ですが、原文二十一紋に「大己貴命(おほなむち)　一度(ひとたび)落ちて　日隅君」とあります。この日隅とは、月隅(つきすみ)すなわち九州の筑紫(つくし)にたいする津軽の呼び名です。「ツクシ」は「ツキスミ」が転訛したものです。

つぎに事代主命(ことしろぬしのみこと)の神名を考えてみましょう。「物部を　八百人束(やもりつか)ぬる　主(ぬし)はこれ　大物主(おおものぬし)や　添え連(むらじ)　事代主と　助けしむ」、「奇彦命(くしひこ)を　大物主の　代わりとて　事代主と　仕(つか)ゑしむ」という二つの原文が示すように、事代主とは大物主の代理役であり、補佐役でもある官職名であることがはっきりわかります。ここでは、奇杵命(くしきねのみこと)の息子奇彦命(くしひこのみこと)が事代主となっています。さらに二十一紋を見ると、「時に君　大国主神（をこぬしがみ）と　名を賜ふ　柱名もこれ」とあります。この原文は瓊々杵尊（ににきねのみこと）が、奇彦命（くしひこのみこと）に命ぜられ「宮造り法（のり）」を定められた話の中に出てきます。このときは、奇彦命は事代主から大物主に昇格されています。瓊々杵尊は奇彦命の業績をたたえられ、大国主神（おおくにぬしのかみ）と名を与えられ、宮柱の名も大国柱（おおくにばしら）とお定めになった、という貴重な記述が見られます。

また二十三紋には、

宜（む）べなるや　奇彦汝（くしひこなんぢ）
御孫（みまご）より　大国主神（をこぬしがみ）の
賜（たま）う名も　まだ足らずわれ
二神（ふたかみ）の　賜ふ逆矛（さかほこ）
幸ひに　その男（き）を得れば
譲（ゆづ）るなり　生まれ素直に
弥真瓊路（やまとぢ）の　教ゑに叶（かな）ふ
皇統（すべらぎ）の　八重垣（やゑがき）の翁（をきな）
賜ふ名も　日本大国（やまとををこ）の
御魂神（みたまがみ）

天照大神が申されました。「ほんとうにそうであるよ。奇彦よ、汝が御孫瓊々杵（ににきね）から賜った大国（おおくに）

主神の名も、そなたの大忠臣ぶりには、まだまだ足らぬ。いまここに、二神より賜った逆矛がある。幸いにも、これを持つにふさわしい男子を得た。奇彦にこの逆矛を譲ることにしよう。汝は生まれつき素直で弥真瓊の道の教えにかない、君を守護 奉る八重垣の臣となって忠義をつくした翁であることよ。さらに名を授けることにしよう。その名も日本大国御魂神なるぞ」

天照大神のあまりにももったいないお言葉に、慎み深い奇彦命は恐れひれ伏し、しばしお答えすることもできませんでした。

この原文から、奇彦命は大国主神の名のほかに、日本大国御魂神の称号をもいただいたことがわかります。「ヲコヌシ」「ヲヲコ」の「コ」は「クニ」と同義です。以上、『ホツマ』よりわかる、父奇杵命、息子奇彦命のご神名をまとめてみましょう。

父奇杵（諱）	子奇彦（諱）
大己貴（代々の名）	事代主（官職名）
大物主（官職名）	大物主（官職名）
遷国魂神（称名）	大国主神（称名）
津軽大元神（称名）	日本大国御魂神（称名）
大黒（俗名）	恵比須（俗名）

『ホツマ』は記紀その他の文献と異なり、神名の由来がはっきりわかります。恵比須・大黒の恵

比須神は、はじめの方の原文にもあったように、「ゑみす顔」の奇彦事代主命であったことがわかりました。大黒神は、『ホツマ』以降伝承が混乱し、『古事記』によって子の奇彦命の称名である大国主神が、父大己貴奇杵命であるかのように書かれてしまいました。さらに「ヲヲクニ」が漢訳され「大国」となり、それを音読みし「ダイコク」となって、インドの大黒天(マハーカーラ)と混同されるに至ったのです。

以上の考察により、わが国に伝わる恵比須・大黒の二神が、単なる福の神や商売繁昌の神ではなく、「ホツマの道」にしたがって数々の業績を残した、すぐれた神だったことがわかります。神代(かみよ)の風儀(てぶり)を語るとき、この二神の美風を見のがすことはできません。恵比須・大黒二神が本来意味するものは、民に糧(かて)を分け与え民を養った父の徳と、「鈴明(すずか)の教え」のままに慎み深く大忠臣ぶりを示した子の徳だったのです。恵比須・大黒の像がわたしたちに語り継ぐものは、この父と子の神代の古風(いにしえぶり)だったのです。

卆ム 大嘗祭の美意識

大嘗祭の意義

大嘗祭は、天皇が即位の儀式ののち、はじめておこなう新嘗祭のことです。この儀式は神事祭礼の中でも最大にして無比なるものといえます。神代の風儀をそのままに再現するこの国家の大祀は、世界に比べるもののない、まことに尊い儀式なのです。昭和の大礼においても、素朴にも太古のままに皮を削らない櫟の丸木をもって悠紀・主基殿が建てられ、あかあかと燃えあがる庭燎の炎と、闇をついての和琴の音の響く、神秘きわまる儀式がおこなわれたことが伝えられています。

豊葦原の水穂国という言葉が示すように、日本の風儀は農耕の風儀と一体でした。日本特有の美意識は、農耕とそれにともなう各種の祭りの中ではぐくまれたといっても過言ではありません。農耕祭祀の中でも重要なものは、収穫を祈る春の祭りと、農作を神に感謝する秋の祭りです。さらにその中でも、新しく収穫した新穀をもって天皇が皇祖および天神地祇を祀り、同時に御親らもそれを聞こし召す新嘗祭は、祭りの頂点といえるのではないでしょうか。そして、その新嘗祭の中でももっとも重大なるものが、即位礼ののちおこなわれる、御一代初の践祚大嘗祭なのです。日本の美意識の本質を祭りの中に見ようとするなら、践祚大嘗祭は美意識においてもこの上なきものといわねばなりません。そして、その美意識は農耕の風儀と一体のものであることも忘れてはなりません。

現代の美術は、その根本を古代ギリシャの哲学者プラトン、アリストテレスの美学に求めています。そして今日の学校教育における美術教育もまた、何らかの形でプラトンやアリストテレスの美学とのかかわりをもち、あるいはその延長線上に成り立っているといえます。そこには、西洋的なものを教えることこそ教育であるという教育者の偏見があります。ところがわが国には、古代ギリシャとはまったく関係のないところで、悠久の古代祭祀儀礼の伝統が存続していたのです。そして、神代より伝えられたそれらの祭りの風儀が、わたしたちの美意識の淵源となっているのです。遠い祖先より断えることなく言い継ぎ、語り継ぎ、受け継がれてきた古代の祭りの美意識が、わたしたちの潜在意識の中で、強く息づいているのです。このような厚い潜在意識の層を無視し、ギリシャにはじまる西洋の美意識を教育の根本としてそれを教えようとすることは、水に浮べる魚に陸上の道を歩ませるに等しい行為であるといえます。すでに西洋への劣等観に端を発した明治以降の美術教育、音楽教育の時代は終わるべきときに来ています。西洋美術の方向を端的に表わしている現代美術は、美という概念すらを否定し、あるいは方法論における実験につぐ実験によって、今日まったくの行きづまりをみせています。日本における美術教育が西洋美術の延長線上にある以上、現代美術の行きづまりはそのまま美術教育の行きづまりを示唆するものであるといえます。今日の美術教育では、西洋芸術がどのような自然観にもとづくものであるかということはまったく問題にされませんが、自然を無視し人間の創造という行為を前面に押しだしてきた文明のありかたが問い直されている今日、美術教育もまたこのような問題を無視するわけにはいきません。そして、日本の伝統風儀の中にこれらの近代の文明がもつ問題を解く鍵が秘められていると考えられます。それは、『ホツマ』に見るように、日本の伝統がすぐれた自然観、霊魂観、宇宙観にもとづいているからです。これからの美術教育は、今まで無視し否定してきた、日本の伝統美を教えざるを得なくなることでしょう。さらに、この日本の伝統の美意識を問題にするとき、それは民芸といったものにとどまらず、それらを含みつつさらに宮廷の風儀祭祀にまでおよばなくてはなりません。宮中と民間とがひとつになって年中の行事をおこない嘗めることによって、日本の美意識は高く保たれていたのでした。そして、伝統の自然観、霊魂観、宇宙観あるいは美意識といったものを考えるとき、その頂点としての践祚大嘗祭を学ぶことは、もっとも重きをおかれるべきことであろうと考えます。践祚大嘗祭の風儀の中には、それらを濃厚に凝縮された象が秘められています。

大嘗祭の歴史

さて、大嘗祭についてはいままで数多くの考証がなされてきましたが、ここでは大嘗祭の概略をまとめ、『ホツマツタヱ』における「オオナメヱ」を考えあわせていきたいと思います。

大嘗祭は、その主旨において毎年おこなわれる新嘗祭と同じですが、天皇が即位ののちはじめておこなわれるものを大嘗祭といい、毎年おこなわれるものを新嘗祭といって区別することは、すでにのべたとおりです。ただし平安時代のはじめまでの記録では、大嘗祭と新嘗祭の区別がなされていなかったとされています。毎年おこなう新嘗祭も大嘗祭といっていたことが、『職員令』『神祇令』、または『延喜式』などからわかります。さらにご一代初の新嘗祭はとくに、践祚大嘗祭といっていたことも知られています。

この践祚の大嘗祭のことが一般に知られる文献に見えるのは、『日本書紀』の天武天皇二年十二月に「大嘗に侍へ奉れる中臣・忌部および神官の人等、あはせて播磨・丹波、二つの国の郡司、また以下の人夫等に、ことごとくに禄賜ふ。因りて郡司等に、各爵一級賜ふ」と書かれているのがはじめてです。これは、天武天皇もと大海人皇子が飛鳥浄御原宮に即位されたのちの、はじめての新嘗祭であり、播磨・丹波二国の郡司および人夫に、禄や位を与えられていることから、践祚の大嘗祭であったことがはっきりわかります。また、同五年九月には、「神官奏して曰さく、新嘗のために国郡を卜はしむ。斎忌は尾張国の山田郡、次は丹波国の訶沙郡、ならびに卜に食へり、とまうす」と見え、新嘗祭でありながら践祚大嘗祭の特徴である、ユキ・スキの国を卜定したことがわかります。ユキ・スキ国を定めたことが書かれているのはこれが最初です。

のちの七百一年の「大宝令」の『神祇令』に大嘗祭の制度の大要が見え、宮廷および諸社恒例、臨時の神事や儀式をしるした『儀式』に、大嘗祭の儀式内容がくわしく書かれています。荷田春満は、本書を貞観儀式にあてています。また貞観より約五十年のち、延長年間に撰せられた『延喜式』にも儀式の様子がくわしく書かれています。

このように白鳳期に制度化され、平安期に国家儀礼として大成された大嘗祭も、平安末期よりしだいにおとろえを見せはじめます。後土御門天皇まで続いた大嘗祭は、室町時代に起った応仁の乱以後の戦国の荒乱により、以来二百二十年ものあいだ中絶してしまうのです。やがて江戸時代に入り、東山天皇の御世にようやく再興されます。ところが次代の中御門天皇の御世はおこなわれず、つぎの桜町天皇にいたり再開されます。その後は今日にいたるまで、代々おこなわれています。明治四十二年に「登極令」が制定され、京都に行幸して、即位礼、大嘗祭がともにおこなわれることとなり、大正・昭和の大嘗祭はこれにもとづいておこなわれたのでした。

大嘗祭の次第

ここで、大嘗祭の実際の内容について、少しふれてみることにしましょう。時代によりその内容には変遷が見られますが、ここでは平安に成った『延喜式』をもとに見ていくことにします。践祚大嘗祭は、十一月の下卯の日におこなわれます。卯の日がその月に三度あるときは、中卯におこないます。祭礼は卯の日にはじまり、辰、巳、午の日と四日間ものあいだつづけられました。

現行制度では二日となっています。また昔は、天皇即位が七月以前ならばその年の内に、八月以降に即位のときは翌年と想定されていましたが、現行では天皇践祚ののち、秋冬の間に即位礼と大嘗祭とを同時に京都でおこなうことになっています。

○「悠紀(ゆき)・主基国郡卜定(すきこくぐんぼくてい)」　まず、亀の甲を焼きそのひびわれによって占う亀占(かめうら)によって、悠紀(ゆき)の国郡、主基(すき)の国郡を選びます。

○「大祓使い(おおはらえのつか)の派遣」　八月上旬大祓使いを卜定(ぼくてい)し、それぞれの国に遣わし、大祓の儀をおこなわせます。さらに下旬にも同じく使いを発します。

○「奉幣使(ほうへいし)の派遣」　そののち、幣(みてぐら)を天(あま)つ神・地(くに)つ神に捧げまつるための使いを各地に出します。幣は、絹、糸、木綿、麻などです。

○「御禊(ごけい)」　十月下旬、天皇は川のほとりに行幸(ぎょうこう)され、禊(みそぎ)をされます。このとき、行幸される道の辺の神には、五色の薄絹の幣(みてぐら)を供じます。

○「散斎(あらいみ)・致斎(まいみ)」　ついで大嘗祭のための斎戒がおこなわれます。散斎は十一月の朔(ついたち)より一箇月間、致斎は丑日(うしのひ)より三日間と定められています。その間は不吉な語を口にすることも慎み、忌詞(いみことば)が用いられました。たとえば、死ぬを直(なお)る、病を息(やす)み、哭(な)くを塩垂(しおたれ)る、血を汗、墓を壌(つちくれ)、僧を髪長(かみなが)、尼僧を女髪長(めかみなが)などと称しました。

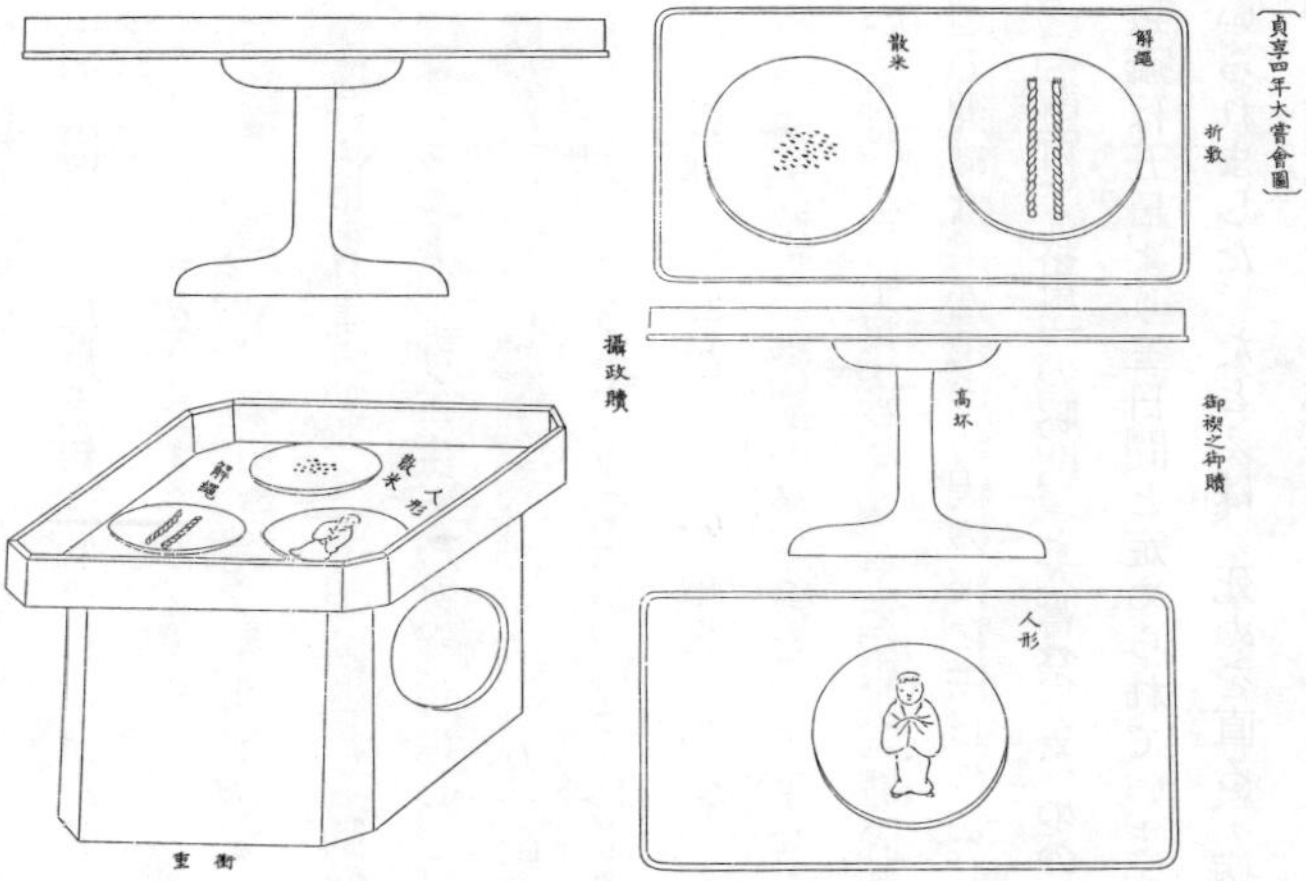

大祓の用具

○「抜穂の使」　八月上旬、悠紀・主基両国に抜穂使を派遣します。大嘗祭のための抜穂の田は六段とします。使者は国に至り、その地にて大祓をおこないます。田や斎場などを卜定し、のちに幣をもって斎場を鎮めます。つぎに、八神殿、穂実の斎屋、使の衛屋、穂実公等の屋、造酒児の屋、などを造営します。八神殿に祭る神は、御歳神、高御魂神、庭高日神、大御食神、大宮売神、事代主神、阿須波神、波比伎神の八神とします。それぞれに幣帛をお供えします。

○「抜穂の儀」　抜穂使は、九月にほかの人々を率い、斎田に行き稲を引き抜きます。引き抜いた稲は、八神殿において乾して収めます。九月下旬、抜き取った稲を籠に入れ、京に運びます。悠紀・主基の両国は、稲と同じく、酒の料にする多明米、短帖、帖、蓆、長薦、簀を準備し、同じく京に運びます。

○「大嘗祭の用材」　大嘗殿の用材や、食器として使用する柏の葉を採る山、葺草を刈る野原、斎場の用地は、八月上旬に卜定し、穢た者の入らぬように、立ち入りを禁じさせます。
○「京の斎場の造営」　京の斎場に、八神殿、稲実屋、黒酒の屋、白酒の屋、倉代屋、贄屋、臼屋、大炊屋、麹室、多明酒屋、供御料理屋、多明料理屋などを設営し、悠紀・主基の両国の稲などが運びこまれます。ここで調備される御贄は御飯のほか由加物というものがあり、その料は、紀伊国からうすあわび、生あわび、生にし、つじも、こも、にし貝の焼塩、阿波国からはあゆ、ひるのはなね合漬、しくさ、いえのいも、橘、あわび、あわびの鮨、いただみ、うに、かき、淡路国からは瓫、ひらか、壺などが調進されます。
○「神服」　九月上旬、神祇官、神服社の神主一人が三河国に派遣され、当国の神服部のつむぐ絹糸を奉持し、織部の長、織女、工手などを率い、京の斎場にもどります。そして、悠紀・主基にわかれ、神服の和妙を織ります。阿波国の忌部は荒妙を織ります。
○「大嘗宮の造営」　大嘗祭に先だつこと七日、神祇官の中臣、忌部の官人は、悠紀・主基の国司らを率いて東西の脇門より入り、宮地に至って地鎮祭をおこないます。宮の広さは、東西二十一丈四尺、南北十五丈。これを半分にして、東を悠紀院、西を主基院とします。柴により宮垣を造ります。椎の枝をもちい桙をその八重垣の末に挿します。諸門の高さは九尺、広さ八尺とし、若い小枝を編んで扉にします。

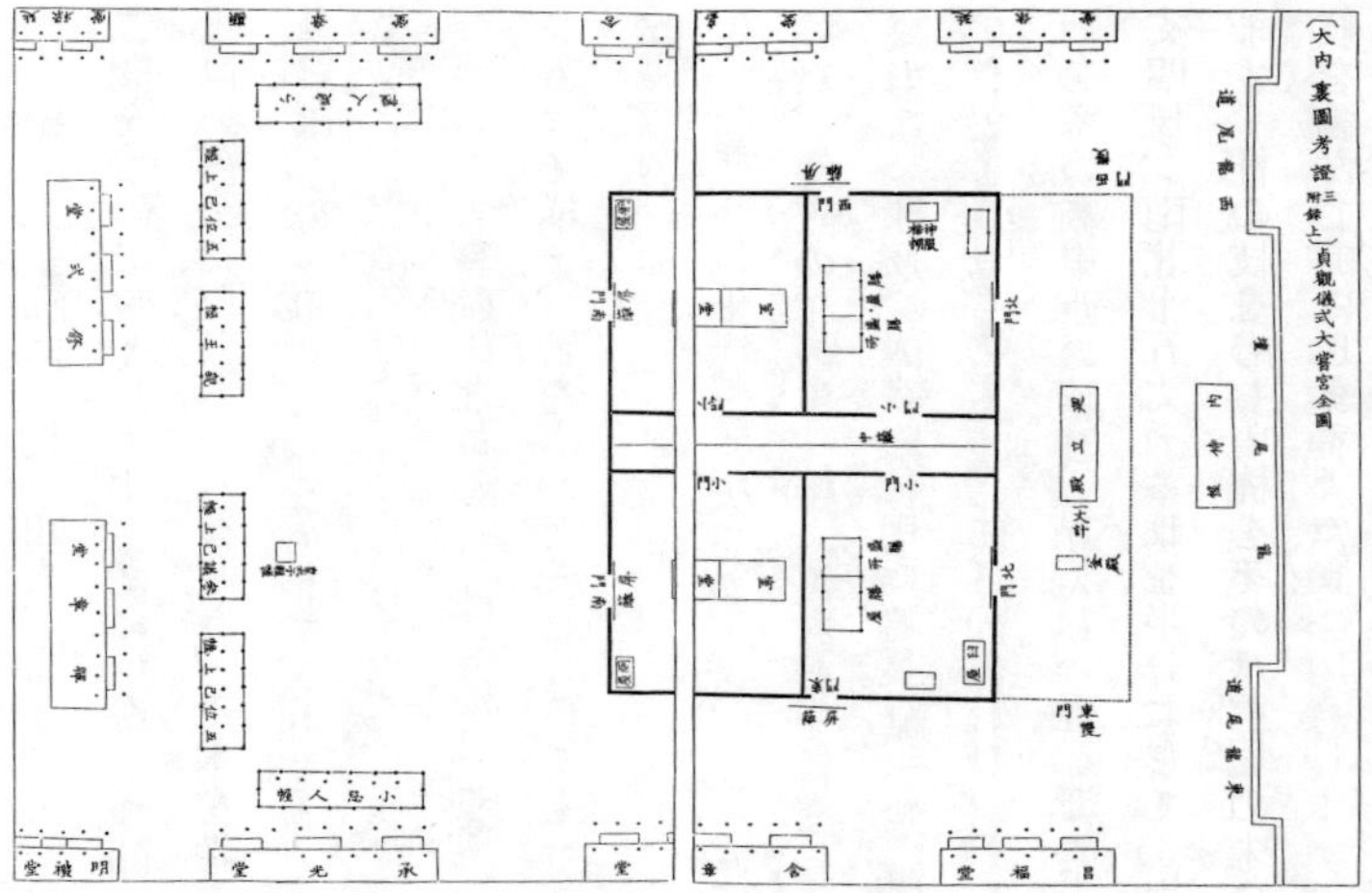

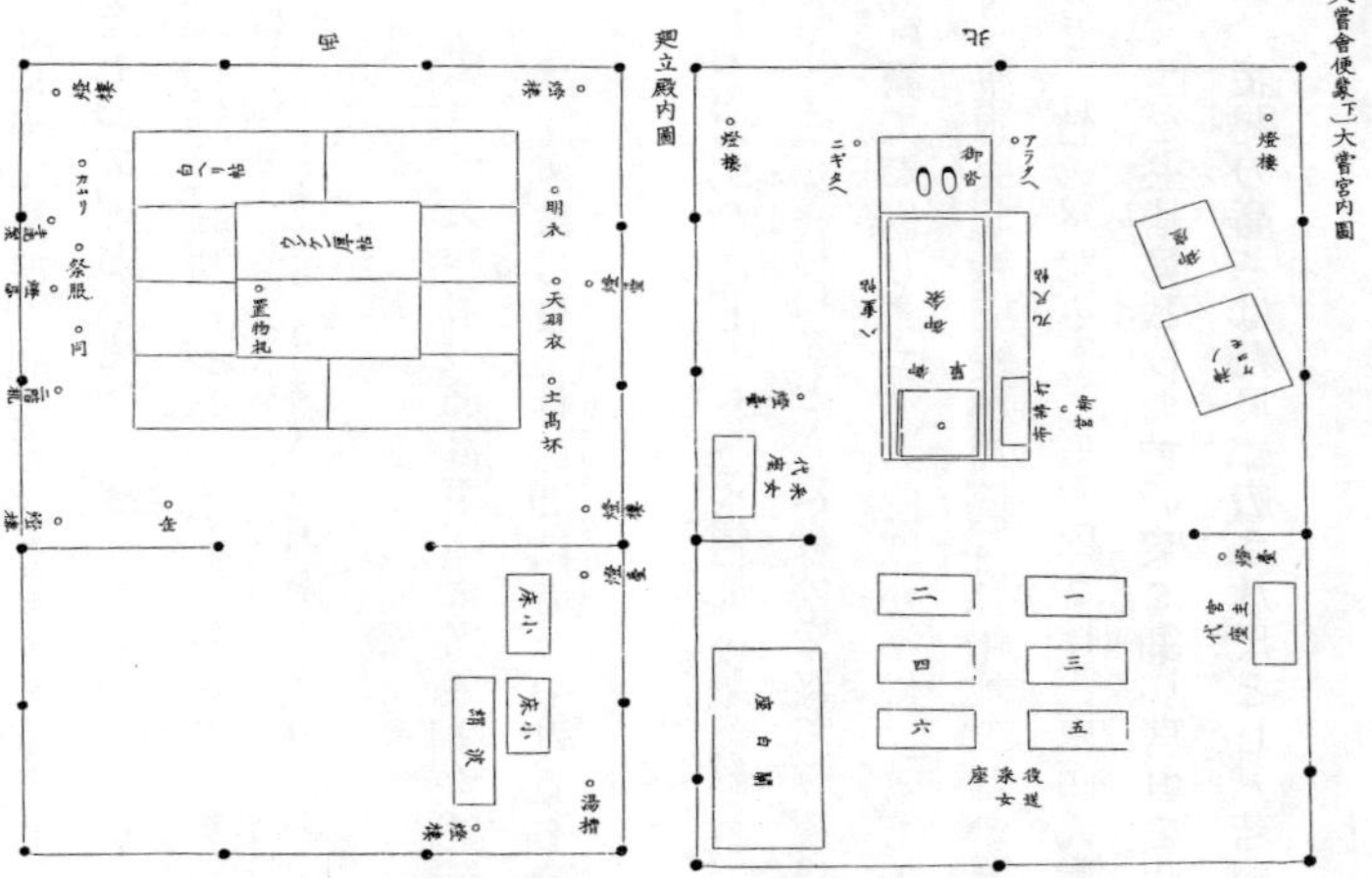

大嘗殿ならびに廻立殿の図

悠紀・主基院は、長さ四丈、広さ一丈六尺、棟は南北に当てます。北の三間をもって室とし、南二間をもって堂とします。南に戸を一つ開き、蔀蓆をもって扉とします。甍、すなわち屋根の一番高い部分に堅魚木を八枝置き、千木を備えます。皮のついたままの黒木をもって柱とし、青草をもって屋根を葺き、檜をもって天井をつくります。五日の内に造りおわり、中臣、忌部、御巫が幣をして、殿および門を祭ります。

ついで大嘗院の北に廻立殿を造ります。長さ四丈、広さ一丈六尺。棟は東西に当てます。黒木をもって構え、苫をもって葺き、蓆をもって承塵とします。承塵は柱と柱の間にとりつけるもののことです。

○「雑物の準備」　天皇が大嘗殿におこしになられるときにお召しになる御服、衾、絵枕、絹の冠、望陀の布の単、幌、筥などを縫殿寮にて準備します。衾は寝るときに身体をおおう夜具とされています。大嘗殿に用いる長帖、短帖、簾を掃部寮で準備します。大膳職が準備するものはつぎのようなものです。おきのあわび、いか、いりこ、海藻、塩などを盛る高坏八十枚。この高坏はみな葉椀に居えます。葉椀は、柏の葉を幾枚も合わせ、竹の針でさしつづって、中のへこんだ盤のようにします。これをおおうのに笠形の葉盤を用います。葉盤は数枚の柏の葉を細い竹針で止め、平たい円盤のようにした食器です。これらを木綿によって結び垂らし飾りつけます。平坏八十枚、山坏四十口、その他種々筥類を用意します。

斎服

○「斎服の準備」　大嘗祭の祭儀をおこなう人々のための斎服が準備されます。榛藍摺綿袍、白袴、青摺布衫などが用いられます。

○「卯の日当日の儀」　さて、いよいよ大嘗祭当日です。大嘗祭の準備は、この卯の日の前日までに、すべて終わっていなければなりません。卯の日の明け方より、供物の御食や神酒がそれぞれの籠、辛櫃に納められ、巳刻（午前十時ごろ）より斎場を発し大嘗宮に向います。その数五千人にもおよぶ壮観な大行列となります。悠紀は左の列、主基は右の列とします。その行列の様子はつぎのようなものです。

――神祇神部四人。神祇官一人。神服の長二人。神服宿祢一人。絵服の案。これは絵服を細籠に納め案上におきます。神服の男七十二人。神服の女五十人。悠紀国の前駆四人。稲実卜部一人。造酒児。御稲輿。稲実公。御膳案を戴く女八人。御酒案一

斎服

脚。黒酒二瓱。白酒二瓱。由加物八輿。切机四脚。刀子を納る折櫃二合。火燧一荷。火燧は発火させるための道具です。臼一腰。杵四枚。箕二枚。箕は穀類をあおりふるって、実とごみなどをより分ける農具です。薪十荷。火台四荷。松明四荷。土火爐四荷。柏の葉二荷。食薦および置簀一荷。食薦は神膳または案、机の下に敷くもの。置簀は竹を編んで作った敷き物。韓竈一具。水六瓱。瓱は底の浅いかめ。祢宜。卜部。卜部は卜占職。国郡司。酒盞の案一脚。黒酒十缶。白酒十缶。飾酒十瓱。倉代物四十輿。倉代物とは、台にのせた品物のこと。雑魚鮨百缶。肴、菓十輿。飯百櫃。酒百缶。雑魚、菜百缶。――

以上悠紀国の行列の次第です。主基国もまた、これと同じように列します。このようにして、壮厳なる行列は斎場より朱雀門に至ります。この時しばら

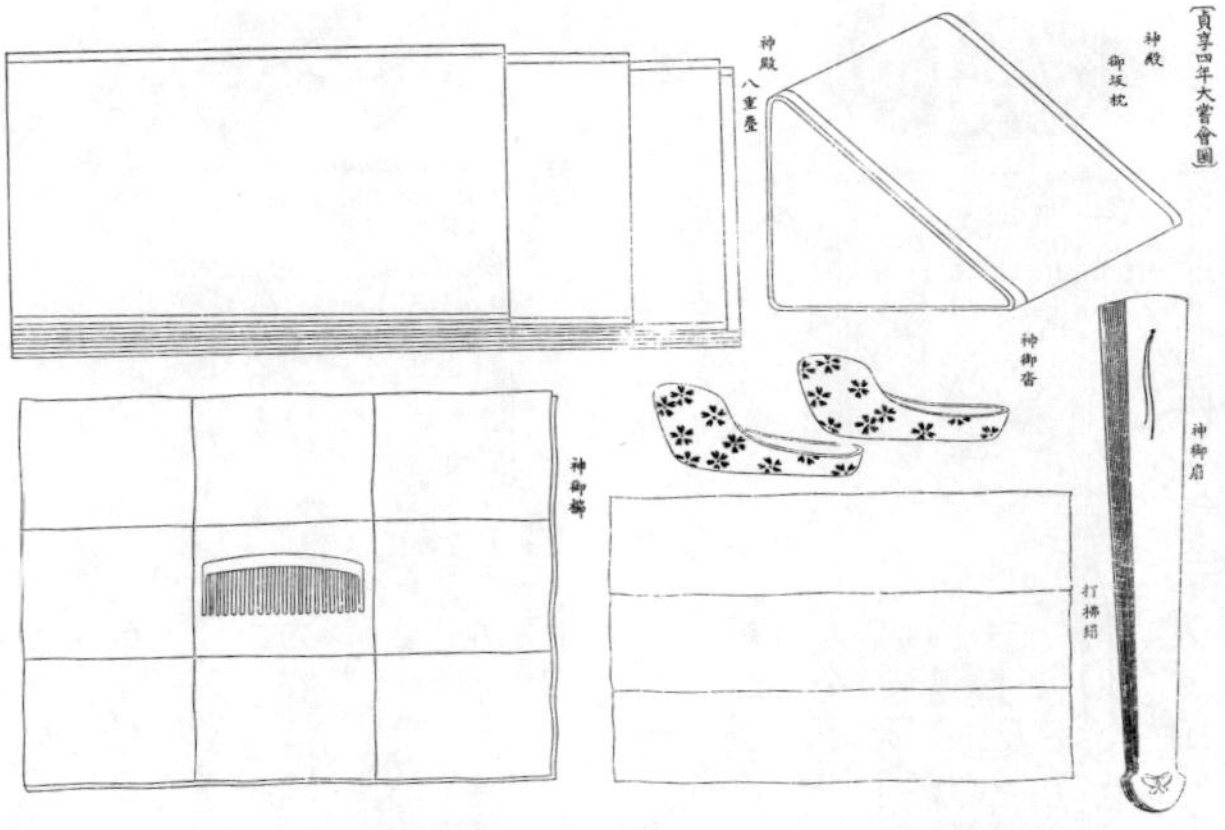

大嘗殿で用いられる御調度

く立ちどまり、阿波国で織られた麁妙服が列に加わり、絵服案の後につきます。絵は、先のごとく和妙とも書き、織目の細かい布のことで、麁妙は荒妙とも書き、織目のあらい織物のことです。

神祇官は両国の供物を率いて大嘗宮の南門の外に至ると、悠紀は左より廻り、主基は右より廻り門内に参入します。ともに北門に至り、絵服案を悠紀殿の神座の上に置き、つぎに麁服案を同じ座の上に置きます。両国の献物は、各盛殿に納めます。それが終わると御飯の稲をつき、火を燧り、御飯を炊ぎ、御膳を料理することがはじまります。

○「天皇入御」　酉刻（午後六時ごろ）悠紀・主基殿に燈がともされます。戌刻（午後八時ごろ）新天皇は廻立殿に御され、ここで御湯を召し、祭服をお着けになり、それがおすみになると悠紀殿に御されます。宮中の道や庭には御霊代および天皇の通路に用い

大嘗祭の荒妙・和妙

るための、白い布単を敷きます。またさらに、真菰の葉を編んで作った葉薦を用意し、天皇の御歩みにしたがって布単の上に敷きます。御前に敷き、うしろを巻いてそれをくり返します。

天皇は南面して着座されます。小斎の群官は所定の座につき、大斎の群官は殿外に留まります。一方天皇の御親供の儀にあわせ、神饌行立がはじまります。行立に際しては、先頭が「オーシー」と警蹕を唱えます。これは神饌を神としてあつかっていることを意味します。

○「古風国風の奏上」　天皇および群官が所定の位置に坐せば、諸員が参入します。まず宮内の官人が吉野の国栖十二人、楢の笛工十二人を率いて参入。位について古風を奏します。国栖の村人は古くより皇室と深い関係をもち、地理的な条件も加わって、伝統の古俗古風を守りつづけてきたわが国を代表する人々です。くわしくは、「美吉野の子守宮」の章でのべます。ついで、悠紀の国司、歌人を率いて参入。位について、国風の風俗歌を奏します。ついで伴宿祢、佐伯宿祢、語部十五人を率いて参入、古詞を奏します。古詞は、『江家次第』

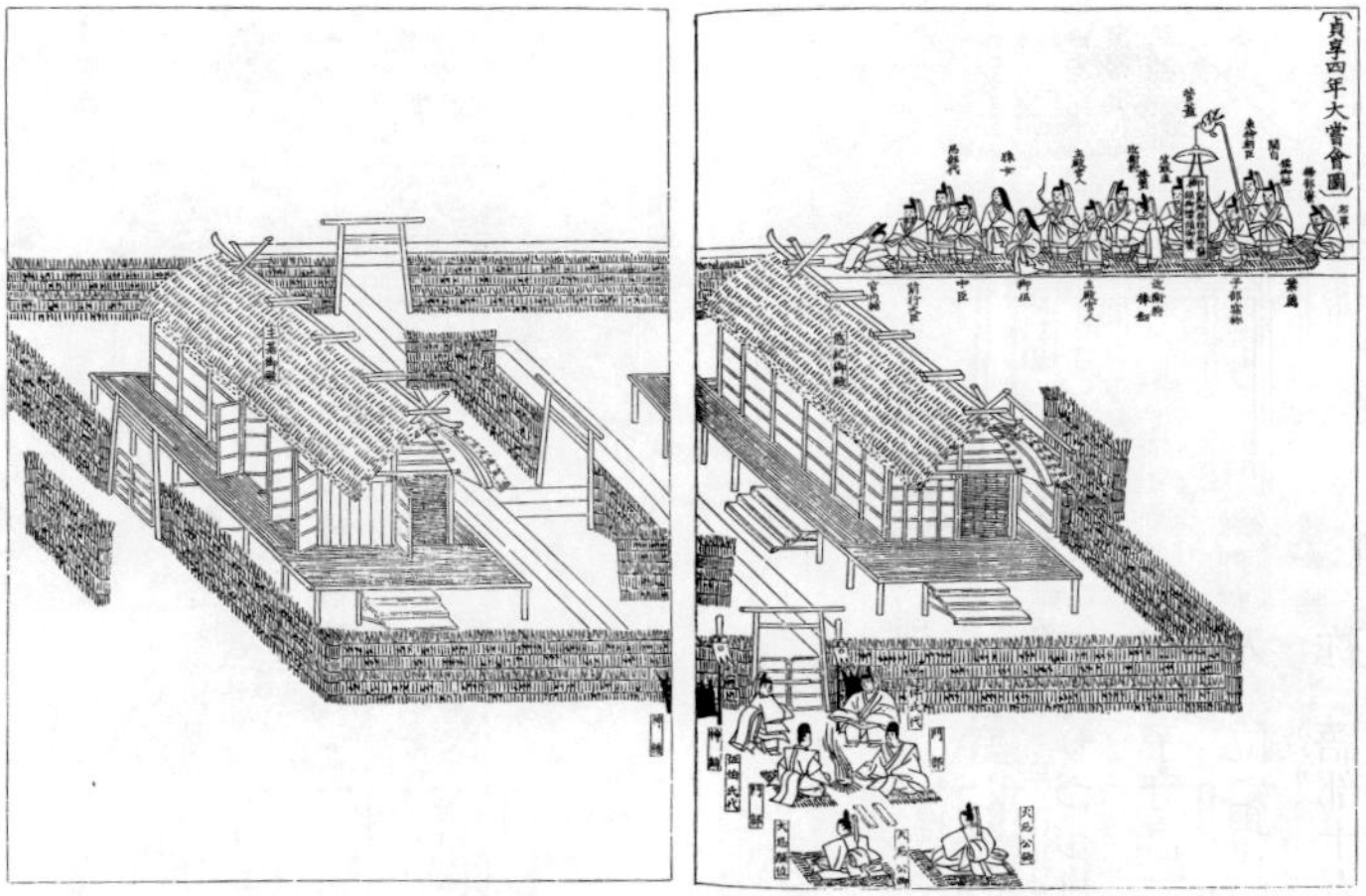

天皇入御の図

や『北山抄』などから祝詞のようなものであり、歌の部分もあったことなどがうかがえます。つぎに皇太子、諸親王、大臣以下五位以上、六位以下参入。群官ははじめて入るとき、隼人が犬声を発します。隼人はやはり古風を伝える九州南部は鹿児島県の男子です。犬声とは、犬の遠ぼえの声のことです。隼人ら楯の前に進み、拍手をうち風俗歌舞を奏します。つぎに五位以上ともに立ち、中庭にひざまづいて八拍の柏手を四度くり返します。これを八開手といいます。六位以下も同じく八開手を打ちます。

○「神饌御親供の儀」　古風国風などの奏上が終わると、悠紀の御膳を進めます。先にしるした神饌行立はこれにあわせ、亥の一刻（午後九時ごろ）にはじまり、終わって四刻（午後十一時ごろ）に退きます。ご親供は秘儀であるため、『儀式』『延喜式』にはしるされていません。そこで他の文献を参

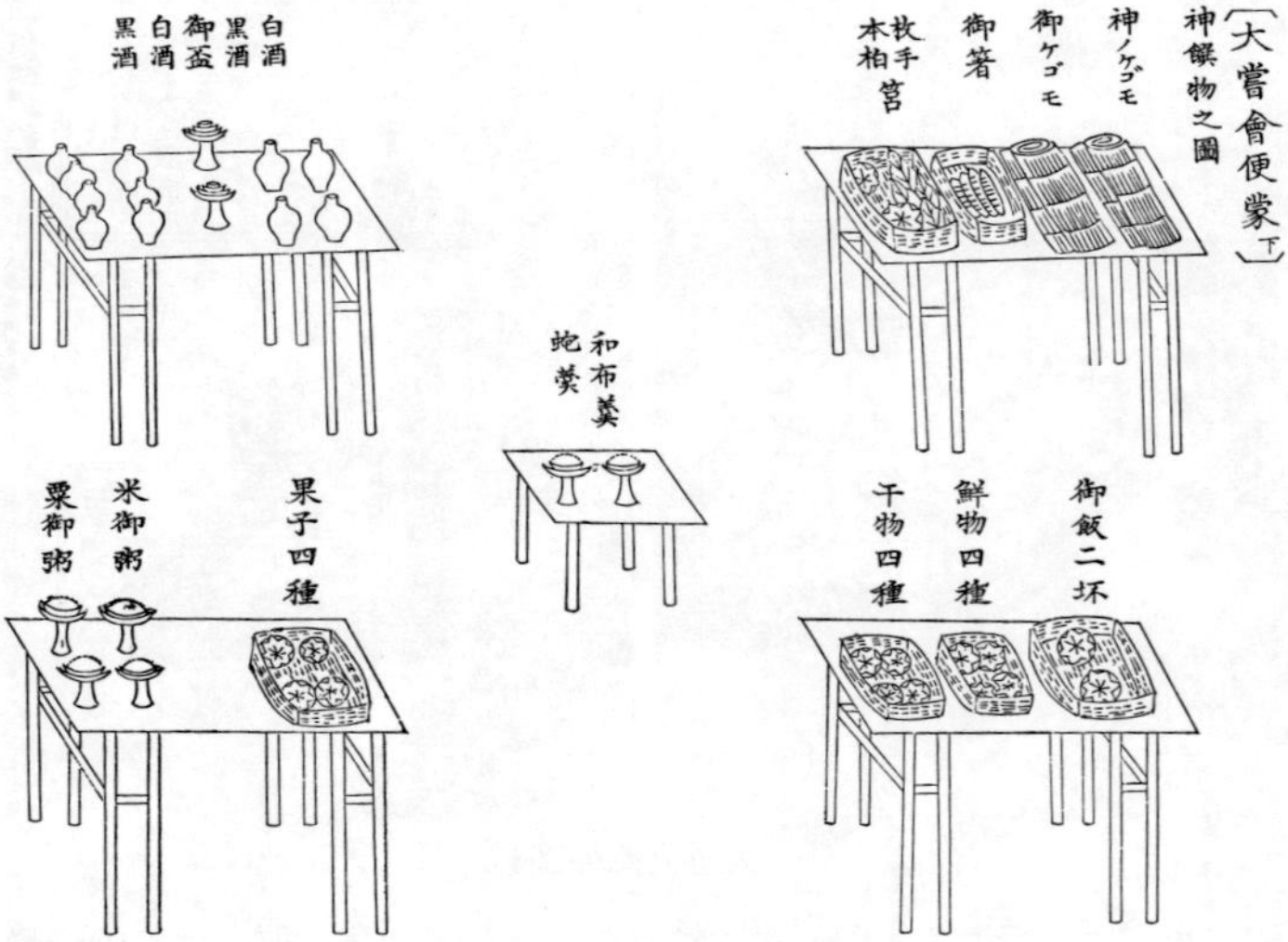

神　　饌

考にしてその様子を見ると、まず八重帖の上に神饌が並べられます。つぎに陪膳は平手を取り、天皇に奉ります。天皇はこれをお取りになり、神饌を盛って陪膳に授け、陪膳はこれを神食薦の上に置きます。つぎに陪膳が本柏についだ清酒を天皇に奉り、天皇はこれを神饌にそそがれます。このように、天皇御親ら神饌をお供えになられると、つぎに天皇が神々に直接お告げになられる祝詞の御告文を奏せられます。さらに御親ら御膳をおめしになられます。御膳は御飯、御粥、鮮物、干物、御汁物、白酒、黒酒、御果物などです。天皇はすこぶる低頭、柏手、唯と称えられこれらをめされると伝えられます。

○「二日目・辰の日の儀」　子刻（午前0時ごろ）、神祇官、内膳の膳部らを率いて、主

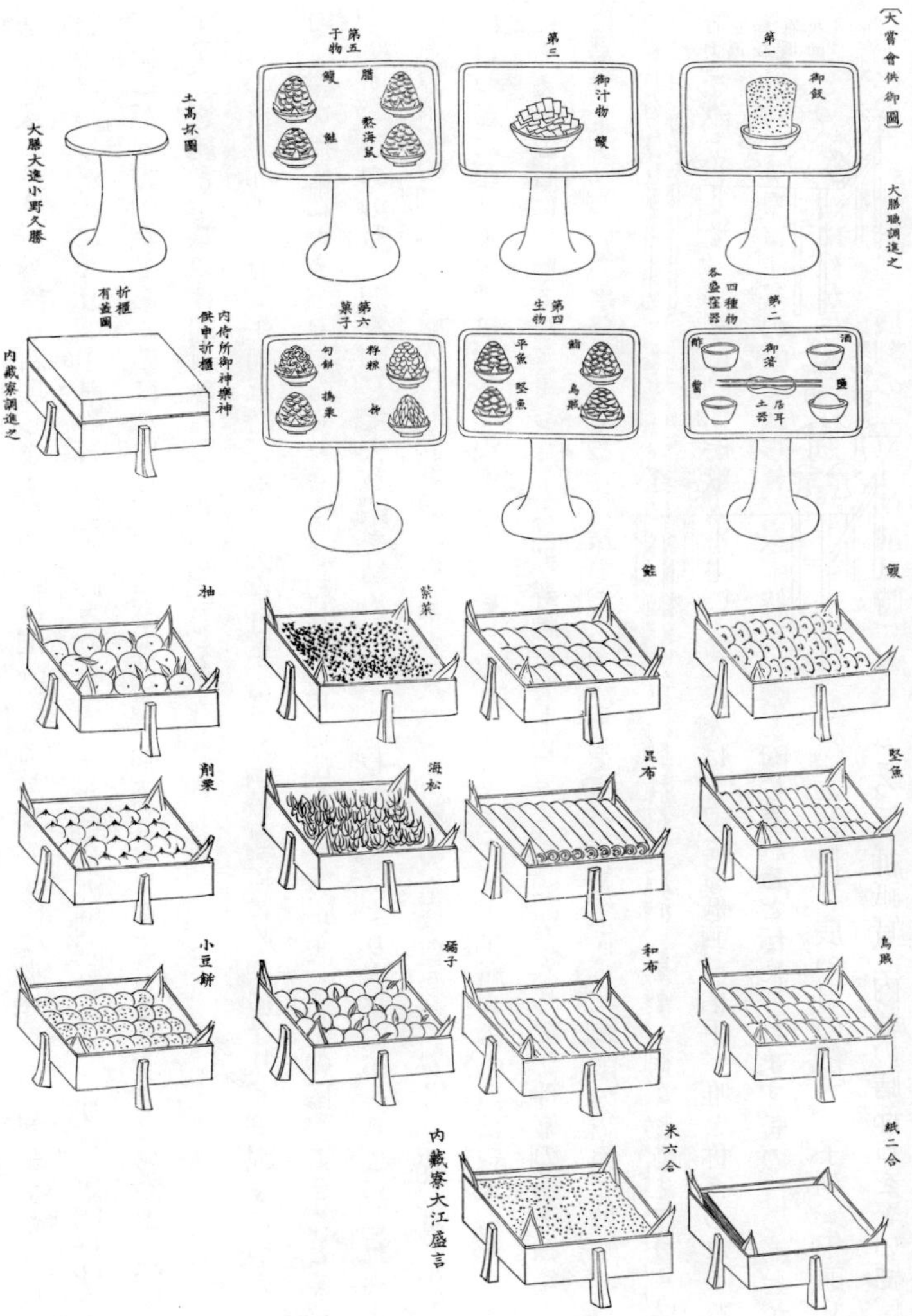
大嘗會供御圖
大膳職調進之
第一
御飯
第三
御汁物
鰒
第五
干物
腊
鰒
熬海鼠
鯖
土高坏圖
大膳大進小野久勝
第二
四種物
各盛窪器
酒
酢
御箸
鹽
醬
居耳
土器
第四
生物
鮨
平魚
烏賊
堅魚
第六
菓子
粰粇
勾餅
柿
搗栗
内侍所御神樂神供申折櫃
折櫃
有蓋圖
内藏寮調進之
鰒
鮭
紫菜
柚
堅魚
昆布
海松
削栗
烏賊
和布
橘子
小豆餅
紙二合
米六合
内藏寮大江盛言

神　　饌

基の膳殿に遷り、神饌を料理します。天皇は廻立殿におもどりになられます。御湯をめされ、御服をおめしかえになり、主基の嘗殿に遷御されます。ここで朝の御饌の儀がとりおこなわれます。悠紀殿が夕の御饌であるのにたいし、主基殿では朝の御饌となります。その次第は悠紀殿に同じですが、悠紀と主基では国風の内容がちがってきます。

辰の日、卯の一点（午前五時ごろ）、天皇はふたたび廻立殿にお遷りになり、御服をおかえになり、常の御殿におもどりになられます。百官も各自退出し、ここに大嘗祭の儀がことごとく終了します。こののち、門を閉じて大嘗殿を鎮め祭り、終わって民により大嘗殿がとりこわされます。

○「豊楽院の御儀」　辰の日の辰刻の二点（午前八時ごろ）、天皇は豊楽院に設けられた悠紀の帳におつきになります。皇太子、親王以下がそれぞれ座につきます。神祇官の中臣は賢木をとって笏にそえ、位置についてひざまづき、天神寿詞を奏上します。忌部参入して、神璽の鏡と剣を天皇に奉ります。ついで事務官である弁官が参入し、ひざまづいて悠紀・主基両国の献づる神饌ならびに多明物の色目を奏上します。つぎに悠紀国が天皇に御膳をお進めします。さらに悠紀国は当時の鮮味を献上します。つぎに国司が歌人を率いきて参入し、国風を奏上します。

終わって天皇は主基の帳に遷られ、以下悠紀の帳と同じ儀がおこなわれます。辰の日の節会が終わると、悠紀国に禄が与えられます。

○「巳の日の節会」　辰刻の二点（午前八時ごろ）、天皇は悠紀の帳におこしになります。御膳を

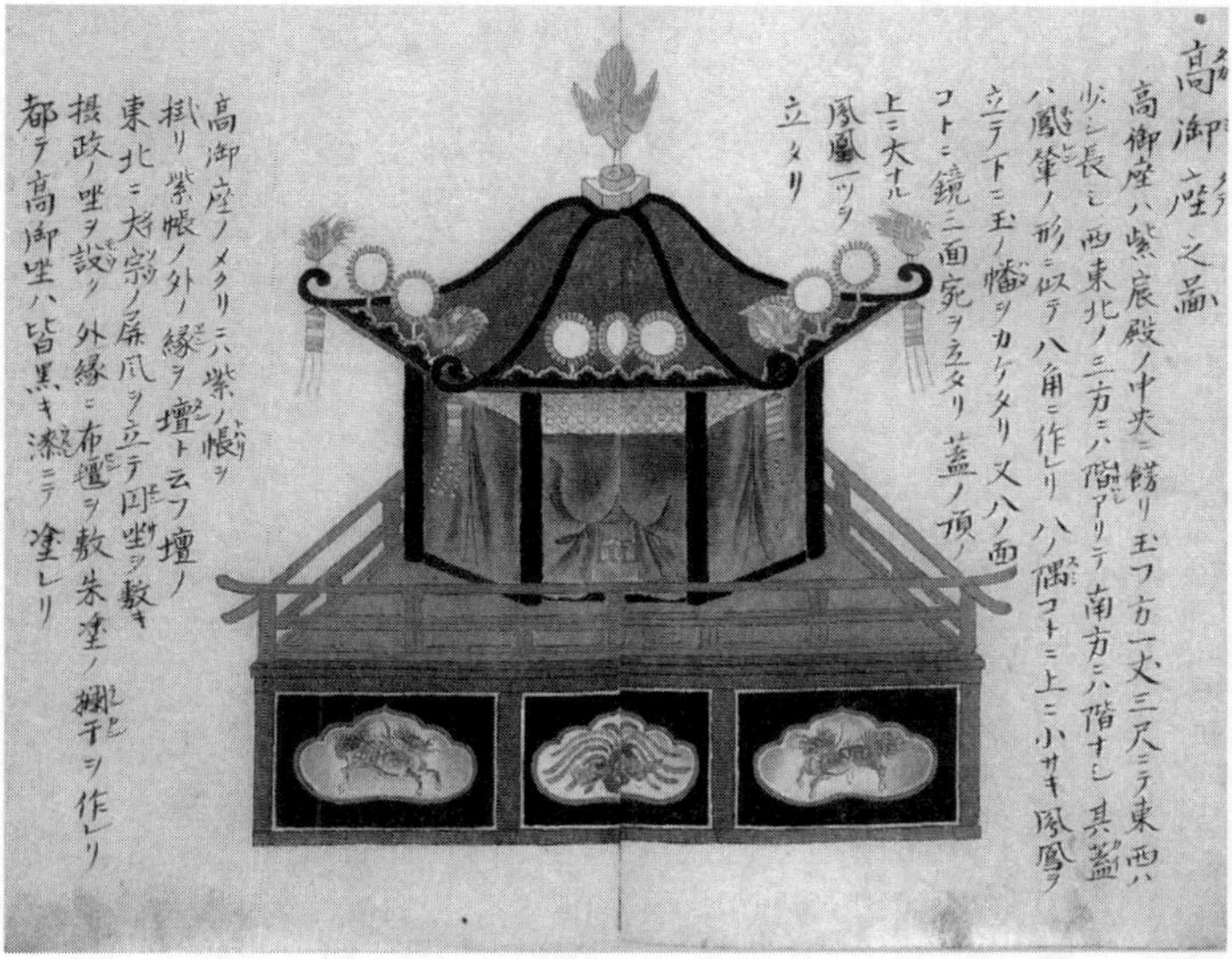

高御座

進め、ついで和舞(やまとまい)が奏上され、風俗楽(ふぞくのがく)などがおこなわれます。終わって主基の帳に御(ぎょ)され御膳をめされたのち、田舞(たまい)が奏上されます。終わりてのち主基国に禄が与えられます。

○「豊明節会(とよのあかりのせちえ)」　翌日午の日、悠紀(ゆき)・主基(すき)の帳がはずされ、中央に高御座(たかみくら)が設けられます。天皇に御膳(おもの)が進められ、久米(くめ)舞、吉志(きし)舞、大和歌、五節(ごせちの)舞、解斎(げざい)の舞などが催されます。ついで群臣が参入し酒(みき)を受けます。皇太子以下に禄が与えられ、悠紀・主基国をはじめ、功労者に叙位がおこなわれ、饗宴となります。

かくして、国家第一の大礼は、神代(かみよ)の風(て)儀(ぶり)のままに、国風(くにぶり)の美意識をあますところなく表現し、その幕を閉じます。神聖にしてうるわしく、まことに尊い儀式であることが、古えの神典（みふみ）からありありと伝わってきます。古え人の美意識の高さが、その息吹の清々しさが、まのあたりに甦（よみがえ）ってくるようです。のちの世に古風（いにしえぶり）を伝えていくことの大切さを、あらためて痛感します。日本の文明はただ伝えるということにおいて、もっとも高度に維持されていたのでした。神代の古風をそのままに伝えるということが、その時代に新しい息吹を与え、ものごとの開きはじめたときのうるわしい心ばえを、わたしたちに教えてくれるのです。それがこの『延喜式』に書かれた、大嘗祭の様子からはっきりと伝わってきます。古義古風をそのままの形で伝えることのむずかしさ、大切さを知らなければなりません。厳粛にして深遠なる「伝え」が、この大嘗祭の御（おん）儀式によって、もっとも高揚した形として具現されるのです。

『ホツマツタヱ』に見る大嘗（おおなめ）ヱ

大嘗祭は、『儀式』『延喜式（えんぎしき）』に見るように、平安期に大儀式としての形式が確立されました。ここでは、それ以前の古代における大嘗祭というものを、『ホツマツタヱ』をとおして見ることにしましょう。

「大嘗」は『ホツマ』以外の文献では、「オオニヘ」「オホムベ」「オホヘ」などの訓（よ）みが見えます。

ところが『ホツマ』では、「オオナメ」と書かれています。「嘗」の訓に「ナメ」が当てられているものには、「新嘗」―『類聚名義抄』、「神嘗」―『太平記』『朝儀年中行事』、「相嘗」―『続日本紀』などがあります。『ホツマ』において「ナメ」のつく関係用語を引いてみると、「オオナメコト」一件、「オオナメ」二件、「オオナメヱ」二件、「ウイナメヱ」一件、「ニイナメ」一件、「サナメヱ」一件となり、八件とも「ナメ」という言葉が一貫して使われています。さらに『ミカサフミ』を見ると、「嘗事の紋」というものがあり、一年間の天文、気候、自然の移りかわり、年中行事といったものを、『ホツマ』における中心的な神であるトホカミヱヒタメ八神との関係において説いています。すなわち、一年を八等分し、十一月中からのヱの嘗、ヒの嘗、タの嘗、メの嘗、トの嘗、ホの嘗、カの嘗、ミの嘗、としています。この場合、ヱヒタメトホカミという順序になっているのは、「ヱト」とは「兄弟」の義であり、暦の神として兄であるヱ神が本来ははじめにくるのです。『ミカサ』では、天地開闢時にはまずヱ神が国を治め、つぎにト神が治めたとあり、『ホツマ』のキアヱ暦にもヱ、ト、の順に配置されています。このキアヱ暦は十干十二支による後世の中国的な干支の原型となるものです。五穀の収穫時からはじまる「嘗事」では、ヱ神は冬の守となり、ト神は夏の守となります。したがって、ト神は夏のあいだ穀物を守護する神であり、さらに「ヤマト」の国号がト神の霊と一体となるという意味を含んでいるため、八神を唱えるときはトホカミヱヒタメとなるのです。

それでは、この『ミカサ』の「嘗事の紋」をまとめて書いてみることにしましょう。これは豊受大神がご製作されたと書かれています。『ホツマ』にも、「豊受大神　東の君と　道受けて　大嘗事も」という記述が見えます。天児屋根命が説かれています。

「ヲの嘗」

十一月中旬。日霊を招くと、カツメ神が赤道を北に引き、日を向える。このとき初嘗がおこなわれる。九星、すなわち天御祖神およびトホカミヱヒタメ八神を祀り、黒豆飯を供える。十二月、木は根に息吹を蓄える。一段と寒くなる。日霊を得ず嘗つきる。年分けの夜は、豆を煎って鬼やらひの行事をおこなう。注連縄をはり、ハヱ、すなわち歯朶と柚の葉をもって、麦飯を供える。埴水の上に柱の立つヱの神形をあらわす。

「ヒの嘗」

一月一日、朮を焚き、新鮮な水を汲み、粢餅、太曲り餅、榧、栗、海藻、橘、芋頭などを神に供える。弓張月の夜は、ごげう、はこべな、いたひらこ、すずな、すずしろ、すせり、なずなの、七草の七種の糁により、井の水にいるヌエアシモチのガタ汚穢を祓う。望月の翌朝、胙の小豆の粥に疫病を除き、笹朮を焚きトンド餅を焼いて粥柱をなし粥太占とする。二月は陰陽ほぼ和して植物の生える兆しが生まれる。種を稲荷神に供え祭る。賭弓開きがおこなわれる。地底に吹き立つ初日の風ヒの神形をあらわす。

「タの嘗」

三月三日、桃柳、神酒をもって雛祭りをおこなう。蓬餅を食す。民は苗代に種を蒔く。三月中旬より陽炎い、苗が生い育つ。地中に日月星の三光の足が入りて、足り助くタの神形をあらわす。

「メの嘗」

四月より夏を告げる。綿入れを脱ぎ、月半ばに至り稲荷神を祭る。月末は、葵桂の女男祭りをおこなう。五月。菖蒲、蓬の葉についた露を嘗める。五月五日にサツサ腹帯の祝い。水の底に陰の情けが伏すメの神形をあらわす。

「トの嘗」

五月半ばになれば埴水が潤う。日の光が通れば、カツメ神は道を返す。五月雨が降り、青葉繁り、南の風の薫りを受ける。六月。雷が鳴り、暑くなる。月末なお暑さを増し乾き、桃を神に供え祭る。茅の輪くぐりにより、臍の穢血を抜く。ミナの祓いと称する。方形の中に天の両手が埴の柱の上に立つトの神形をあらわす。

「ホの嘗」

七月弓張月。木綿、麻、苧および棚機神の星祭りをおこなう。望月の日は、御祖神と生魂に胞衣の蓮饌を祭り供える。八月一日は穂積祭り。倉稲魂神を祭る。級戸辺神祭り。四角の埴の形に陽陰の二柱立つ〔ホ〕の神形を呈す。

「カの嘗」

天の明りの守る八月半ば、夫婦の子の多きを祝う。九月九日。菊散錦織の御衣を重ね着し、菊栗の一夜酒をもって祝う。九月望月は豆を供える。陽光を祭る。円の中に光の柱が立つ〔カ〕の神形をあらわす。

「ミの嘗」

十月大陰が退いて時雨を降らす。大己貴神の教えに、十月に白膠木を焚いて諸神に餅を施すとある。十一月は霜柱が立つ。埴より風の中に一息が立つ〔ミ〕の神形をあらわす。

このように、『ホツマ』『ミカサ』においては、「嘗める」ということがたいへん重要な意味をもつことが、右の「嘗事の紋」から充分に察することができるのです。原文には「嘗めつきる」とか「露を嘗めんと」などの言葉さえ見うけられます。その季節ごとに種々の収穫物を神に供え、また自らもそれを食し、魔を祓い、穢れを清めること、すなわち、季節ごとの食物を神とともに味わい、行事を体験するという意味で「嘗める」が使われていると考えられます。これは、先に記した『延喜式』の践祚大嘗祭の様子にもはっきりあらわれています。すなわち、新しい収穫物を神とともに味わい、御祖の神と一体となるもっとも神秘な体験をとおし、新しい天皇がご誕生されるわけです。それが「嘗める」という行為なのです。御祖の神とともに神饌を食し、神にこれより君の位につくことをご報告申し上げ、その許しを得るということが、もっとも重要なる大嘗祭の意義であろうと考えます。代々の祖霊と天皇の生魂が一体となり、天の御魂と地の御魂との一系一体の契りを結ぶことこそが、大嘗祭の意義であろうと思います。

中国においても、周末から秦にかけ成立したと考えられる『礼記』の中に、「農すなわち穀をすすむ。天子新を嘗む。先づ寝廟にすすむ」——農夫は新しい穀物を献上し、天子はこれを試食する、その前に祖廟に供える、ということがしるされています。この原文の「天子嘗新」と「新嘗」が似ているところから、「嘗」を「ナメ」と訓むことを俗説とする考え方がありますが、これは中国、日本とも古代において同じような伝承が存在していたのであり、その類似性を避けるべきではありません。『礼記』の他の箇所にある「天子乃……以犬嘗麻、先薦寝廟」、天子は犬の肉を副えて麻の実を食べるが、まず宗廟に供える、や、「天子乃以犬嘗稲、先薦寝廟」、天子は犬の肉を副えて稲を食べるが、まず宗廟に供える、などに見える犬の肉を食べる風習などは、『ホツマ』からすれば道の衰えた状態といえます。「天地開闢」のところでのべたように、『ホツマ』の記述をもとにして考えれば、太古、国常立尊を祖とする同じ教えを、日本と中国が持っていたわけで、日本、中国の原始儀礼に共通性があるのは当然なのです。また、両国に共通性があるとそれだけで、それが中国から日本に渡来したものであると即断する昨今の学者の風潮は、まことに嘆かわしいものとしかいえません。

つぎに「オオナメヱ」の「ヱ」について考えてみましょう。『ホツマ』以外の文献ではじめて「大嘗」が見えるのは、『古事記』の「天照大御神の営田の阿を離ち、其の溝を埋め、亦其の大嘗を聞看す殿に屎麻里」云々という、神代の記述です。しかし、そこには「祭」「会」などの文字は付されていません。「祭」が下についた形であらわれるのは『延喜式』の「祚践大嘗祭」です。また「会」が付されているものは、『江家次第』の「天子嘗二新穀一故曰二新嘗祭一」や、『公事根源』の「代の始めには大嘗会といひ、年のことをは新嘗会と申す也」などです。「会」は呉音で「ヱ」と読み、節会、会釈などの言葉もありますから、大嘗会、新嘗会の「会」は集うという意味の「会」を中国的な読み方をしたものと考えられがちです。しかし、これは逆で、「オオナメヱ」という言葉が残っていて、そこに「会」の字を当てたものと考えられます。

先の『ミカサフミ』の「嘗事の紋」に、「月隅の　志賀の命が　ヱトの神　トよりの祝詞の　ゆえを問ふ　故に豊受大神の　嘗事ぞ　ヱの嘗は北に　十一月の中」と書かれています。ヱの嘗は、ちょうど新嘗祭、大嘗祭のおこなわれる十一月中旬からはじまります。さらに、「この初嘗は　今の祝詞　九星祭りて」とあり、ヱの嘗が嘗事の一番はじめであることもはっきりとわかります。そしてこのはじめての嘗には、今の祝詞のように、御祖神とトホカミヱヒタメ八神を祭ることがしるされています。これは驚くべきことです。「今の祝詞」云々は、本来ヱ神が兄なのでヱヒタメトホカミとなるべきを、今の唱え方はトホカミヱヒタメとなっているということを意味しています。

つぎに『ホツマ』の原文を見ると、二十七紋に、

　　冬至る日に
大祭り(をを)　天神(あま)と世々
皇神(すべらがみ)　ユキ・スキの宮
山海と　臣言魂命(とみことたま)は
地(わ)にスキの　嘗(なめ)ヱに告げて
人草(ひとくさ)の　祝(ほ)ぎ祈るなり

と書かれています。「嘗ヱに告げて」というところに注目しなければなりません。「ヱ」がもし「会」の意味であるなら、嘗(なめ)の集(つど)いに告げるということになり、意味が通りにくくなります。ところが、この「ヱ」をヱヒタメトホカミの八神中のヱの神であるとすればどうでしょう。「言魂命(ことだまのみこと)は、嘗事(なめごと)の神のうちのヱ神に告げて、人草の幸いを祈れ」となり、意味がとてもよく通ります。大嘗祭は十一月中卯ですのでヱの嘗と一致します。したがって、このように考えるなら、「大嘗ヱ(おおなめ)」とは嘗事(なめごと)の中でも、天皇(すめらぎ)の践祚(せんそ)のときにおこなわれる、もっとも大きなヱの嘗事という意味であると考えることができるのです。「大嘗ヱ」の「ヱ」には、トホカミヱヒタメ八神の内の、冬の守(もり)と

しての、また嘗事の初嘗の神としての、まことに理路整然とした意味があったのです。この「オオナメヱ」が、後世『ホツマ』に書かれたようなくわしい伝承が失われるにしたがい、「オホニヘ」「オホムべ」「オホニハナヒ」などと変化していったのではないでしょうか。

天ユキ地スキの大嘗ヱ

先の『延喜式』の大嘗祭のところでしるしたように、践祚大嘗祭の大きな特徴は、悠紀・主基の宮を設営し、そこで祭儀がとりおこなわれることにあります。この「ユキ」「スキ」の意味に関して、いろいろな説がなされています。まず「ユキ」に関しての語源説を調べてみるとつぎのようになります。『日本古典文学大系・日本書紀』―ユキのユは、ユユシ、ユニハ・斎庭などのユと同じく、禁忌とされたもの、触れるべかざるもの、神聖なるものの意。キは酒の古語。『釈日本紀』―斎忌の義。『塵袋』―潔斎の意。『日本釈名』―ユハヒキヨマルの義。その他、ユは斎庭などのユ、キは潔き義、斎み清まる意、などの説が見えます。また、「スキ」に関しては、濯の約、すがすしく清まるの意、次の義、などが見えます。『ホツマ』的な見方からすれば、「ユ」や「キ」がつく斎・湯・弓・夜、または木・酒・生などは、皆同根と考えられます。あるいは、夢、雪、斎庭、ゆづ、夕、ゆかし、豊かなどの「ユ」も、同根と考えられます。したがって、「ユキ」「スキ」に特定の固定した漢字を当ててその語源とするということは、むずかしいことといえるでしょう。しかしながら、ひとつだけ注意すべきことがあります。それは、践祚大嘗祭の中心的行事である卯の日の御膳をおめしになる儀が、悠紀殿は夕刻からはじまり、主基殿は翌早朝からはじまることから、このことに注目すれば、「ユキ」の「ユ」は、夕べのゆかしい、ゆたかさを、「スキ」の「ス」は、朝のさわやかさ、すがすがしさをあらわす言葉であるともいえるかもしれません。しかし、このことは、践祚大嘗祭の原始の形としての、『ホツマ』における大嘗ヱの「天ユキ・地スキ」の考察をとおし、さらに深く考えていく必要があるでしょう。

さて、『ホツマ』特有の「天ユキ・地スキ」という言葉が載る原文を見てみましょう。

「三十紋」
十一月の月に　天ユキ地スキの
宮造り　元明け天地の
神祭り　天種子命櫛甕玉命
両手にあり　神饌饗へ祭り
「四紋」
久方の　光あれます
初嘗ヱ　天ユキ地スキに

告げ祭り　ときに塩釜神（しほがま）
「十三紋」
「子無き」とて　問えば春日神（かすが）の
教ゑには　「天ユキ地スキの
祭り主　頼みてもつて
魂返し（たまがえ）」

などと見え天地（あわ）とユキスキの密接な関係がわかります。また、三十紋の原文から、大嘗ヱに際し、天ユキ宮、地スキ宮の二宮を造営し、そこに「元明け」、すなわち天地開闢（かいびゃく）時の天（あ）と地（わ）の神々を祭ることがはっきりとわかります。では、この天と地の神とは、どのような神なのでしょう。『ミカサフミ』の「高天成る紋（たかまなるあや）」を見ると、

山咋命（やまくい）の　高天原（たかま）を請えば
草薙（な）ぎて　九星（こほし）を祭る
ユキの宮　天常立神（あめとこたち）と
スキ宮に　可美葦牙（うましあしがい）
彦道神（ひこぢかみ）　合わせ祭れば

名も高天原（たかま）

と書かれていて、そののちに、

御中主神（みなかぬし）　およびヱヒタメ
トホカミも　天に配りて
星となす　天常立（あめとこたち）の
神はこれ

とあることから、天ユキの宮には、九星（こほし）であり、天常立神（あめとこたちのかみ）である、天御中主神（あめのみなかぬしのかみ）とトホカミヱヒタメ八神を祭ることが明らかとなります。またのちに、

　　　　のち十一（そひ）の君
東西中南北（きつをさね）　アミヤシナウも
天に還（かえ）り　精奇城宮（さごくしろ）にて
勅（みことのり）　みな星となす
この神は　腹臓命（はらわたいのち）
御食（みけ）を守る　可美葦牙（うましあしがい）
彦地神（ひこぢかみ）　故天尊（かれあめみこと）
地（わ）の尊（みこと）　国常立尊（くにとこたち）の

七代の神　　みな精奇城宮
よりの星

と書かれていることから、天御中主神およびトホカミヱヒタメ八神の天尊にたいし、可美葦牙彦道神としての東西中南北の神々とアミヤシナウ六神の計十一神が、地尊であることがわかります。したがって、これら『ミカサフミ』の原文から、天ユキ宮は、天御中主神とトホカミヱヒタメ八神の計九柱、これを九星と称し、地スキ宮は、東西中南北の五神、アミヤシナウ六神の計十一柱。これを可美葦牙彦道神と称し祭ることが判明するのです。しかしながら、天御中主神、国常立尊、トホカミヱヒタメ八神の関係は、『ホツマ』と『ミカサ』の間に大きな相違が認められ、判断のむずかしいところとなっています。そのことを別にしても、『ホツマ』『ミカサ』における、大嘗ヱのユキ・スキの宮は、天地開闢時の大御祖としての天尊と地尊を祭る宮であり、それは祖霊信仰に根ざしたものであったことは確かです。

ユキ・スキ宮と高天原の交流

「ユキ」「スキ」と天地との関係は、いろいろな学者の間で指摘されてきましたが、今日ではこのような考え方は俗説とされています。たとえば、仏教色の濃かった神道論を排し、陰陽五行説をとり入れたとされる吉田兼倶の『唯一神道名法要集』には、こう書かれています。──「悠紀の神殿・主基の神殿は、すなわち天神地祇勧請の道場の本名なり」──表現は中国様ですが、「ユキ」「スキ」と天神地祇の関係を説いているのが注目に値いします。吉田兼倶の説いた元本宗源神道は、天児屋根命の後胤の卜部氏のみが伝えてきた神道であるとされること、『ミカサフミ』は天児屋根命が説かれたものであることから、兼倶の説と『ミカサ』の天ユキ地スキが関係なきにしもあらずです。

さて、先にしるした『ミカサ』の「九星を祭る　ユキの宮　天常立神と　スキ宮に　可美葦牙彦道神　合わせ祭れば　名も高天原」を考えてみましょう。天御中主神およびトホカミヱヒタメ八神の九星をユキ宮に祭り、東西中南北とアミヤシナウの計十一神の可美葦牙彦道神をスキ殿に合わせて祭る、その場所を高天原と名づけるというのです。さらに『ミカサ』の原文に、「四十九の神は　天に還り　元の高天の　原にあり　奇し魂精し　精奇城宮　故神祭る　名も高天原　清のところは　これに比べん」とあるように、天界高天原には天御祖神と言霊四十八音神が鎮座されていて、その宮を精奇城宮ということもわかります。ほかの原文から、四十九の神々がフトマニ図のように鎮座されていることもわかります。興味深いことに、先の吉田兼倶の著した『唯一神道名法要集』に──「高天原とは、神明の直語。一気発動の初言なり。故に此の三字は、四十七言の能生の種子なり。阿字は本不生の字母、一切陀羅尼の根本なり。故に言語の最頂なり。諸法の心地なり。万行の源なり」と書かれているのです。「四十七言」とは、「ん」をぬかした四十七文字のこと。「能生の種子」とは、いろいろなものを生みだすもと。「阿字」とは、サンスクリットの第一番の文字。「陀羅尼」とは、密教で用いられる梵語の呪文。この文章は密教色の強いものとなっていますが、その根本にあるものは日本固有の宇宙観であり、言霊観なのです。密教においても梵語をもとにした呪文神呪の言霊観があり、これを真言（マントラ）と称していますが、これらは日本における四十八音神をもととした言霊思想が伝播したものであろうと考えられます。わが国の四十八音は、死者の魂魄（たましゐ）を天に返す四十八日の喪祭り（もまつり）における言霊観のもととなっていて、人が生まれるときもこの四十八神のはたらきによりこの世に現われる、という思想の根拠となっています。また梵語も日本の四十八音神も、「ア」という音がもっとも根本的な音であることは同じですが、『ホツマ』における「ア」は天をあらわし日と関係するのにたいし、密教における阿字観は月を観じる行とされるところに、根本的な相違を見ることができます。また、日本語の「ア」は五十音図的な体系の中での第一番目としての音なのです。梵語には五十音図のような体系はありません。しかしながら先の吉田兼倶の文章は、四十七音の言霊と高天原の関係を明確にしるしたものであり、『ホツマ』の伝承との関係においてたいへん注目されるものといえましょう。

先の原文にあったように、高天原には、天御祖神（あめみをやのかみ）、トホカミヱヒタメ八神、アイフヘモヲスシ八神、三十二神（みそふかみ）、計四十九神が鎮座されていることがわかります。そして、この地上に天上の四十九の神々を遷し祭り、高天原を再現することにより、天界の高天原と地上とが感応し結い和されて、神人一体の交流を可能にせしめたものであることが充分想像できるのです。天上のものをそのままに写す、という日本の美意識の根源が、この高天原遷座です。

『ホツマ』における天地合一の原理は、八角と九角にあります。これは、「フトマニ図」におけるトホカミヱヒタメ八神と、その中心に位置する天御祖神の関係を示します。それは、璽のヲともその原理を同じにします。『ホツマ』の中の世々の君は、このトホカミヱヒタメ八神の神力を八方に受け、自ら天御祖神の直系として宗を一にすべくその中央に坐し、九角の原理をもって国を治め、民の安きをはかられたのでした。このことは、天照大神の即位の儀式に見ることができます。原文に「天に棚引く　白雲の　かかる八峰の　降る霰　日隅にこだま　この瑞兆を　布以て作る　八豊幡　八隅に建てて　君となる」とあります。さらに「清雄鹿の　八つの聴こえに　現われて」とも書かれています。「清雄鹿」はトホカミヱヒタメ八神のことです。また『ミカサ』には、「この外は名も常静天　八隅極　八色の和幣」と高天原の外の有様がしるされています。これらの原文から、常静天の八色和幣、高天原のトホカミヱヒタメ八神、天照大神の八豊幡という、一貫した原理といったものを読みとることができます。さらに、「八方を治めるという意味を含んだ璽のヲ」、「八重垣臣として忠臣である印に、素戔嗚尊が天照大神より賜った八重垣幡」、「素尊の后櫛稲田姫が、天照大神の姉和歌姫より賜った、八重垣打琴の秘伝」、「日本武尊のご葬儀の際の八元幡」、「景行天皇后、大郎姫のご葬儀の八色幡」、「景行天皇ご即位の御時の八豊幡」等々を考えあわせると、天界の風儀と地上の風儀の美しい一致を知ることができ、「八咫の原理」というべき神代からの叡知を知ることができるのです。三種神宝である八咫鏡、八振りの八重垣剣、また八咫冠など、天界高天原に坐すトホカミヱヒタメ八神の神力による守護をその神器に頂こうとする、天地交流の依代にほかなりません。

『ミカサフミ』の「高天原成る紋」に「元々明けの　天恵み　届く柱は　透きとおる　中の管より　運ぶ息　車の軸　九の輪の　響きて巡る」とあり、元々明けの神々から、この地上に届く天恵みの柱は九輪であるとしるされています。この「九の輪」とは、「フトマニ図」における天御祖神およびトホカミヱヒタメ八神、計九神から発せられる神々の息吹の輪なのです。この八角、九角の御柱の原理こそ、天界高天原とこの地上の聖地とを和す神の紋だったのです。本居宣長がいうように、神代には理りめきたるものがまったくなかったのではなく、美しい風儀の奥にしっかりとした日本固有の法則というものがあったのです。

古代における祭政の第一義は、天界高天原との交流にあったといえます。民を治む君は、この地上に高天原におわします御祖神々を招き請い、その守護を得てわが恵みとすることこそが、政事における第一にして最大の風儀だったのです。そして先の「九星を祭る　ユキの宮　天常立神と　スキ殿に　合わせ祭れば　名も高天原」に見るごとく、『ホツマ』の時代における大君初の大嘗ヱは、天ユキ地スキの宮を建てることにより、この地上に天界高天原を再現し、神々との感応によって、神人合一の神力を得るための祭儀であったことがわかるのです。そしてこの神人合一の思想は、祖霊信仰によって裏づけられたものであることも忘れてはなりません。四紋の、

久方の　光あれます
初嘗ヱ（ういなめ）　天（あ）ユキ地（わ）スキに
告げ祭り　御子養（ひた）さんと
二神の　御心尽くす
天の原（はら）見山

は、天照大神ご誕生ののちの八豊幡（やとよはた）の即位式後はじめての嘗ヱであり、『ホツマ』に見るもっとも古い大嘗ヱの具体的な記述です。しかし、天照大神はまだご誕生になられたばかりですから、二神が天地の祖神に御位につかれる由をお告げになり、守護を願われたものと推察されます。「天の原（はら）見山」とは現在の富士山のことで、八峰の形をしていたと考えられるこの山は、天界との交流地点としてもっとも重要な場所といえます。十三紋には、

ときに塩釜神（しほかま）
「子無き」とて　問えは春日神（かすが）の
教ゑには　「天ユキ地スキの

祭り主　頼みてもつて
魂返し(たまがえ)　なさば苦しむ
魂緒(たまのを)も　解けて宗神(むねがみ)
源え　魂魄(たましゐ)分けて
神となる」

そのときに、塩釜神(しおがまのかみ)は「わたしにはいまだ子が授からない」と問われると、春日神天児屋根命(かすがのかみあまのこやねのみこと)はお答えになり「天(あ)ユキ・地(わ)スキの祭主(まつりぬし)に頼んで魂返し(たまがえ)の神事をおこなってもらいなさい。そうすれば天に還(かえ)れず、地上に苦しんで迷っている魂緒(たまのを)も、その乱れた緒が解け、宗と源に魂魄(たましゐ)が分かれ、神となって昇天することができるであろう」とおっしゃいました。――この原文には、とても大切なことが含まれています。前後の原文も考えあわせると、子供ができないのは、地上にわだかまっている魂緒が苦しんで、災いをおよぼしていること、魂返しすることにより魂魄が分離し、陽(を)である魂(たま)は宗へ、陰(め)の魄(しゐ)は源へ還ることがわかります。死者の魂魄が完全に分かれ、もとの宮居にもどって初めて天界高天原の神となる、という日本固有の死生観が描かれています。これはまことに驚異的なことです。そして、神法の中でもきわめてむずかしいこの魂返しの術をおこなえるのは、天(あ)ユキ・地(わ)スキの祭主であるということです。祭主(まつりぬし)とは、平安時代の大嘗祭でいえば、神祇官である中臣氏や忌部(いんべ)氏に当たるのでしょうか。中臣氏の祖は天児屋根命です。宗源(むねみなもと)は、陰陽(めを)の要素をもつもので、間接的に天と地に関係しますから、天ユキ・地スキと何らかのつながりがあるように思えます。天ユキ・宗・魂と、地スキ・源・魄の関係が考えられます。大嘗ヱの第一義は天界と地上との交流にあるわけですから、死者の魂魄を天界に返すことと深くかかわっているのは当然のことといえましょう。

最後に、前記以外の大嘗ヱの記述を見てみましょう。二十二紋に、

　　　　　火水土の三つの
宝緒の　荒みなければ
潔く　煮上ぐる御食の
胙を　捧ぐる陶も
清らかに　結ぶ火水土の
清祓ひ　世嗣ぎ宝と
凄まじく　鎮む誓ひの
功を　ユキスキ埴の
大御神

と見えます。これは、「沖津彦火水土の祓いの紋」の一部です。火水土とユキスキ埴が対をなしているようです。先にのべた天ユキと宗、地スキと源を考えあわせると、火と日、水と月は一体であ

り、日は宗と月は源と一体の関係にあることから、ユキは、天、宗、日、火、魂と、スキは、地、源、月、水、魄との関連性が考えられます。この原文は、ユキ・スキのほかに、埴を加えて書かれているところが注目されます。「御衣定め剣名の紋」に、「錦織は　ユキ・スキ宮の　大嘗の　ヲの時の衣ぞ　綾織りは　埴の社の　小嘗ヲに　スキ祈る衣ぞ」とあります。「小嘗ヲ」とは践祚の「大嘗ヲ」にたいし、毎年おこなわれる小さな嘗ヲの意。すなわち新嘗ヲのことです。この原文より、大嘗ヲのときはユキ・スキ宮を建て、錦織の御装束を召し、小嘗ヲのときには埴の社を建て、綾織の御装束をお召しになることがはっきりとわかります。二十四紋に、

　　帰る新治に
ユキスキの　宮に祈りの
大嘗ヲ　三種宝を受けて
天に応え　宮に治むる
その飾り　香久八幡あり

とあります。これは、瓊々杵尊の新治宮における大嘗ヲの模様です。先にのべた平安時代の大嘗祭では、忌部氏が新天皇に神璽の宝鏡、宝剣を奉りました。しかし『ホツマ』では三種神宝、すなわち御機織留の御文と御鏡、御剣の三種が授受されます。御機織留とは、ホツマ文字すなわち神璽によってつづられた、治国の奥義をしるした一子相伝の御文のことです。また大嘗ヲののち、宮

中にて政事を聞こし召するしとして、「香久八幡」が建てられたことがしるされています。「香久八幡」の「香久」とは、すでにのべたように、政事のはじめにおこなう橘の植樹、すなわち国常立尊の常世国の風儀の再現復古を意味する言葉にほかなりません。二十六紋を見ると、この原文の内容を受けて、

　　新治の例
ユキスキの　大御祭りの
大嘗ヱ　三種の受けを
天に応え　青人草を
安らかに　保つ八幡の
花飾り　明日万民に
　拝ましむ

と書かれています。これは瓊々杵尊の御子、彦火々出見尊の大嘗ヱの記述です。父君の例にしたがい、花飾りを施した八幡を建てています。花飾りとは、『秀真政伝』にも書かれているように、香久の花のことと思われます。また、「大御祭り」とは天照大神がおはじめになられた祭りと考えられ、八幡とはその折の八豊幡の風儀の再現と思われます。ここにも、古事をいかに伝えるかということに重きを置く、古えの国風が感じられます。

冬至る日に
大祭り　天神と世々
皇神　ヤキスキの宮
山海と　臣言魂命は
地にスキの　嘗ヱに告げて
人草の　祝ぎ祈るなり

先にも書いたものですが、これは火々出見尊の御子、鵜葺草葺不合尊の大嘗ヱのことを記したものです。ここで大切なのは、「冬至る日」とあることです。「冬至る日」とは、のちの冬至のことです。冬至は新暦の十二月二十二日ごろ、旧暦の十一月の中にあたります。後世の大嘗祭は下卯および中卯におこなわれますが、古来十一月の中におこなわれていたことがわかります。つぎに、神武天皇武仁君の大嘗ヱの模様を見てみましょう。

十一月に　天ユキ地スキの
宮造り　元明け天地の
神祭り　天種子命櫛甕玉命
両手にあり　神饌饗祭り
申す大臣　可美真治・物部と

外を守る　道大臣・久米部と
御垣守　神祝詞は
忌部臣

『ホツマ』三十紋です。ここには、『儀式』『延喜式』などの大嘗祭にとても近い形式が示されていて、まことに貴重な記述となっています。「天種子命」は天種子命と称し、天児屋根命の孫、天押雲命の子にあたります。「櫛甕玉命」は、大己貴命の子孫、子守神の孫、積葉八重命の子にあたり、大物主の職にあります。この両名は、左大臣・右大臣にあたります。ここでは、御神饌を供じています。「可美真治命」は、瓊々杵尊の御孫国照宮饒速日命の御子にあたります。ここでは物部とともに、外を警護しています。「久米部」は、『古事記』によれば、天孫降臨のみぎり天津久米命が瓊々杵尊の護衛をし、神武天皇東征の際には、大久米命が警衛の任にあたっています。『書紀』にも同じようなことがしるされています。ここでは道大臣命とともに御垣を守護しています。「忌部臣」は太玉命を祖とするとされていて、『ホツマ』原文には神武朝に、「日の神使ひ　道臣命と　月の使ひは　天種命なり　星の使ひは　天臣命と　忌部賜わり」と見えます。ここでは、神祝詞を奏上する役となっています。

『延喜式』においては、天児屋根命の子孫である中臣が天神之寿詞を奏上、忌部は宝鏡宝剣の奉呈の役とされています。この奉呈の儀は第二日目、辰の日の豊楽院の御儀の中でおこなわれます。

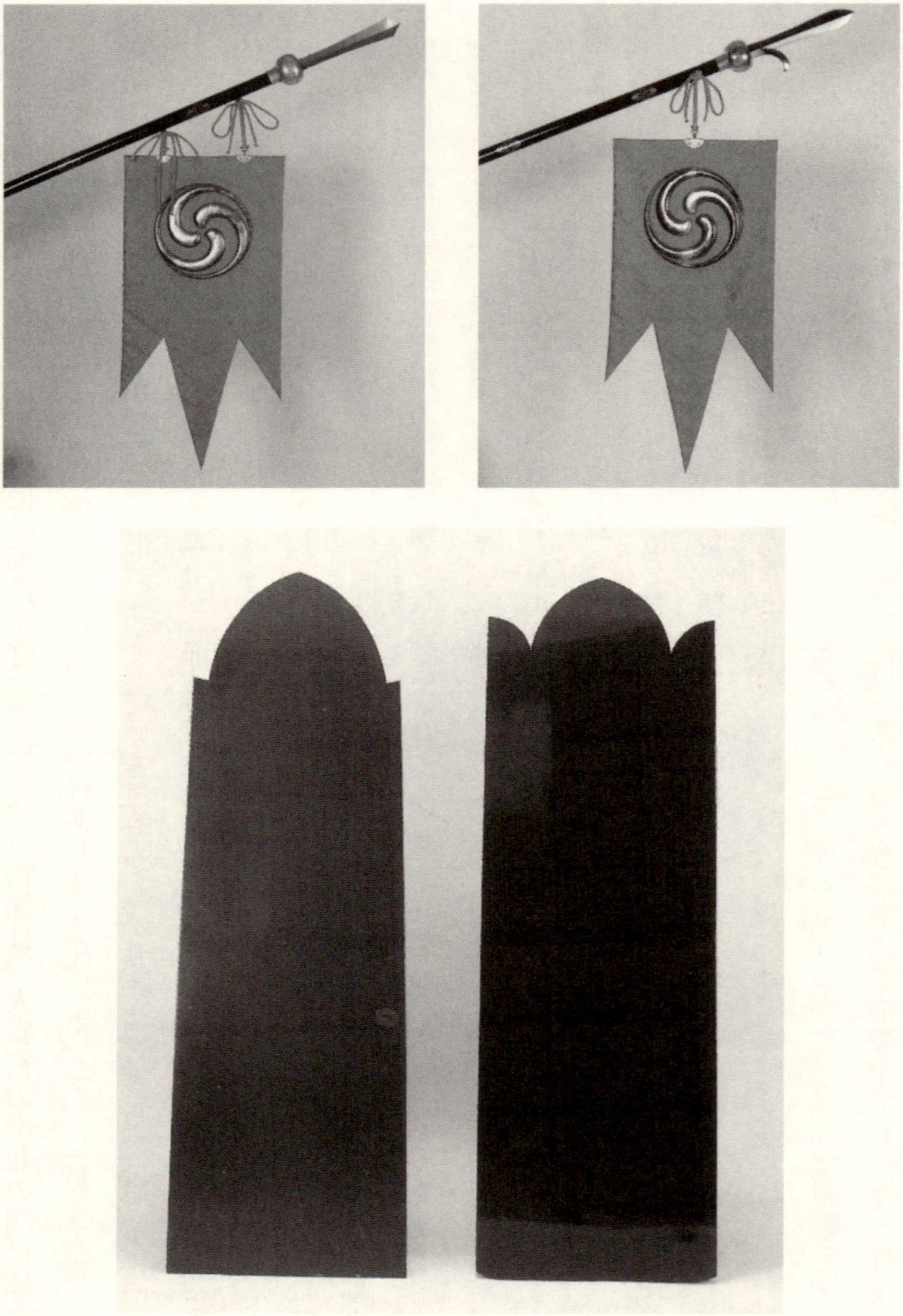

御鉾(上)・御楯(下)

また、大嘗宮の南の門は大伴・佐伯の両氏が守っています。物部は、大嘗宮の南北の門に神の楯戟を立てる役とされています。それぞれ、多少のちがいはありますが、『ホツマ』に見る大嘗ヱは、平安期にしるされたものとかなり近い形式をとっていることがわかります。さらには、天地開闢時の天神地祇の神々を祖霊として祭ることが、明確にしるされていることも大切なことです。

うるわしき大嘗祭

践祚大嘗祭における悠紀・主基両殿には、どのような神が祭られていたのかということに関する定説は、今まで確定的なものがありませんでした。天照大神とする説、天照大神および天神地祇とする説、悠紀殿に天神、主基殿に地祇とする説、などがあります。ところがすでにのべたように、『ホツマ』『ミカサ』における大嘗ヱでは、天ユキ・地スキという古語とともに、ユキ宮には天常立神、すなわち天御中主神およびトホカミヱヒタメ八神、スキ宮には可美葦牙彦道神、すなわち東西中南北の神々、アミヤシナウの神々を祭るということがわかりました。さらには『ホツマ』における祭政観および死生観が、天界高天原に鎮座まします四十九の神の神力、とりわけトホカミヱヒタメ八神の八咫の神力にもとづいていることから、そののちの時代の大嘗祭も、このような形に近いものがおこなわれていたと思えます。『延喜式』に見る大嘗祭においても、八拍打つ八開手の柏手、抜穂の斎場の八神殿に祭られた八神、卯の日の前日の鎮魂祭に祭られる、玉積産日神、神産日神、高御産日神、生産日神、足産日神、大宮売神、御食津神、事代主神の八神。大嘗殿の八つの堅魚木、その周囲にめぐらす柴垣の八重垣などに、『ホツマ』における神人一体の原理としての、トホカミヱヒタメ八神による「八咫の原理」の伝承の片鱗を見ることができるのです。とくに堅魚木は、『ホツマ』に、「大御神　嗣ぎを思して　伊勢の道　八百人草を　生け恵む　故堅魚木八木千木の内　削ぐは内宮」とあり、天照大神の御霊を奉斎する、伊勢の内宮は堅魚木が八本であったことがしるされています。

　農耕儀礼の中でももっとも重要な新嘗祭、その中でも御一代初の大礼である大嘗祭。新穀を祖神である高天原の神々に捧げまつり、神の恩頼を感謝するとともに、御親らもその新穀を聞こし召すという神人一体の嘗事こそ、神代より伝わる風儀の中でもとりわけ高い美意識が要求されるものだったのです。それは、農耕を生産のもっとも美しい形とする国柄がなさしめた美風でした。日本においては、祭礼と政治とは常に一体でした。もちろん、この祭礼とは単なる儀式的なものなのではなく霊魂の存在、祖霊の守護というものを大前提としたものです。それと同じように、わが国では「美」というものも祭礼、政治とは切り離すことのできない高度な精神性によって維持されていたのでした。それらは、高天原の神々と一体となることを目的としていたので、常に清らかであり、慎み深く、やさしく、うるわしい心ばえを必要としていました。さらにもっとも尊ぶべきことは、これら祭・政・美が、御祖(みをや)への敬い、御祖からの古風(いにしえぶり)の伝えということに発したものだったことです。そして、それらは天界(あめ)の法則(のり)にもとづいたものであり、高天原における神々の風儀(てぶり)をこの地上の聖地に写し、わが国風(くにぶり)となして、ただ伝えることのみを第一義とした『ホツマ』の精神の中に、もっともよく表わされていたのでした。古えより伝わる大嘗祭の古儀は、霊的視点において、世俗の権力といったものとまったく無関係な、国を泰らかに治め事無きを保つ上での神霊的な原理に根ざした国の重大儀礼であり、今後も永久に存続されるべき神儀なのです。

⊕ナ

機織りの道

機織りの美

古代日本における祭政の風儀(てぶり)が、高度な美意識をともなったものであることはすでにのべたところですが、『ホツマ』『ミカサ』の機織りに関する記述を見ることによって、それは一層あきらかなものとなっていくことでしょう。『ホツマ』では、祭礼、政治、道徳、美、といったものが機織りの糸のようにみごとに交錯し、美しい綾錦(あやにしき)を織りなしていきます。さらに日本美の一大特質である「紋(あや)なす」ことが、たいへん重要なものとされていることがわかります。

古代において機織りがいかに大切なものであったかは、『ホツマ』の各章の題名の表現からも受けとれます。たとえば、第一章は「御機(みはた)の初(はつ)・東西(きつ)の名と穂虫(ほむし)去る紋(あや)」となっていて、つぎからは「杼(ひ)の二(ふ)」「杼の三(み)」となり「杼の四十(よそ)」までが、機に用いる道具である杼という言葉を使って表現されています。また各章とも何々の紋となっていて、一章から四十章までの物語りを、機織りで美しい布を織りなすことにたとえています。これを見ても、『ホツマ』の美意識のすばらしさがよくわかります。

さて、『ホツマ』の原文に、

二神(ふたかみ)は　浮橋の上(ゑ)に
探り得(う)る　矛(ほこ)の滴(しづく)の

オノコロに　宮殿造り
大弥真瓊　万物生みて
人草の　御食も蚕養ひも
　道なして

と書かれています。「二神」とは、伊奘諾・伊奘冉尊のことで、「蚕養い」とは養蚕のことです。驚くことに二神の時代から、田畑の穀物の作りかたや養蚕のしかたを民に教えられていたことが書かれているのです。記紀においては、天の岩屋戸の条に織物が出てきます。まず『古事記』には、――「天の香山の五百津真賢木を根こじにこじて、上枝に八尺の勾璁の五百津のみすまるの玉を取り著け、中枝に八咫鏡を取り繋け、下枝に白にぎて、青にぎてを取り垂でて」――とあります。「白にぎて」とは楮の木の皮の繊維で織った木綿のことで、「青にぎて」は麻の繊維で織った布のことです。麻は木綿にくらべいくぶん青味がかっているところから、「青にぎて」とよんだものと思えます。また、同じように『日本書紀』にも、「白和幣」「青和幣」の言葉が見えます。

　このように日本では古くから各種の織物があったと考えられ、それは単なる布としてだけではなく、神の依代としての性格をもっていたことが、記紀の文章や『ホツマ』のほかの箇所に書かれた記述からわかります。機織りの美がたんに表面的な装飾としてのものではなく、神性、霊性をともなったものであることが、『ホツマ』をはじめとする記録からうかがい知ることができるのです。

とくに『ホツマ』には、この機織りに関する貴重な記事が多く、それによって古代祭政の美意識というものがはっきりと浮び上ってきます。これからそれらの記述を探ることによって、機織りの道の重要性を明らかにしていきたいと思います。

御機殿

『ホツマ』、記紀ともに共通して見られるのは、天照大神の御代の御機殿の記述です。これは素戔嗚尊の乱行を描いた部分に出てきます。七紋です。

　　　　素戔嗚尊仕業
味気なく　苗代重播き
黒駒放ち　稔らず御稲の
新嘗の　神御衣織れば
殿汚す　これ糾されて
素戔嗚尊が　一人被むる
斎衣殿　閉れば怒る
斑駒を　甍穿ちて

投げ入る〉花子姫驚き
梭に破れ　神去りますを

この原文から、新嘗のための神御衣を斎衣殿で織っていたことがわかります。花子姫は天照大神の十二后の一人で、中宮瀬織津姫の妹です。『日本書紀』ではこの機殿のことを——「天照大神の、方に神衣を織りつつ、斎服殿に居しますを見て、則ち天斑駒を剥ぎて、殿の甍を穿ちて投げ納る。是の時に、天照大神、驚動きたまひて、梭を以て身を傷ましむ」——、また第一の「一書」には——「稚日女尊、斎服殿に坐しまして、神之御服織りたまふ」——、第二の「一書」には——「日神の織殿に居します時に」——と書かれ、「斎服殿」「神之御服」「織殿」などの言葉を見ることができます。『古事記』には——「天照大御神、忌服屋に坐して、神御衣織らしめたまひし時、其の服屋の頂を穿ち、天の斑馬を逆剥ぎに剥ぎて堕し入るる時、天の服織女見驚きて、梭に陰上を衝きて死にき」——と書かれていて、「忌服殿」「神御衣」「服織女」などの言葉が見えます。

三重県松坂市には、伊勢皇大神宮所管の神麻続機殿神社と神服織機殿神社があります。五月と十月の二回、皇大神宮および同敷地内に鎮座する荒祭宮に、神服織機殿神社の八尋殿で織られた和妙の絹と、神麻続機殿神社の八尋殿で織られた荒妙の麻がたてまつられるのです。『神宮雑則集』の中に、「神服機殿・麻続機殿。右両機殿は、皇大神宮御鎮坐の当初建立なり」と書かれています。ここに天照大神と機織りとの深い関係を感じとることができますが、それは『ホツマ』の記述によってさらに明らかなものとなります。六紋、「日の神十二后の紋」を見てみることにしましょう。

二十一鈴　百二十六枝
年サナト　三月一日
日の山本　新宮造り
天御子は　日高見よりぞ
遷ります　二神御后を
勅　神皇産霊の
八十杵尊が　諸神と議りて
椋杵尊が　益姫持子
北の典侍と　その妹早子
小益姫　北の内侍后
八十杵尊の　大宮姫道子
東の典侍に　棚機姫小妙
東の内侍后　桜内命が娘
瀧落降　瀬織津姫穂の子

南の典侍に　若姫花子
南の内侍后　金析命が娘の
速開津姫　秋子は潮の
八百会子　西の典侍内侍は
宗像命が　織機姫筬子
御下后は　豊姫綾子
糟谷命が娘　色上姫浅子
南の御下后　荷田命が味子姫は
北の御下后　筑波葉山命が
蘇賀姫は　東の御下后ぞと
月に寄せ　御子は天日の
位乗る　日の山の名も
大日山ぞ　故大山本
日高見の　安国の宮
東西南北の　局は替り
宮仕ゑ　その中一人

素直なる　瀬織津姫の
ミヤビには　君も階
踏み降りて　天下る日に
向津姫　つひに入れます
内宮に　金山彦命が
瓜生姫　中子を典侍に
備ゑしむ　皆機織りて
操立つ　これを暦の
閏月　弟月読尊は
日につきて　民の政事を
助けしむ

「二十一鈴　百二十六枝　年サナト」は、大濡煮朝より数え百二十万七千五百五十八年にあたります。天照大神は日高見国にて御祖父豊受大神に道奥を学ばれたのち大日山本、すなわち現在の富士山に宮を遷され、四局十二后をお定めになられました。この四局は、東西南北に配し、大君は中央に位します。これら十二后は一年の十二箇月に準えたもので、瀬織津姫は階を降りられた天照大神、すなわち天下る日に向う月として中宮に昇格され、かわりに瓜生姫を南の典侍として備えたものです。これをまとめるとつぎのようになります。

東(き)の局
典侍(すけ)　大宮姫道子(おおみやひめみちこ)　神皇産霊八十杵尊(かんみむすびやそきねのみこと)の女(むすめ)
内侍(うちめ)　棚機姫小妙(たなばたひめこたゑ)　大宮姫(おおみやひめ)の妹
御下(おしも)　蘇賀子(そがこ)　筑波山祇命(つくばやまつみのみこと)の女

西(つ)の局
典侍　速開津姫秋子(はやあきつひめあきこ)　金析命(かなさきのみこと)の女
内侍　織機姫筬子(おりはたひめをさこ)　月隅宗像命(つきすみむなかたのみこと)の女
御下　豊機姫綾子(とよはたひめあやこ)　織機姫(おりはたひめ)の妹

中(を)央
大君　天照大神(あまてるかみ)
中宮　瀬織津姫穂の子(せおりつひめほのこ)・日に向津姫(むかつひめ)　桜内命(さくらうちのみこと)の女

南(さ)の局
典侍　瓜生姫長子(うりふひめながこ)　金山彦命(かなやまひこのみこと)の女
内侍　若桜姫花子(わかさくらひめ)　瀬織津姫(せおりつひめ)の妹
御下　色上姫浅子(いろのゑひめあさこ)　糟谷命(かすやのみこと)の女

北の局
典侍　益姫持子　天益人椋杵尊の女
内侍　小益姫早子　益姫の妹
御下　味子　荷田命の女

原文に「皆機織りて　操立つ」とあることが重要です。『ミカサフミ』にも「照る東西南北の中に居て　君の治む　政事　万機総べて　四道を備えり」と見え、中央に坐す天照大神と四局の后、天照大神と四方の政事が同じ原理によって成りたっていることがわかります。十二后は機織をし、政事は御機織留の文によって治めるのです。

また原文には、十二后を十二箇月に比し、瓜生姫を瓜生月に配すということが書かれています。この「瓜生月」は、のちの閏月に相当すると考えられます。閏というのは、平年より暦日数、暦月数が多いことで、太陽暦では四年に一回二月の日数を二十九日とし、太陰暦では、適当な割合で一年を十三箇月とすることをいいます。したがって、閏月とは十三箇月目の月をさします。瓜生姫はちょうどこの十三箇月目にあたる后なのです。

「皆機織りて　操立つ」とあることから、機織りというものが古代の女性にとってたいへん重要な仕事であったろうことが想像できます。小笠原長武の『おやのひかり』に、「后は各々機織御衣綴りを為し、績操の教えを立てしむ」との説明がなされています。『国語大辞典』によれば、「操」

は「世俗を越えて、人柄、行ないなどが、上品でみやびやかなこと」をさしますから、『ホツマ』の場合には、后としての道、あるいは「伊勢の道」などを踏みおこなうこと、さらに万機（よろはた）の政事（まつりごと）との関係を考えるなら、機（はた）はすなわち幡（はた）に通じますから、「操（みさほ）立つ」という言葉が幡の御棹（みさを）を立てるという意味を含んでいるのではないかとも考えられます。天照大神と四方四局の后。その后方の織られる御機（みはた）。機で織られた布によってできる御幡（みはた）。あるいは御機の文。それをもっておこなう四（よ）方（も）の政事――というふうに、大君、十二后、機、幡、政事になにか一貫したものを感じとることができ、古代祭政における美意識の高さを知ることができます。

先に書いた、素戔嗚尊（そさのをのみこと）の乱行でみまかった瀬織津姫（せおりつひめ）の妹君である若桜姫（わかさくらひめ）花子もまた、天照大神の十二后の中の一人であり、新嘗ヱ（にいなめ）に天照大神がお召しになる神御衣（かんみは）を、斎衣殿（いんはとの）にて織っておられたのでした。このように『ホツマ』における天照大神と機織りの深い関係は、他の文献には見られない貴重なものです。君である天照大神の聞こし召される政事は、操を立てる后達の機織りと一体にして不可分であるというところに、古えの祭政の風儀の美しさを感ぜずにはおれません。また、天照大神がお召しになられる神御衣を、天照大神のお后が織っていたということも、大切なことと思えます。美しい綾織りの御機が政事の思想的根幹となっていることは、これから考えていく『ホツマ』の内容から、よりいっそう明らかとなることでしょう。

古代における綾の機織りの古風（いにしえぶり）は、現在でも天皇家に受けつがれています。それは、皇后のご養蚕です。宮中では代々皇后がご養蚕をなされておられましたが、久しく絶えてしまっていました。それを、明治天皇の皇后であらせられる、照憲皇太后が復古されたのでした。明治天皇の、

　おごそかに保たざらめや神代よりうけつぎきたる浦安の国

という御製にふさわしい皇太后のご事跡であるといえます。現在皇居の紅葉山に御養蚕所があり、そこでできた糸から絹が織られています。

綾織りの御衣

日本の伝統文様の代表的なものは、有職（ゆうそく）文様といわれるものです。これは平安時代の中期、後期における公家の装束や調度の類に用いられた文様をさします。有職文様の基礎は奈良時代、あるいは飛鳥時代にさかのぼるものであると考えられる一方、その源流は、隋・唐時代の中国、さらには西域諸国にあると考えられています。しかしながら『ホツマツタヱ』の中には、日本固有の文様が存在したことを裏づける記述が豊富に載っています。まず天孫瓊々杵尊（ににきねのみこと）の御代のことです。

　そののちに　君この山に

登り見て　中心休めり
八つ峰に　居雪絶えねば
代々の名も　豊居雪山
子の代の　竜の竜田の
神の子と　子の代池の
都鳥　ラ花投ぐれば
戯れる　鳥襷とて
衣に居ます　子守神絵になす
千代見草　御衣裳に染みて
様写す　まゝに政事を
聴こし召す　この秋瑞穂
主税なす　故山葉留の
御衣となす　綾に葉を留め
織る錦　大嘗祭る
御衣はこれ

その後、瓊々杵尊はハラミ山にお登りになられ、

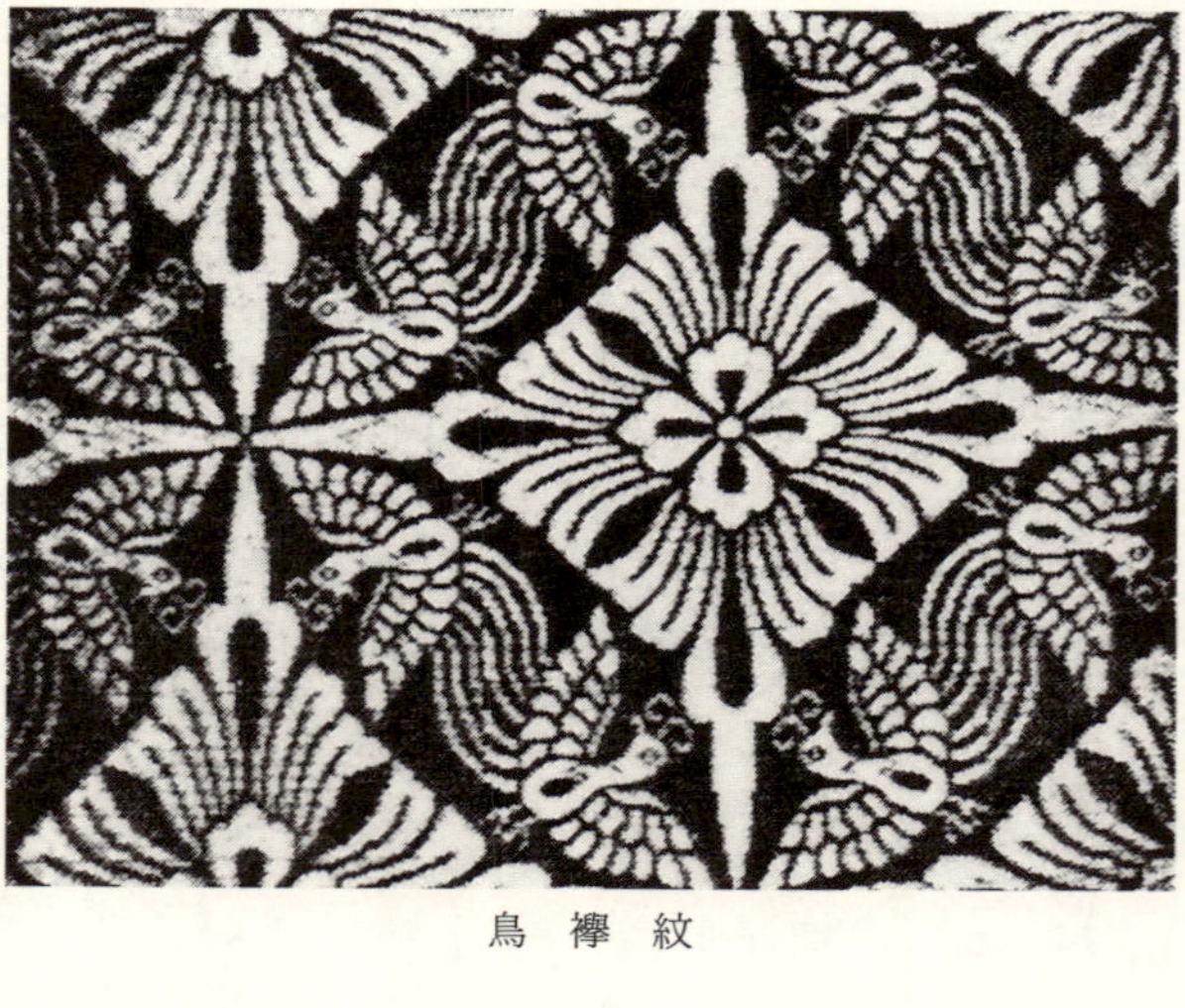

鳥 襷 紋

御心をお休めになりました。以前さらに積み上げた、ハラミ山の八つの峰に、白雪が常に降り積もっていたので、代々この山を豊居雪山とたたえ仰ぎました。この山の頂に池があります。それは、お后の木の花咲耶姫が身に憶えのない汚名をそそがんと、室屋に火をつけられた時に、這い出そうとした姫の御子たちを、竜に変じ水を吐きかけて救ってくれた竜田女神が住んでおられる池でした。死んでしまったかもしれないわが子を、救って下さったと、その池の名を子の代池とたたえました。ちょうど池には、都鳥がいました。瓊々杵尊は、不老長寿の薬草のひとつ、ラの花をその池に投げられると、都鳥がその花に戯れ、とても美しい様を見せました。都鳥はいま一つの薬草八草の上にとまりました。これが鳥襷の文様のはじまりです。そばにいた重臣の子守神がその美しい様を絵に写しました。瓊々杵尊がお帰りになろうとするとき、八草すなわち千代見草が御衣裳に染みたので、その様子を写しました。瓊々杵尊は千代見草が染みた御衣裳のままで政事を聞こし召すと、この年の秋は稲が豊かに稔り、民は初穂をたくさん納めました。ゆえに吉兆であるとして、染みた千代見草の文様をして山葉留の御衣をつくりました。綾に千代見の八草を織り留め、綾錦としました。大嘗ヱのときにお召しになる御衣は、この山葉留綾錦なのです。——

ここに日本の有職文様としてよく知られる鳥襷と、『ホツマ』固有の山葉留の綾が出てきます。鳥襷紋の一般的解釈は、唐花を中心に尾長鳥を組みあわせたものとされていますが、前の原文からこの解釈がまちがいであることがわかります。鳥は都鳥であり、中央の花は、ハラミ三草のうちのラ菜の花で、そのまわりはハ草の葉ではないかと考えられます。ハラミ三草とは、中国の神仙思想にも伝わる不老長寿の薬草であり、中国における東海の蓬莱山とは、日本のハラミ山すなわち富士山のことであることがわかります。

さらに原文にとても興味深い記事があります。

稚産霊神　この蚕を桑に
糸なせば　菊桐姫得て
御衣捧ぐ　扶桑根の国ぞ
大物主は　北より巡り
扶桑に来て　彼の絵を進む
菊桐姫　紋に織りなす
鳥襷　天に捧げて
また西の　王母が土産と
世に残る

稚産霊神ははじめて、蚕を桑によって育てられ糸をお作りになりました。菊桐白山姫はこの糸を得て、御衣を織り宮中に捧げました。ゆえに、根の国すなわち北陸地方を扶桑根国とたたえたのです。大物主の子守神は、東北を巡視されたのち、扶桑根国に来られ、以前にハラミ山で写した鳥襷(だすき)の絵を、菊桐白山姫にお進めになりました。菊桐姫はその絵をもとに綾織にして、天孫瓊々杵尊に捧げられました。また、崑崙(こんろん)山より西王母(にしのははがみ)が来られたときに、土産としてさしあげたので、中国にもそれが残り伝えられたのでした。——

　稚産霊神がはじめて絹糸をつむがれ、菊桐白山姫が絹を織られたという貴重な記事で、この絹布は天照大神がご誕生の折、産衣として捧げられたものです。菊桐姫は白山におられたとのことですが、現在岐阜県と石川県の境に白山神社があります。四紋に「伯母姫(をばひめ)が　扶桑根(こえね)の国に　御衣(みは)織りて　奉るとき泣く御子の　声聞き取るぞ」とあるのがそれです。

また西王母(にしのははがみ)が日本に渡り来て、「山の道奥(みちのく)」を学ばれたことは前にも書きましたが、それは十五紋の原文「ウケステ女　根国(ねのくに)に来て　玉杵尊(たまきね)に　良く仕ふれば　身に応え　菊桐(こり)の妹(いも)と　結ばせて　山の道奥(みちのく)

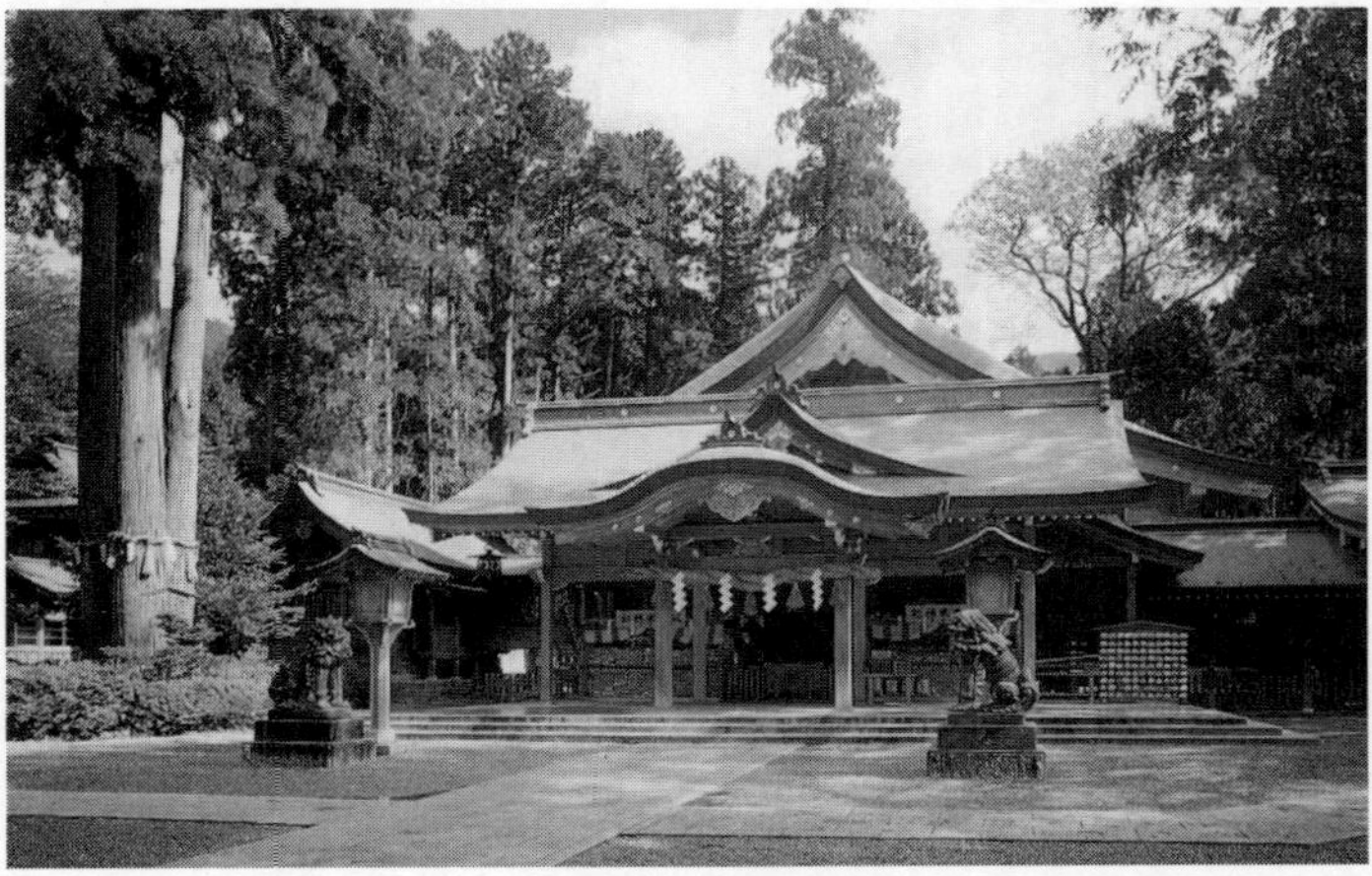

白山比咩神社

授けます」がそれです。「根国」とは、『大祓詞』の中に「根国底之国」、『古事記』には「根之堅洲国」、『日本書紀』には「根国」と見えますが、その意味はまったく不明といえます。ところが『ホツマ』では、北陸地方・富山・石川・福井であることがわかるのです。

子守神は、菊桐姫に鳥襷の文様をお伝えになられたあと、近江に行かれます。二十四紋を見てみましょう。

　　　　　多賀に至れば
津枝命が妻　麻姫迎ふ
大物主は　桑良きを見て
麻姫に　蚕飼ひ絹織る
裁縫いの　道教ゆれば
大国魂の　神を祭りて
五臓治し　御衣刺し作り
裁縫ひの　道教ゆれば
八方通り　扶桑国の神
大国魂の里　蚕飼ひ得るなり

子守神は、近江の多賀に行かれると、津枝命の妻となっている、娘麻姫がお迎えになりました。

父子守神は、桑の成育がよいのをごらんになられ、麻姫に養蚕のしかたと、絹を織り御衣を作る、裁縫いの道をお教えになられたのです。麻姫は、祖父日本大国御魂神すなわち事代主命を祭り、五臓六腑を治し、御衣を縫って民に裁縫いの道をお教えになると、その風習が四方八方の国々にまで行きわたり、扶桑国の神と崇められたのでした。こうして事代主命の里である多賀は蚕飼いの道を得ました。——

ここにも養蚕と機織りのことが書かれ、さらに「裁縫いの道」という裁縫に関する教えがあったことが示されています。子守神のことはのちに多くふれますが、それにしても医術、絵画、養蚕、機織り、裁縫、あるいは灌漑工事などと、幅広い才能をもった神であることに驚かされます。子守神は天児屋根命とともに瓊々杵尊の重臣であり、その業績の偉大なことは『ホツマ』の原文に多く示されていますが、記紀をはじめとする他の文献には、まったくその姿が見えません。これはまことに残念なことです。

小葵の綾

『ホツマ』には先の鳥襷や山葉留綾のほかにも、小葵の綾が見えます。この綾は、瓊々杵尊の御子である彦火火出見尊と豊玉姫のたいへん感動的な物語に出てきます。簡単にその内容を見てみ

小葵文

ましょう。二十六紋、「鵜葺草葵桂の紋」です。

彦火々出見尊の御子を孕まれた豊玉姫は、北津すなわち敦賀の松原に産屋を葺き、そこで勝手神の助けをかり、無事鵜葺草葺不合の御子君をお産みになります。勝手神はかねてより、火々出見尊に「君は産屋の中を、ご覧あそばしてはなりません」とお話ししてあったのですが、火々出見尊はつい産屋をのぞいてしまわれたのでした。豊玉姫は腹這いになり、なにもお召しにならぬまま伏しておられたので、もの音に目覚めると、火々出見尊にその姿を見られたことをたいそう恥じて、産んだばかりの御子をつれて、別雷山の罔象女神の社、現在の貴船神社にお隠れになってしまわれたのでした。そして、二度と君のもとへお帰りになろうとされませんでした。困った火々出見尊の父君の瓊々杵尊は、別雷山にはえる葵の草と桂の葉をとり、それをたずさえて豊玉姫のもとに行かれ、姫をご説得なさったのでした。

のちに火々出見尊は姫に和歌を贈られると、姫も葵桂を紙に包み、水引き草をもって結び文箱に納め歌を返されたのでした。ここに神代の和歌の美風の原点を見ることができます。その歌は、

沖つ鳥　鴨を納むる
君ならで　夜のことごとを
ゑ屋は防がん

というものでした。火々出見尊はこの歌を受けとり、三度詠まれると、御心深くお感じになられ、自然に涙があふれてくるのでした。その涙が膝に置いてあった葵葉をぬらし、草の露となって君の御衣裳に染みて綾をつくったのです。君は豊玉姫がお帰りになる喜びに、葵が染みてできた綾を写させ、綾に織って、小葵綾錦の御衣をつくられたのでした。二十六紋の原文に、

豊玉姫の　天居宮入りと
喜びて　綾に写させ
織る錦　小葵の御衣
菊散綾錦と　山葉留色綾錦の
三つの綾　神の装ひの

上賀茂神社　葵桂の御景物

御衣裳なるかな

と書かれています。小葵の御衣のほか、菊散綾錦と先の山葉留綾錦も見えます。ここでは「山葉留色」となっています。この三種の綾錦が神々のお召しになる御衣であると書かれています。この中でも、小葵は後世にも伝えられ、皇族が用いる文様として伝えられました。菊の文様で後世用いられているものには、菊立涌、八葉菊などがあります。『ホツマ』に載る文様の中でも、菊散綾錦の御衣は特に重要なものです。二十八紋に、天照大神が神上る前に、春日神天児屋根命にお命じになられたお言葉があります。

「汝また　鏡の臣は
軽からず　神を都に
留むべし　われも守らん
これなり」と　御世の御衣箱

菊 立 涌

御璽と　「汝春日神よ
遺し物　多賀宮に持ち行き
捧げよ」と　親らこれを
授けます　春日神は君に
奉る　神の璽と
清雄鹿の　冠と衣裳は
菊散綾ぞ

「春日神よ、鏡の臣というものは、まことに重大なる役職である。神を君の坐す都に留めるように勤めよ。われも天界より守護するであろう」とおおせになり、在世朝政の御装束一箱と、神璽の文を春日神にお示しになり、「春日神よ、これらの品を多賀宮の鴨仁君に捧げよ」と天照大神親ら春日神に授けたのでした。そして、春日神はこれを武仁君に奉りました。この時の神璽および清雄鹿八咫冠と御装束は菊散綾の文様をほどこしたものでした。——

この原文より、天照大神がご使用になっていた装束および神璽の文に、菊散という文様がほどこされていたことがわかります。「鴨仁」とは、鵜葺草葺不合尊のことです。二十七紋の原文から、鴨仁君は古くなった多賀の宮を改築されて、野洲郡の三上山辺にある瑞穂宮より遷られたことがわかります。この装束と神璽は多賀宮の鴨仁君に渡されたと考えられます。また『ミカサフミ』にも

「九月は　大歳神告げる　菊の御衣　重ね菊栗　一夜神酒」とも見えます。

幸菱

幸菱をはじめとする菱の文様は、古来より広く愛好され、時代とともに堅菱、横菱、四つ菱、田菱、入子菱、三重菱、唐菱、花菱など、多くの変化を生じました。この菱紋は装束にたいへん多く用いられている、日本固有の文様です。『ホツマツタヱ』には、幸菱の起源が出ています。それは彦火々出見尊のご兄弟である、火之明尊の御子がお生まれになったときのことです。

二十七紋を見てましょう。

玉根姫　国照宮と
武日照宮と　生めば夏目神が
産衣なす　幸菱は
昔この　無戸室囲む

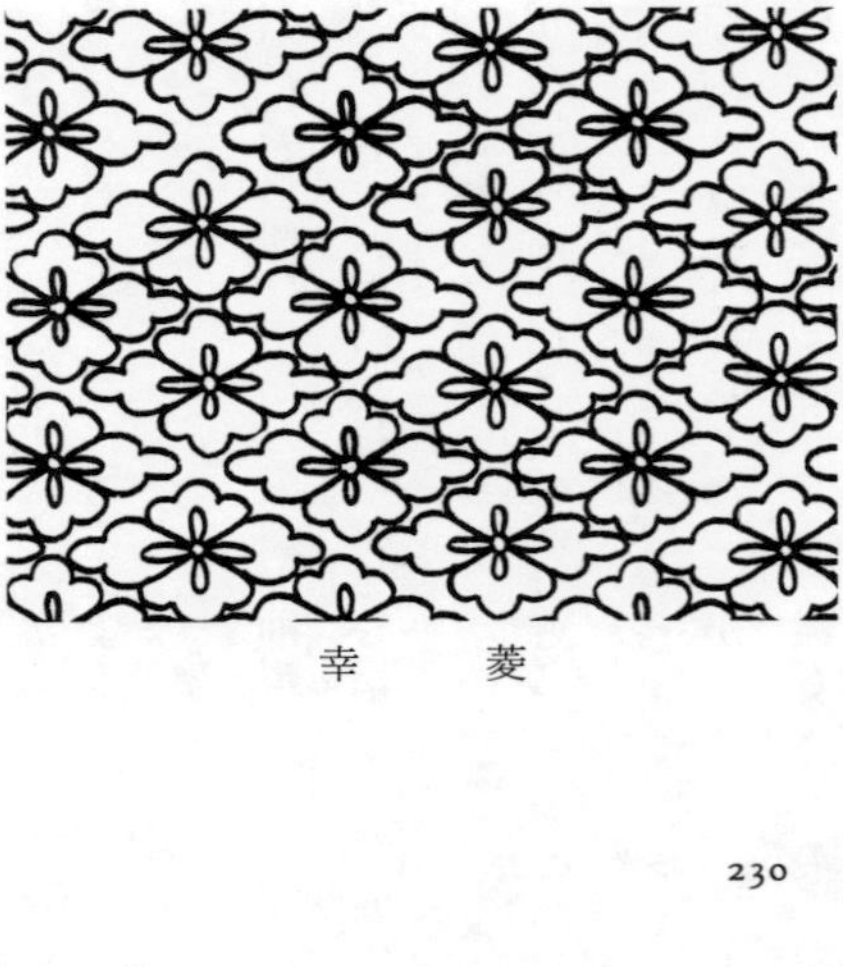

幸　菱

竹焦げて　捨つれば生える
斑竹　綾に写して
御衣の名も　幸菱と
伊勢の御衣　産衣に用ゆ
本居ぞ　臍の緒切れる
竹もこれ

幸菱が斑竹をもとにして作られた文様であることがわかります。さらにこの文様は、伊勢の宮で用いられる装束に用いられていたことがわかります。

織物の霊力

践祚大嘗祭の卯の日の前日には、鎮魂祭がおこなわれます。これは天皇の霊魂が身体から遊離しないよう、鎮める祭りであるとされています。『職員令』に――「遊離の運魂を招いて身体の中府に鎮めしむるを言ふ」――と書かれています。この鎮魂祭の中に、御衣を振動させる行事があります。そのときに、

天地に　さ揺（ゆ）らかすは　さ揺（ゆ）らかす　神我（わが）も　神こそは　きねきこう　さゆらならば

という鎮魂歌が奏上されます。と同時に女蔵人（くろうど）が御衣（みは）の御箱を開いて振動します。このほかに、女官が天皇の御衣を入れた御箱を開き、波の上で振り動かす別の神事もあったそうです。これらは先に書いた、天照大神が春日神天児屋根命（あまのこやねの）に託した、神を都に留めるための「御文箱」と大いに関係がありそうです。いずれにしても、日本の伝統の中では、装束が単に着るものとしてだけでなく、霊魂の留まる依代（よりしろ）と考えられていたことは確かです。日本の表現の特質の一つが、依代としての表現にあることを裏づけるものです。

　このことを一層明確にする記述が、『ホツマ』の中にあります。それは岩田帯、またの名を日立帯という腹帯のことを書いたものです。後世常陸（ひたち）帯の漢字で伝えられていますが、これは当て字です。左大臣天児屋根命の后の姫君がご懐妊されたとき、無事に出産する方法を、右大臣である子守神に聞かれました。子守神は、腹帯のことを姫君に説かれておっしゃいました。

「玉杵尊（たまきね）の　教ゑの帯は
身々（みみ）の衣（は）に　品弁（わきま）えて
国治む　帯は岩身の
固めなり　男（を）は下（しも）合わせ

女は上ぞ　孕みの帯は
葛城山の　世嗣社に
御胤祈る　ときに天より
丹鳳の　一羽落つれば
天つ宣　これは息吹山の
なる紅葉　化けて葛城
鳳山　羽裂き見れば
二十四筋　数備われど
常あらず　諸鳥見れば
十五に裂け　日高見に鶴
奉る　羽裂き見れば
二十四なり　故諸羽を
撚り直し　雄鶴を経に
雌を緯に　羽毛の細布
織り以って　四十八備わる
御腹帯　母御伊奘冉尊

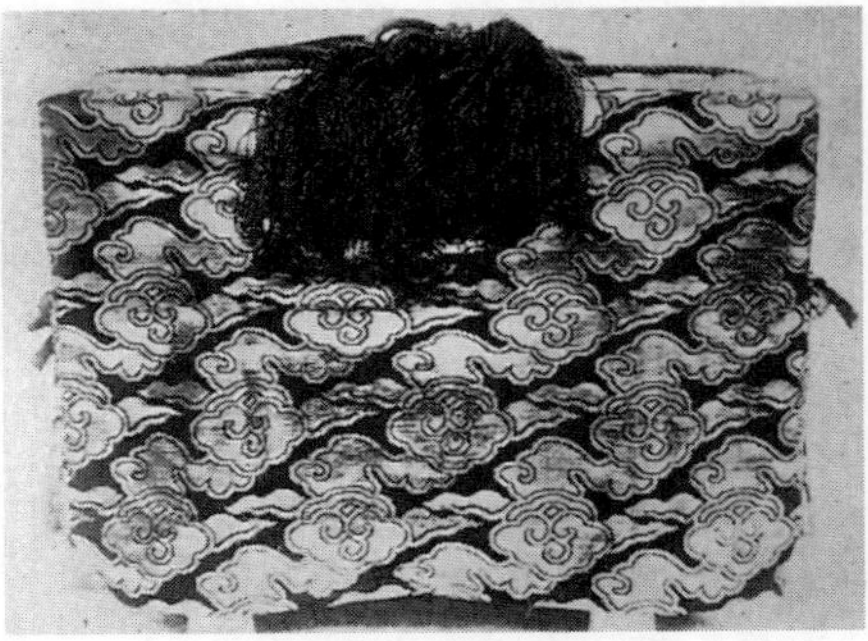

常陸帯

長孕み(ながはら)　九十六月(こそむつき)して
産み給(たま)ふ　天照神(あまてるかみ)ぞ
ハタレ魔の　障(さは)れど帯に
整ひて　四十八(よそや)備わる
その例(ため)し　てれば姫君
障らねど　息吸(いきす)日立と
なる帯ぞ」

「豊受大神玉杵尊(とよけのかみたまきねのみこと)の御教えの帯は、君臣民のそれぞれの身の装束にあわせ、国を治めるための岩身の固めの帯なのです。この帯は妊婦の腹を、ハタレ魔大蛇(おろち)の怨念から、岩のように守り固めるものです。男は下腹に、女は腹の上部に巻きます。孕みの帯の起源は、昔豊受大神が世を永く治めるような御子を天より分け下さんと、葛城山(かつらぎやま)に世嗣社(よつぎやしろ)をお建てになり、天に祈られました。その時に御世嗣(みよつぎ)の御種(みたね)が、天降ったことを感受されると、奇しくも、天より真赤な鳳(いとり)の羽が一枚落ちてきたのでした。まさしく天神のお示しにちがいありませんでした。豊受大神は、これはきっと、息吹山の紅葉(もみぢ)が化けて、鳳の羽となって、葛城山に落ちたのだろう、と思(おぼ)し召しになりました。鳳の羽を裂いてみると、二十四筋になりました。この数は普通の鳥とちがうと思われて、ほかの鳥の羽を裂いてみると十五に裂けました。ある日、日高見に鶴が献上されました。その鶴の羽を裂いてみると、またもや二十四筋になったのです。そこで諸羽を撚りなおして、雄鶴の羽から作った糸を経(たて)に、雌鶴の糸を緯にして、羽毛(けふ)の細布を織ったのでした。雌雄、陰陽(めを)の二十四筋が重なり、四十八の神力が備わったのでした。これを御腹帯としました。

伊奘冉尊は九十六月もの長孕みで、天照大神をお産みになりました。そのあいだ、ハタレ魔が子種(こだね)を狙って、災いをおよぼそうとしても、岩田帯の神力に守られて、体が整い御子の四十八(よそや)も備わったのです。その故事をもって、姫君も御腹帯をなされば、たとえハタレ魔が狙おうとも、呼吸も整い出産までの日々を無事に過すことができることでありましょう」と子守神は天児屋根命(あまのこやねのみこと)のお后の姫君に申されました。――

ここに書かれている「四十八(よそや)整う」という言葉は、言霊四十八音神の神力によって身体が形成されるという思想を示すものです。他の原文からそのことが容易にわかります。まず「アワの歌」を見てみます。

アカハナマ　イキヒニミウク
フヌムエケ　ヘネメオコホノ
モトロソヨ　ヲテレセヱツル
スユンチリ　シヰタラサヤワ

この「アワの歌」の前二行が伊奘諾尊の御製とされ、「ア」すなわち天に感応する陽の要素をもっており、のちの二行が伊奘冉尊の御製とされ、「ワ」すなわち地に感応する陰の要素をもっていると考えられます。前記の腹帯も、雄糸(を)の二十四、雌糸(め)の二十四をもって四十八としたところから、「アワの歌」の言霊の原理とまったく一致します。このように、機織りの原理の中に言霊思想が深く関係していることは、他の文献からはとうてい考えようもありません。このようなところに『ホツマ』のすばらしさがあるのです。

また他の原文を見てみましょう。十六紋です。

「昔豊受(とよけ)大神の
曰(のたま)ふは　『天(あめ)より授く
羽毛(けふ)の帯　天(あめ)の則(のと)りて
父の丈　比ぶる帯に
母の息　日立ちとなるは
抱くなり　天(あめ)より抱き
地(は)に編みて　連なり育つ
子の例(ため)し　父の恵みは
頂く天(あ)　母の慈(いつく)し
乗する埴(はに)　天照大神(あまてるかみ)も

忘れじと　糸二十四筋（ふそよ）
撚（よ）り合わせ　陰陽（めを）羽二重（はぶたえ）の
御衣（みは）となす　この御衣召して
朝毎に　天地（あまつち）祭り
両親（たらちね）に　仕（つか）ふ御心（みこころ）

御腹帯が、天地父母の理（ことわり）に則っていることが書かれています。ここで、先の「アワの歌」を見ると、その中の「ア・ヤ・ワ」の三音はそれぞれ、父・子・母を表わしています。父の「ア」から子の「ヤ」までは間に四十五音あり、子の「ヤ」と母の「ワ」はついています。これは、父と胎内の子、あるいは地上の人（や）が天（あ）を仰いでいる関係と一体です。「父の恵みは　頂く天（あ）　母の慈し　乗する埴（はに）」という表現は、この「アワの歌」の中の「ア・ヤ・ワ」の位置関係とまるで同じことです。

腹帯は四十八筋をもとにして、「アワの歌」は四十八音をもとにしています。天と人と地の関係、父と子と母の関係が、四十八音の言霊の神力作用の中で考えられているのです。この四十八音の「アワの歌」における「アワヤの原理」は、トホカミヱヒタメ八神の「八咫（やた）の原理」と双璧の関係にある、『ホツマ』の中でもとくに重要な古代思想です。

子は天よりいただく父の恵みと、埴より湧きいづる母の慈しみにより、天と地、父と母と一つになって育つという自然観をもとにした、高度な美意識が右の原文よりわかります。さらに天照大神（あまてるかみ）

も伊奘諾尊・伊奘冉尊の恵みと豊受大神の教えを忘れぬようにと、二十四筋の糸を撚り合わせ、陰陽四十八筋の羽二重の御衣をお召しになられ、朝毎に天地の祭りをなされ、二神のお志しをお嗣ぎになられて、子孫繁栄の大原則に則った政事をおこなわれたことが原文に書かれています。そのことは、二十三紋にも「朝毎清の　羽二重は　民の心安く　永らゐと　日に祈る衣ぞ」とあり、羽二重と古代祭祀の密接なる関係を、充分に知ることができるのです。また、「大嘗祭」のところでものべたように、嘗殿の寝座の上には羽二重袷仕立のお衾をかける習わしがあり、年ごとの新嘗祭にも同じことがおこなわれます。これは当然『ホツマ』にしるされた、天照大神の陰陽の羽二重と深いつながりをもつものと考えられます。

このように『ホツマ』の記述から、古代における織物、装束は、天神地祇の神力を得るための依代であったことがはっきりするのです。日本美術の表現の大きな特徴である「紋なす」という風儀は、この神代の織物の綾にその源があったのでした。このように、美しくもあり、それが天地の法にそったものであるという高度な美意識が存在し、のちの世にも人々のかわらぬ風習となって、伝えられたということは、宮中祭祀と民間信仰におけるもっとも尊ぶべき事実です。自我をもととする、西洋の創造、独創、自己表現といったような、文明の未開な状態とはまったく異なった世界で、日本の風儀は、ただ「伝える」という一点において守られてきたのでした。それは古えをなつかしみ、いつくしむという、素直にして素朴な君民の一致した心ばえの姿だったのです。宮中における御装束、大嘗新嘗の羽二重の御衾、民間における腹帯といったものに、民族のたくましい心ばえを感じることができるのです。美術にたずさわる者は、この美意識のありかたを深く心にとめなければなりません。従来の西洋美学をもとにした、古い考え方から早く脱却しなければなりません。西洋美術の時代は、すでに終わろうとしています。

保田與重郎先生が『日本の美術史』の中で、――「今日では本来人道を意味した美的芸術も、原子爆弾と同じ意欲と考へと方法でつくられてゐる」――とのべておられます。これは、原子爆弾が科学における発明発見の自由の所産であり、現代美術の不毛もそれとまったく同じ心のありかたでおこなわれた結果であるということです。科学と兵器が常に一体であるように、西洋美術と闘争という心境とは一体なのです。西洋の表現の根本は相手に自我を叩きつけることにあるのにたいし、日本の表現の本質は相手を結い和すことにある、という決定的な表現のちがいがあるのです。

高機法

さてここで、『ホツマツタヱ』の二十三紋を見ていくことにしたいと思います。「高機法」という、機織りの具体的な方法がくわしく書かれています。

われ見るに　人意は変わる

奢りがち　減りには難く
故機の　織り法定む
木綿の幅　経糸八百本
筬四百羽　八十本一読み
八本一手　綜杭に揃ゑ
荒筬に　巻き筬に入れ
綸綵掛け　陰陽踏み分けて
光杼投ぐる　筬巡らせて
木綿布も　絹も織るなり

「八百本」は「八百タリ」の略。のちにのべる古代行政組織には、この織り法との関係から「八百人」「十人」などの言葉が見えます。一般に「タリ」は人を数えるときに使う言葉とされます。「綜杭」は杭ともいい、経糸をそろえ一本おきに上下に交錯させるもの。その間に杼を通します。「荒筬」は「あらおさ」のこと。千切りに糸を巻きつけるときに使う粗目の筬です。「綸綵」は、他の箇所には「へとかざり」とあります。綜杭の部品で経糸を通すもの。右の原文を訳すとつぎのようになります。

天照大神がおおせになりました。民を見ていると、はじめは質素であるが、人の心は変わりやすく、次第に奢りがちとなるものである。ゆえに今、政事の規範となすために、機の織法を定めることにする。木綿の一幅には経糸が八百本、筬の歯は四百本、とする。八十本の糸をもって、一読みとし、八本の糸をもって一手とする。綜杭をもって経糸を揃え、整えた経糸を狙い目の荒筬をつかって、千切に巻きつけ、筬に通す。綜杭の綸絲に掛けて、陰陽に踏み分け、その間に緯糸のついた、杼を投げいれて、筬を巡らし緯糸をしめて布を織りなす。木綿も絹もこのようにして織るのである。——

このように、とても貴重な古代の機織りの方法が、くわしく書かれているのに驚かされます。さらに原文はつづきます。

十読み物　大物主神の
常の衣ぞ　喪には固織り
九読み物　連・県主ら
常の衣ぞ　喪は九読の固衣
八読み物　村長・部・大臣
常の衣ぞ　喪は八読の固衣
七読みより　太布は民の
常の衣ぞ　喪は六読の固衣

われ常に　十二読みを着る
月の数　喪はその固衣

「太布」は太糸で荒く織った布のことです。右をまとめてみましょう。「十二読み物」は、天照大神の常の御衣で、十二の数は十二箇月を表わします。「十読み物」は、大物主の常の御衣で、「九読み物」は連・県主の常の御衣とし、「八読み物」と村長・部・大臣の常の御衣、「七読み物」以下の太布は、民の衣とします。また、喪のときは、それぞれの読みの固織りの御衣を使うのです。

ここには、各行政組織にあわせた、御衣の細則が定められています。さらに、天照大神の十二読みの御衣が、十二箇月に準えたものであることが、たいへん注目されます。天照大神の十二后は、やはり十二箇月に配したものであり、皆機を織り操を立てたのでした。天照大神の新嘗ヱの神御衣もまた、お后が織られたものです。天照大神は、月に準えた十二読みの御衣を常のものとされたのです。ここに、なにか一貫した考えかたがあることがわかります。また、腹帯、羽二重が十二の倍の数の、二十四筋をもとにして作られたことも興味深いことです。原文をつづけましょう。

夏は麻　紡みて布織り
冬は木綿　撚りて木綿織り
着るときは　上下世々の
心も安く　飾るを見れば

賑はえど　内は苦しむ
その故は　木綿布絹を
染め飾る　これなす人は
耕さで　暇かくゆえに
田も荒れて　たとひ稔れど
乏しくて　やゝ人数の
糧あれど　元力得ぬ
稲の実は　食みても肥えず
やふやくに　糧足らざるぞ

天照大神がおおせになりました。夏は麻をつんで、布を織りそれを着る。冬は木綿を織り、それを着るときは、位の上下を問わず、世の人々は、心安らかに暮らすことができる。着るものを飾り立てれば、見かけは賑やかではあるが、内実は困窮しているものである。なぜならば、木綿や絹を美しく染め飾っているような人は、田畑を耕さず、てまひまをかけないので、田も荒れほうだいとなる。たとえ稔ったとしても、実が乏しくようやく人数分だけは足りるのであるが、生育するときに、民の心がこもっていない元力を得ていない稲の実なれば、食しても肥えない。しだいにその糧さえも、不足していくのである。——

奢（おご）り、飾りと、農耕とのかかわりが説かれています。これは、現代にもそのままあてはめることのできる教えといえるでしょう。さらに民の奢りについて語られています。

誇る世は　天の憎みに
雨風も　時も違（たが）えば
稲やせて　民の力も
やゝ尽きて　世に苦しむぞ
飾りより　奢（おご）りになりて
鋭謀（ときはか）り　果てはハタレの
国乱れ　民安からず
故（かれ）常に　民の心（ゐ）安き
木綿（ゆふ）を着る

奢る心が満ちている世は、天神のまことに憎まれるところであり、その怒りから雨風も不順となり、稲が稔らなくなる。民の耕す力もしだいに衰えて、世の中全体が困窮する。奢り飾りの心がつのって、はては邪（よこしま）な奸計をめぐらすハタレ魔となってしまうのである。ハタレ魔により国は乱れ、民は不安に怯（おび）える。このようなことがあるので、みなが常に民の心安き木綿を着るのである。この教えもまた、今日にそのまま通じるものといえましょう。

さてさいごに、機織りの法(のり)がしるされています。

　　　　朝ごと清(すが)の
羽二重(はぶたゑ)は　民の心安(ゐ)く
永らゐと　日に祈る衣(は)ぞ
錦(にしご)織りは　ユキスキ宮の
大嘗(おおなめ)の　ヱのときの衣(は)ぞ
綾織りは　埴(はに)の社の
小嘗(さなめ)ヱに　スキ祈る衣(は)ぞ
この故(ゆえ)は　綾錦(あやにしご)織りは
筬羽(をさは)八百(やも)　一羽(ひとは)に四本(よたり)
三千二百本(みちふもり)　これ葦原(あしはら)の
豊(とよ)の数　棚機(たなばた)神と
田畑(たはた)神　同じ祭りの
綾錦(あやにしき)　三千本(みちり)の経(たて)に
綸緜(へかざり)を　掛けて四つ六つ
踏み分くる　柳綾なる

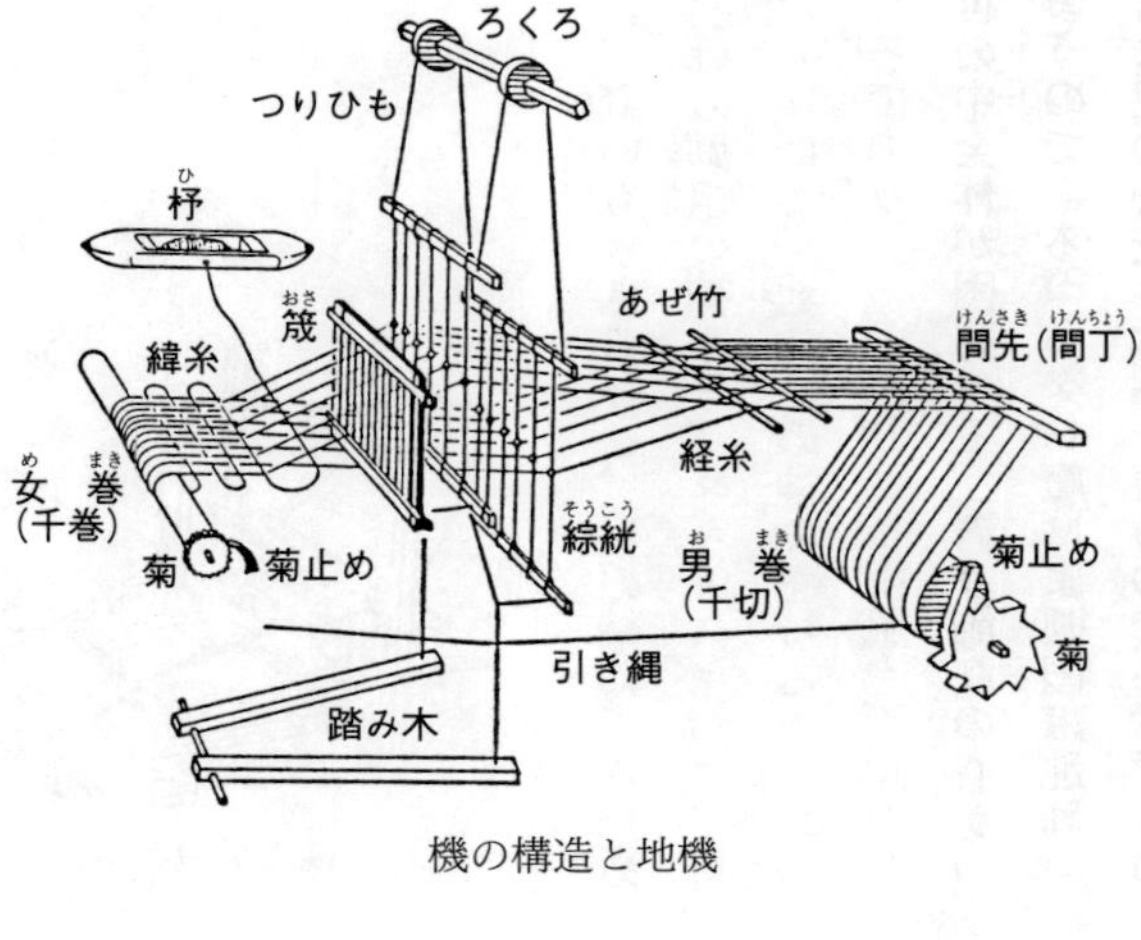

機の構造と地機

花形は　描き規矩(まのり)に
当て写し　経道緯部(つうぢよこべ)に
吊(つ)り分けて　織り姫綸綵(かざり)
踏むときに　緯部(よこべ)に分けて
経道(つうぢ)引く　光抒(かひ)抜き投げて
筬(をさ)巡る　綾錦(あやにしご)織りも
これなるぞ　高機法(たかはたのり)の
あらましぞこれ

われが、朝ごとに着る清(すが)の羽二重(はぶたえ)は、民の心が安らかに、寿(よわ)いも永きことを、日の輪に祈るための、神力をこめた御衣(みは)であるぞ。錦織(にしきお)りの御衣(みは)は、元々明けの御祖(みをや)の神々を、ユキ・スキ殿にて祈る大嘗(おおなめ)ヱのときの御衣である。また、綾織(あやお)りの御衣は、埴(はに)の社にて、地(わ)スキの神々を祈る小嘗(さなめ)ヱの儀式のときの御衣である。

綾織り、錦織りは、筬(をさ)の羽(は)を八百本とし、一羽に四本の糸を入れ、合計三千二百本の経糸(たていと)をもって織る。これは豊葦原(とよあしはらの)国の豊(とよ)の数である。二神が葦を引きぬき、水田となした葦原国の田畑神の祭りと、機織り、蚕養(こかい)の棚機神(たなばたがみ)の祭りは同じ意味をもつ。綾錦は、三千本あまりの経糸(たていと)を、綜杭(へぐい)の部品の綸綵(へとかざり)に掛け、陰陽の踏み板を四枚、六枚にして踏み分け織るのである。

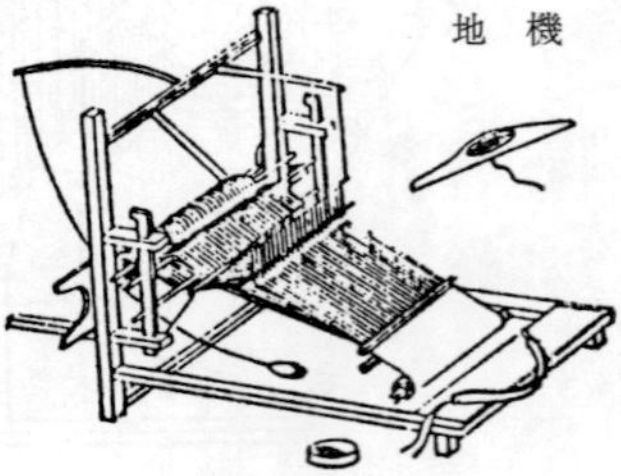

機の構造と地機

柳綾の花形は、それを描き、規矩に当てて写し、経道・緯部に綾糸を吊り分ける。織り姫が、綜緜を踏む時に、緯部に糸を分け、経道を引く。杼を投げ入れて筬を巡らす。綾錦織りは、かくのごとくである。「高機法」のあらましはこのようなものだ。――

天照大神がお説きになられた、「高機法」のきわめて貴重な原文です。解釈のむずかしいところが多い原文です。ふつう錦織りは、金糸銀糸および種々の彩糸を紋緯として、華麗な模様を織り出した厚地の絹織りをいいます。ここでは、大嘗ヱには錦織り、小嘗ヱすなわち年ごとの新嘗ヱには綾織りを着ることが示されています。「高機」とは、地機にたいし高度な構造をもつものです。他の文献にはまったく見ることのできない、大変重要な内容を含んでいます。これら「機織りの道」の記述を見るにつけ、祭政一致の古代社会において、機織りというものがどれほど大切なものであったかを知ることができます。また、のちにのべる行政組織や法律との関係も、さらに注目すべき点があります。

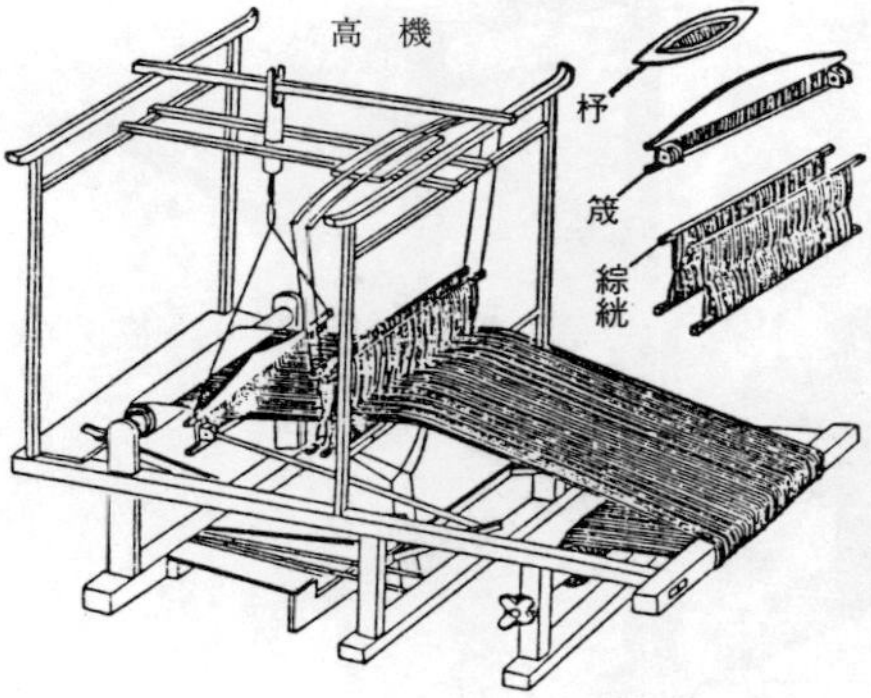

高機の図

ところで、「高機法」を小笠原通當が『秀真政伝』

神宮御神宝の御高機

において説いているので、それを載せておくことにします。――「この機の道を西王母が習ひ帰りて、唐天竺にも教へ給ふ。全くもって綾錦(あやにしき)を織る高棚機は、天照大神の御工夫より始まりし事と思ふべし。天照大神の曰く。この如くして、機法(はたのり)をもって国政を導くものは、一人といへども罪なき者を殺すは政道の過ち。その国の病となること一機の一糸を切る如くにして、これ織物の病となる。ましてもって、一手の糸、道違ふ時は、筬(をさ)めぐらざるが如し。故に機の嫌克(えらみよく)織るが如くに、国の政事(まつりごと)をなすべし。為(ため)に今紋機(あやはた)をもって、国の政事を覚悟(さと)すものぞと教へ給ふなり。この八機(やはた)の政事を聞こし召すが故に、万葉の天子、万機の政をしろしめすとは申すなり。これ大天下の御政道の奥義なり。深く入りて味わひ給ふべし。これ御機織(みはたおり)留(どめ)の巻と申して、なほ奥義あり」――

これを見ることによって、天照大神ご即位の八豊幡、トホカミヱヒタメ八神、十二箇月を八つに分けた八神の嘗事(なめごと)、十二箇月に配した十二后、十二后と機織りという一貫した関係が浮んできます。

御機織留(みはたおりどめ)

『ホツマ』では、織物は御世嗣(みよつぎ)の御子に授けられる奥義の神書とも、深く関係しています。原文二十四紋にこうあります。

門出(かどい)でに　御機(みはた)の留(とめ)の
御文(をんふみ)を　御孫(みまご)に賜ひ
御鏡(みかがみ)を　天児屋根命(こやね)に賜ひ
御剣(みつるぎ)を　子守(こもり)神に賜ひ

「御機(みはた)の留(とめ)の御文(をんふみ)」とは、正しくは「御機織留(みはたおりどめ)の文(ふみ)」で、三種神宝の最も重要な神器をさします。君から君へと伝授される、政事(まつりごと)の奥義を書いた文です。一般に三種の神器は、皇祖天照大神から皇孫瓊々杵尊に授けられた、八尺瓊勾玉(やさかにまがたま)、八咫鏡(やたのかがみ)、叢雲剣(むらくものつるぎ)の三種とされますが、『ホツマ』には、いろいろな形の授受がなされたことがしるされています。たとえば、天照大神から御子の忍穂耳(をしほみみの)尊へは、「八尺瓊曲玉(やさかにのまがりたま)・八咫鏡(やたのかがみ)・八重垣剣(やえがきのつるぎ)」であり、右の原文に示された、天照大神から御孫の瓊々杵尊(ににきねのみこと)へは、「御機織留文(みはたおりどめのふみ)・八咫鏡(やたのかがみ)・八重垣剣(やえがきのつるぎ)」を君と左大臣、右大臣に分け与え、彦火々出見尊(ひこほほでみのみこと)から鵜葺草葺不合尊(うがやふきあはせずのみこと)へは、「御機織留文・八咫鏡・八重垣剣」を、鵜葺草尊から御子神武天皇へは、「シラヤの璽(をしで)・八咫鏡・八重垣剣」と「百(もも)の文」がそれぞれ君と臣に分け与えられています。また、豊受大神から火之明尊へは「十種神宝」が伝授されています。

二十四紋を見ると、

　　三種を分けて
授く意は　永く一つに
なる由を　紋に印して
御手づから　文を御孫に
授けます

としるされています。このことから、御機織留文には、左大臣右大臣の、天児屋根命と子守神と一体となって、国家安泰に導く奥義が書かれていたことがわかります。「紋に印して」とは、『ホツマ』の本文のように、各章を紋として、そこに伝えを織りこんでいくことです。綾織りの御衣と同じことです。同じような内容が、二十三紋にあります。——「トの神と　宗に応えて　守る故　人の中心に　相求め　一つにいたす　瓊の教え　永く治まる　宝なり　天の日嗣を　受くる日の　三つの宝の　その一つ　天成文の　道奥ぞこれ」——三種神宝の一つが、政事に関する教えを書いた文であったことが重要です。

また、『ミカサフミ』の序文には、

日本武尊　神に還さの

遺し文　君は御機を
染めませば　臣もミカサの
文を染む　大直根子命も
ホツマ文　染め捧ぐれば
三種法

と見え、他の箇所にも、

ホツマ文　著わす時に
熱田神　告げて君には
香久御機　押させ給えば
鏡臣　麓社の
文捧ぐ

とあります。景行天皇の『香久御機』、大直根子命の『ホツマツタヱ』、大鹿島命の『ミカサフミ』の三書が同時に上梓されたことがわかります。ここに書かれている『香久御機』はどのようなものだったのか、はっきりしません。『香久』は以前にも述べたように、国常立尊の常世国の香久の木を意味する言葉で、祭政の原点としての「常世の道」を象徴した言葉ですから、『香久御機』もまた、政道の奥義原点をしるした御文だったのでしょう。あるいは『フトマニ』のことを示すのかもしれません。いずれにしても古代日本の政事（まつりごと）の根本が、三種神宝（みくさのかんだから）としての天皇の御文に見るように機織りにあったということ、政事の究極が美術品を造り出すことと同じ状態でなされていたということは、現代の人々の遠く想像を絶する事実です。美の意識と信仰と政治は、まったく同質のものだったのです。大君が祭儀に召される綾錦の御衣（みは）とともに、三種神器のひとつであり、君の御（おん）璽（しるし）でもある文（ふみ）が、機織りという美しい形式によってなされていたということによって、古代日本の祭政がどれほど高次な美意識をともなっていたものかが、充分に想像できることでしょう。さらにこの「御機の文」は、五七調の和歌というこれまた美しい表現によって編まれたものなのです。後世の天子、天皇の御璽（みしるし）としての、御璽（ぎょじ）、玉璽（ぎょくじ）、あるいは国璽の印の源は、『ホツマ』における大君の神器としての、「御機織留文（みはたおりどめのふみ）」にあったのです。また、「御機を　染めませ」、「御機　押させ給え」などの言葉は、「御機の文」がどのようなものであったかを考えるときに、大切な言葉です。

御機の道の行政組織

御機というものが、右にのべたような神の依代（よりしろ）としての装束、あるいは神器の御文というものとの関係のほかに、古代の政治思想ともいうべきものを含んでいることが、つぎにのべる『ホツマ』『ミカサ』の原文より理解することができます。まず『ミカサフミ』の「東西四道の紋（きつよちのあや）」には、

天児屋根答えて
万機の　宗源は
四光御瓊道　万は縫ふ数
機は織る　衣の経は
形なり　緯紋帯も
神の宗　潤す経は
世々の道　矛の掟は
御恵みに　邪魔滅ぼす
機の緯　宗源の
経緯の　八筋正しく
身を修め　八民治むる
四道の業

と書かれています。これを見ると、万機の政事が経糸、緯糸により説明されていることがわかります。経糸は政事のあるべき形であり、踏みおこなうべき道です。また緯糸は経の政事を侵そうとする邪魔を糾明し、滅ぼす役割を意味しています。また、「八筋正しく　身を修め　八民治むる」とある八筋と八民の関係は、天照大神の八豊幡と八民との関係と同質のものであろうことがうかがえます。「四光御瓊道」とは、「御瓊道」は、トの神と宗を一つにする、真のト、整うのトの道と考えられ、「四光」は、『ミカサ』に「神の道　形と務め　道と身の　四つの教えの　ただ一道」とあるように、形、務め、道、身という政事の基本と、「骨は父の種　肉は母に　生まれ日月の　潤いに人成り備ふ　四光一道の」ともあるように、父、母、日、月の恵みの源を示しています。さらに、「照る東西南北の　中に居て　君の治むる　政事　万機すべて　四道を備えり」と見えるように、政事の原理としてもっとも重要な、東西南北の四方のことも意味していることがわかります。

同じ『ミカサフミ』に、「三笠山に　天児屋根命の　説く文は　経に緯織る　政事」とあり、さらに古代祭政と機織りの密接にして不可分の関係を知ることができます。このことは、『ホツマ』二十三紋に書かれた行政組織や、刑法の記述を見ることによって、さらに確かなものになることでしょう。

『ホツマ』二十三紋の「御衣定め剣名の紋」には、先にのべた「高機法」と関連して、行政組織および刑法の詳細な記事が示され、律令体制よりはるか以前から、わが国固有の機織りをもとにした、政治形態が確立していたことをうかがわせる貴重なものとされます。

政事　民の夫婦は
筬一羽　五屋組む長は
一手指　八十手部一人

村長（あれをさ）と　なる大人（おおと）らが
滕（ちぎり）巻く　八十（やそ）村部（あれべ）置（お）く
県主（あがたぬし）　これ一読みの
物部（もののべ）ぞ　八十部（やそべ）の国に
経道（つうぢ）置き　物部経（たて）を
教ゑしむ　この国造（くにつこ）に
緯部（よこべ）十人（そり）　添えて普（あまね）く
道別（わ）きて　祥禍（さが）を見値（あたひ）
経道経（つうぢへ）て　直ちに告げる
天（あ）の目付け　これ値（あたひ）らぞ
物部を　八百人（やもり）束ぬる
主はこれ　大物主（おおものぬし）や
添え連（むらじ）　事代主（ことしろぬし）と
助けしむ　添えの二人は
綸緐（へとかざり）　大物主は
機の主　故祥禍（かれさが）を読む

機の部品などに関連した組織の細則が定められ、日本固有の古代行政のすばらしさを知ることができます。この組織の内容をまとめると、次頁の表のようになります。

中国では法律以前の社会規範として、「礼」という思想がありました。これは、祖霊信仰、葬祭、孝道などをふくむもので、周の末から秦、漢にかけての、諸儒の古礼に関する諸説をまとめたものに『礼記』があります。このような社会規範としての「礼」が犯されたときに施行されるのが刑であり、明文化されたものが律です。さらに律から、行政的な機構組織の規律を具体化したものが令です。わが国では隋唐制の影響を強く受け、近江令、浄御原令、大宝律令、養老律令などの体制が頒かれるにいたりました。これら律令体制をもとにした律令国家は、驚くほど詳細な制度をもっていました。天皇のもとに、祭祀をつかさどる神祇官、国政をおこなう太政官、太政官のもとに中務、式部、治部、民部、兵部、刑部、大蔵、宮内の八省があり、さらに各省には下級官司がしたがっていました。これとは別に、官吏を監督する弾正台、親衛軍である五衛府がありました。一方、国、郡、里に別け、国司、郡司、里長がおかれました。また戸籍も整い、『ホツマ』とおなじように五戸をもって一組とし、保と名づけ、連帯責任を負うような仕組になっていました。

しかし、いくら隋、唐の制度をもとにした、複雑な政治形態が奈良朝に成立したとしても、わが国にそれを受け入れるような、それ以前の下地がまったくなければ、このような制度が定着し、二百年も存続しようはずがありません。なんらかの形で、日本には律令制のもとになるようなものが

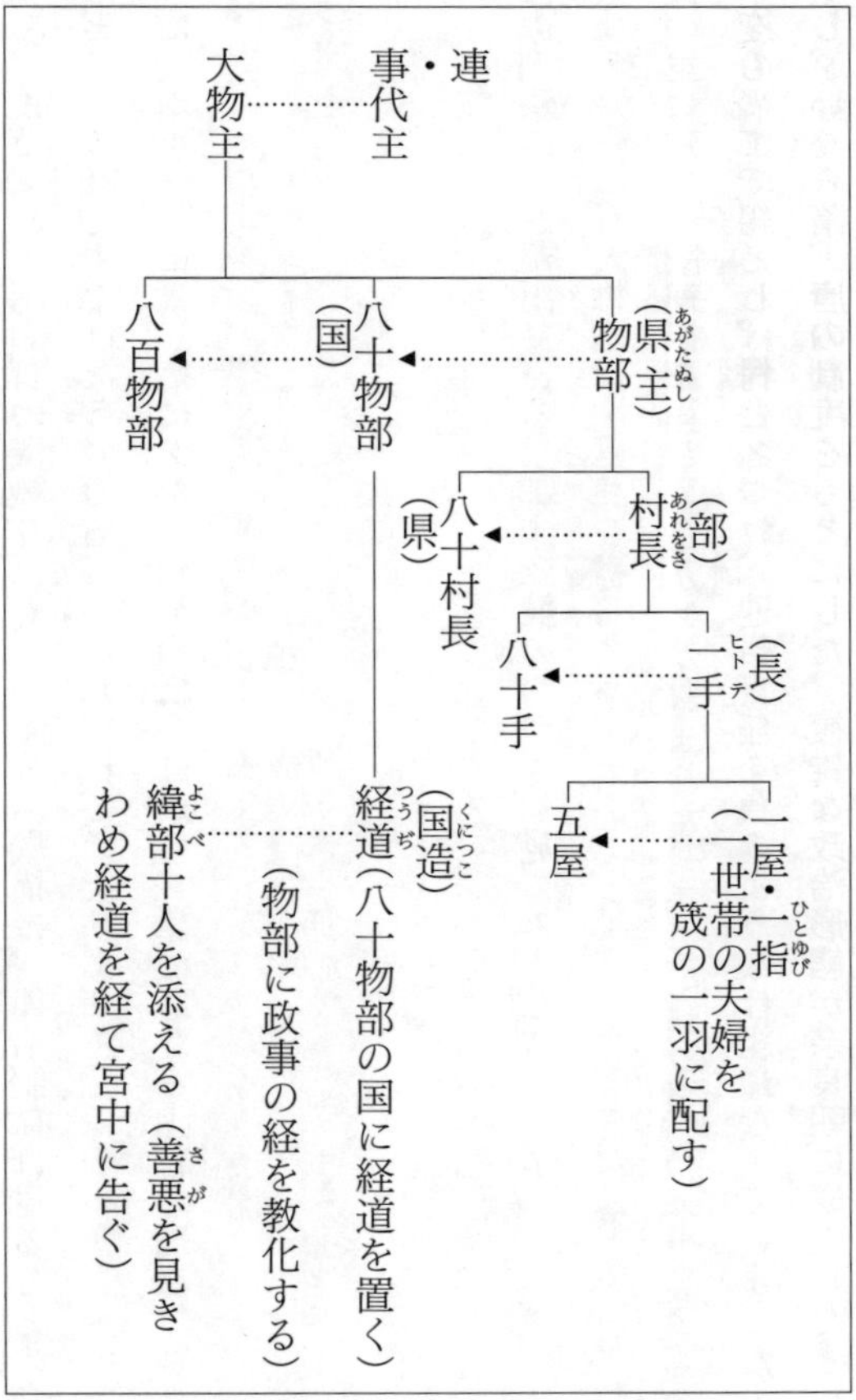

事・連
事代主
大物主
(県主)
物部
(国)
八十物部
八百物部
(部)
村長
(県)
八十村長
(長)
一手
八十手
一屋・一指
(一世帯の夫婦を筬の一羽に配す)
五屋
(国造)
経道(八十物部の国に経道を置く)
(物部に政事の経を教化する)
緯部十人を添える(善悪を見きわめ経道を経て宮中に告ぐ)

御機の行政組織

あったというのが一般的な見方でもあります。そして、右記の『ホツマ』原文に見るような「機の道」をもとにした、古代行政機構が律令制の下地になったであろうことは、さらにのべるまでもありません。また、わが国固有の機織りにもとづく政治機構は、律令制には見ることのできない、美意識に裏づけられたすぐれたものであることも忘れてはなりません。

さらに『ホツマ』には、令にあたる政治組織のほかに、律にあたる固有の刑法体制までが載っています。

刑法

古代の刑法のことが出ている、二十三紋のつづきを見てみましょう。

　　　　大物主は
機の主　故祥禍を算む
十度の禍まで　あれば村長
組長を呼び　十度内は叱る
十度の外は　県主に告げる
県主　九十度内は杖

方の禍は　獄屋に入れて
国造に　告ぐれば計り
方の禍は　杖打ち県
追ひやらひ　二方ならば
国を去る　余れば告げる
大物主の　糾し明して
二百の禍は　島に流浪す
三方禍は　髪爪抜きて
入れ墨し　天度に亘れば
身を枯らす　罷るの罪は
大物主の　勅を受けよ

この内容をわかりやすくまとめると、つぎのようになります。

一　十度の内——村長が組を呼び、叱り免ず。

二　十度以上——県主に告げ、県主これを計りて、九十度の内は杖打ちの刑とする。

三　九十度以上——獄屋に入れ、国造に告げる。国造これを計りて、九十度の外にあたれば杖を打ち、県を追放する。

四　百八十度以上——国を追放する。

五　二百七十度以上——大物主に告げる。髪、爪を抜き、入れ墨をする。

六　天の巡りの三百六十度の外——死刑。死刑の場合は、大物主の勅を受けて執行する。

このように、天の巡りの三百六十度を基本としたすぐれた刑法が、古代においてすでに存在していたことがはっきりとわかります。

『日本書紀』に「諸の神罪過を素戔嗚尊に帰せて、科するに千座置戸を以てして、遂に促め徴る。髪を抜きて、其の罪を贖はしむるに至る。亦曰く、其の手足の爪を抜きて贖ふといふ。已にして竟に遂降ひき」——と見え、また『古事記』に「速須佐之男命に千位の置戸を負せ、亦髭を切り手足の爪をも抜かしめて、神やらひやらひき」——とあります。しかしながら、これらの原文の正確な意味は、まったくわかっていません。ところが『ホツマ』によってこれら記紀の伝承の真相が、叢雲を分かつようにはっきりとするのです。

『ホツマ』七紋に、

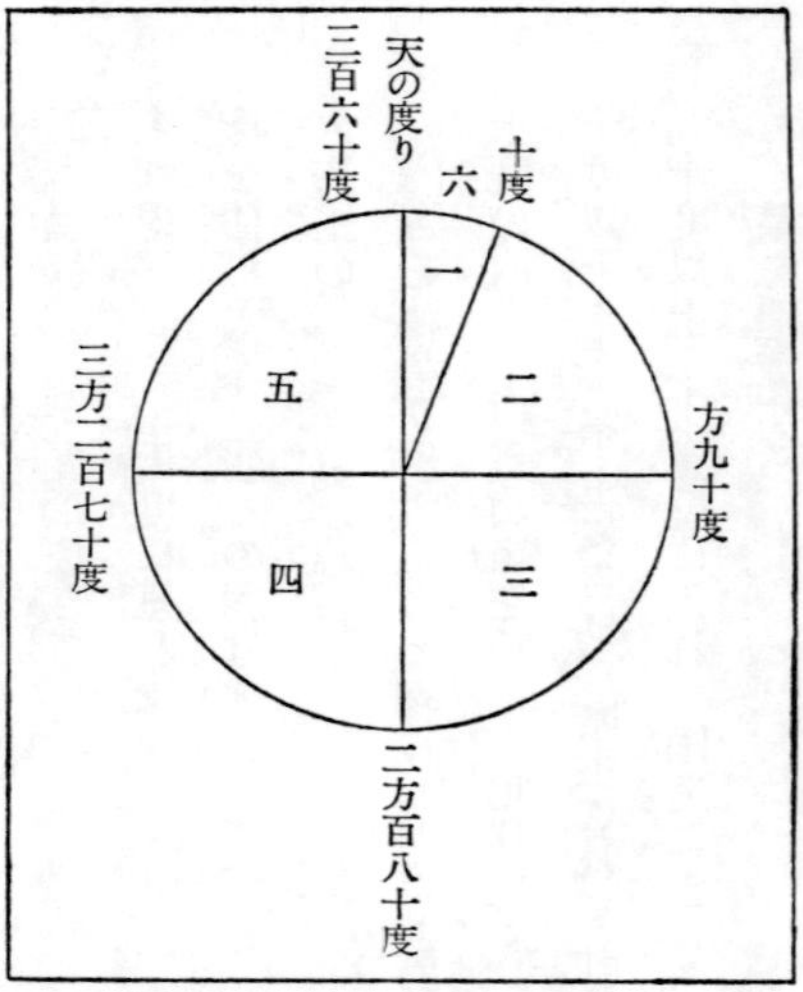

天の巡りをともにした古代刑法

素戔嗚尊の　咎は千暗の
三段枯れ　髪抜き一つ
爪も抜き　まだ届かねば
殺すとき　向津姫より
清雄鹿に　「受けもの祈り
蘇す　花子姫の四百祥
償ゑば　祥禍を明せよ
素戔嗚尊が　仕業は血脈の
蝕なれど　祥禍退くつつが
なからんやわや」
言宣を　諸が議りて
天悖る　重きも血脈の
半ば減り　交わり去ると
菅笠青草　八重這ゐ求む
下民の　流浪やらひき

と書かれています。素戔嗚尊の乱行の罪は千暗にも及ぶような大罪で、死刑を三回もおこなうべきものでした。三方の禍の刑罰にもあるように、髪を抜き、爪も抜いてまだその罪におよばないので、今にも殺そうとしたとき、天照大神の中宮瀬織津姫より清雄鹿すなわち急の勅使が到着しました。勅使は、瀬織津姫の勅を読み上げました。「倉稲魂神の神力によりて、花子姫を蘇生させることができた。蘇ったことにより、四百祥を償ったので、今一度審議しなおし、祥禍すなわち善悪を明かしなさい」——そして添えの御歌に「素戔嗚尊が　仕業は血脈の　蝕なれど　祥禍退くつが　なからんやわや」とありました。一同審議をしなおし、中宮の情により天の巡りの罪が戻り、なお重い罪も、素戔嗚尊が母伊奘冉尊の月経のときにできた子であり、その血脈の蝕みより出た罪なので、約半分減刑し、二方の禍とし国を追放するにとどめたのでした。宮中との交わりを断たれた素戔嗚尊は、流浪の身となり、青草の簑笠を身にまとい、八重這い求む下民となって出雲国へ流れゆくのでした。——

「暗」と「禍」は同義。「祥」は「禍」と反対の善行のこと。「花子姫」は素尊の乱行によって死んだものを瀬織津姫が蘇生させたのでした。「血脈の　蝕」は七紋に、「天の巡りの　蝕みを　見る真坂瓊の　中凝りて　生む素戔嗚尊は」とあり、また「誤りて　穢るゝ時に　孕む子は　必ず荒るゝ」とあることから、素尊が月経の時に孕んだ子であることがわかります。「下民」は、宮中人から最下層に落とされたこと。

このように記紀で不明確な部分は、『ホツマ』の原文と、天の巡りをもとにした古代刑法によって、まことにあざやかに映し出されるのです。原文に書かれた罪は、三百六十度をもとにした刑法とみごとに一致します。記紀と『ホツマ』の文献的価値のちがいがあきらかになる箇所です。
さらに『ホツマ』には、罪の種類による禍の度数が書かれています。それらをまとめると、つぎのようになります。

わが子を刺し殺す　百八十禍(が)
継子を刺し殺す　二百七十禍
妹および妻を殺す　二百七十禍——ただし石女(うまずめ)は他人の女と同じあつかい
兄および夫を殺す　三百六十禍——夫に子なきは他人の男と同じあつかい
両親を殺す　二百六十禍
養父母(ままをや)を殺す　四百禍

原文の二十三紋に、こう書かれています。

天法(あめのり)を　民一組が
乱れても　筬(をさ)巡らねば
機織れず　故(かれ)治むるは
機の道かな

天の定めを、一本の糸のような民一組が破ったとしたら、機の筬が糸の乱れによって、巡らなくなってしまうように、政事が滞ってしまう。ゆえに国を治めるのは、機の道の教えにしたがってそれをおこなうことである。——という天照大神の教えです。機織りによって作り出される、美しい綾錦や文様、四十八の言霊神の神力を得るための、天照大神の御羽二重と豊受大神の御腹帯。機織りによって操を立てる十二后。あるいは、代々の政事の八旒の御幡。三種神宝の一つ、大君の神璽としての御機織留文。そして、御機にもとづいた行政機構と刑法というように、古代の政事は、美と神霊と祭祀と政治とが混然一体となった、高度な情緒を必要としたものだったことが、『ホツマツタヱ』より明らかとなるのです。文明とは、その内容行為が未分化であればあるほど高い情緒を維持するものであるという『ホツマ』の原則は、今の世にどのような問題を投げかけてくれるのでしょうか。

⊕ヤ 美吉野の子守宮

なつかしき吉野

吉野という言葉のひびきには、ふしぎななつかしさと、やさしさがあります。それは、吉野山をおおいつくす山桜がつくり出す、この世のものとは思えぬような仙境の風景が、いつもわたしたちの心のすみに眠っているからではないでしょうか。古くから世俗を遠くはなれたこの仙境は、常に多くの人々をいざないつづけてきました。神武東征の折の東吉野村への行幸(ぎょうこう)。応神天皇の東吉野行幸。壬申(じんしん)の乱の大海人皇子(おおあまのみこ)の吉野隠棲。持統女帝の三十回以上もの宮滝行幸。悲憤のうちに崩御(ほうぎょ)された後醍醐(ごだいご)天皇の吉野南朝樹立。源義経と静御前の潜居など、吉野は数々の物語の舞台となっています。そして、この吉野は都との行き来が少ないために、古えの風儀(てぶり)をそのままに残している土地柄でもあります。中でも東吉野の先住民である国栖(くず)の村人は、古風古儀の伝承者として、その誇りを守りつづけています。周知のごとく西行もまた吉野に魅せられた一人です。

　吉野山梢(こずえ)の花を見し日より心は身にも添はずなりにき

と歌った西行は、吉野の桜に心酔し、桜を詠んだ歌を数多くのこしています。その西行を敬い慕ってやまなかった芭蕉は、西行の詠んだ、「とくとくと落ちる岩間の苔清水汲みほすまでもなき住居

大和絵を思わせる吉野の山並

かな」という歌を本歌として、

露とくとく試しに浮世すすがばや

という、西行庵の風情が目のまえによみがえってくるような、味わいのある句を詠んでいます。吉野の奥千本をさらに山深く入ったところに、西行庵は慎ましげに古えをしのばせていて、わきの細道をすこし下って行くと、今もなお、苔清水が清らかな山の清水をたたえています。

わたしがはじめて吉野を訪れたのは、全山の桜が満開のときでした。妻を伴い、奥千本に鎮座する子守宮に、子授けの祈願をしに行ったのですが、その年は四月半ばにもかかわらず、前日より雪が降り、その日は雪景色と山桜とが同時に見られるという、まことにめずらしくも美しい情景に遭遇することができました。そのうえ奇しくも霰までが降ってきました。わたしたちを車でつれてきてくれた大阪の友人達とともに、思わず驚嘆の声を発してしまいました。天照大神ご生誕のみぎり、「天に棚引く　白雲の　かかる八峰の　降る霰　日隅にこだま」という、八豊幡のもととなった瑞兆が思い出されました。向うの山は白い雪でおおわれ、こちらの山はうす桃色の山桜で満ち、紅白の織りなす綾錦は、この世のものとはとても思われません。

所狭しと咲き乱れる桜また桜。車がやっとすれ違えるような細く急な坂道に、おおいかぶさるように桜の枝が伸びています。また所々には、しだれ桜が変化をつけています。その桜の色と対照的な瑞々しい緑青の山草が、一層桜の色を輝かせ、心を酔わせます。桜と新緑の山道を上って行くと、急ににぎやかな所に出ます。花見の客でにぎわう茶屋、土産物屋が軒を連ね、祭りのように大勢の人が、細い道を行きかっていました。その光景は幼いときにどこかで見たような、とてもなつかしいもののように思われました。大和絵の一編を見るような、清らかにしておおらかなにぎわいと喜びに満ちていました。

勝手神社を通り過ぎ、念願の子守宮の楼門の前に着きました。東照宮の手本となったとされる楼門を抜け、本殿の前に出ます。このときの期待と緊張と感動は、忘れることができません。とてもやさしい華やかさが、社殿と庭の桜から匂うように広がってきました。

ふたたび秋の吉野を訪れたのは、それから四年後のことでした。子守宮へのお礼参りと、周辺の

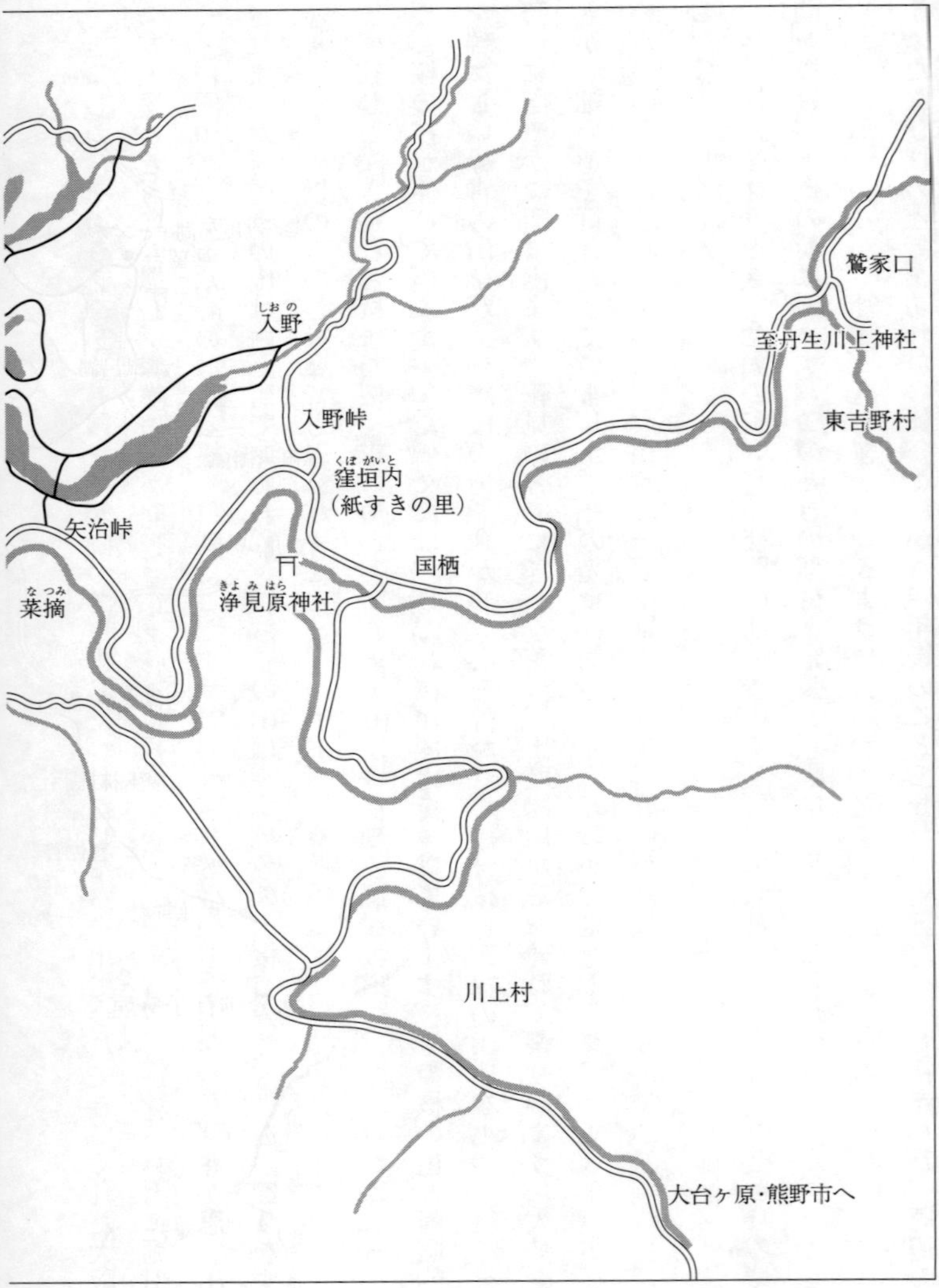
入野
入野峠
窪垣内
（紙すきの里）
矢治峠
菜摘
浄見原神社
国栖
鷲家口
至丹生川上神社
東吉野村
川上村
大台ヶ原・熊野市へ

吉野山案内図
志賀
卍世尊寺
津風呂湖キャンプ場
展望台
バンガロー村
津風呂湖
大和上市
近鉄吉野線
いも
妹山
桜橋
吉野川水泳場
津風呂湖口
卍本善寺
せやま
背山
吉野神宮
吉野神宮
吉野川
長峰桜
下千本
村上義光墓
宮滝
吉野
観光道路
菅原池
ケーブル
花見塚
宮滝史跡
吉野山
銅鳥居
吉水神社
桜木神社
きんぷせんじざおうどう
金峰山寺蔵王堂
中千本
にょいりんじ
如意輪寺
脳天大神
喜佐谷
後醍醐天皇陵
勝手神社
五郎兵衛茶屋
国民宿舎吉野山荘
化粧岩
ちくりんいん
竹林院
上千本
桜峠
村上義隆墓
水分神社子守宮
花矢倉
ドライブウェイ
金峰神社
奥千本
さいぎょうあん
西行庵苔清水

調査を深めることが目的でした。これから、その吉野の旅で訪れた名所旧跡をまじえながら、吉野の古風と子守神のご事跡についてのべていきたいと思います。

丹生川上神社の古伝

榛原駅で下車し、東吉野郡の小川というところまで、山道をバスにゆられていきます。伊勢街道と、宇陀、吉野を結ぶ南北道がまじわる鷲家をすぎ、すこしして鷲家口という停留所で降りると、そこが小川という山に囲まれた村です。この村は父の故郷でもあります。鄙びた家々のたたずまいと丹生川の清流は、人里はなれた吉野にはるばるやってきたという旅情を、いやおうなしにかきたててくれます。ふと、十三歳のときに従者とともにこの小川の地を訪れた、幼き本居宣長の姿が思い起こされました。

このあたりは杉の名産地としてよく知られ、木箸や神祭用の三宝や、小神殿などの製造がさかんです。吉野の割り箸は、真っ二つに割れるのでとても気持がよいものです。小川に住んでいる叔父に連れられ丹生川を上ると、そこに罔象女神を祭る丹生川上神社が閑散とした山奥に華やかな別世界をつくり出しています。『日本書紀』の神武天皇東征の条に、吉野方面に行幸されたおり、八十梟師を討つために、天香久山の埴をとって平瓮や厳瓮などを造り、天神地祇を祭られたことが書かれています。――「乃ち此の埴を以て、八十平瓮・天手抉八十枚・厳瓮を造作りて、丹生の川上に陟りて、用て天神地祇を祭りたまふ」――と書かれています。また、――「吾今当に厳瓮を以て、丹生之川に沈めむ。如し漁大きなり小しと無く、悉に酔ひて流れむこと、譬へば柀の葉の浮き流るるが猶くあらば、吾必ず能く此の国を定めてむ。如し其れ爾らずは、終して成る所無けむ」――と神武天皇はおっしゃって、東国平定の成否をかけた、まことに重大なる卜占を、この小川の地でなされたのでした。その結果は、みごと大小の魚がたくさん浮び上がり、水のまにまに柀の葉のごとくただよいはじめました。天皇はたいそうお喜びにな

丹生川上神社

東の滝

って、丹生の川上の五百箇（いほつ）の真坂樹（まさかき）をぬきとって、天神地祇の諸神を祀られました。かくして東征は成功をおさめます。

社伝によると、厳瓮（いつへ）を沈めた場所は、東（ひんがし）の滝が見える夢渕付近とされています。この丹生神社のすぐ前には丹生川が流れ、別れて木津（こつ）川、三尾川となっています。その川にかかる朱に染められた神橋、慎しやかな東の滝、苔むした美しい紅葉などが、神殿にいっそうの神聖な雰囲気を与えています。この丹生神社はご祭神が水の神である罔象女神（みづはのめのかみ）であるため、全国の水に関係する仕事にたずさわる人々から、強い信仰を集めています。左伴定広（ひだりともさだひろ）宮司が親切に、丹生神社にまつわるお話をしてくださいました。

大正天皇の践祚大嘗祭のときに使われた、萬歳旗に描かれている厳瓮と魚は、神武天皇の卜占の故実にもとづくものであるとのことでした。また同社からは、『丹生川上神社と森口奈良吉翁』という良書が発行されていて、丹生神社に関する深い考察がなされています。

国栖の村人

さて、小川から高見川添いに西へ進むと、国栖の里があります。この国栖の村人こそ、わが国でもっとも古い、縄文時代以来の国風、古風を伝えている人々であり、神代の美意識、風儀を知る上で見のがすことのできない人々です。『日本書紀』の応神天皇十九年冬十月の条を見ると、こう書かれています。「吉野宮に幸す。時に国栖人来朝り。因りて醴酒を以て、天皇に献りて、歌して曰く」——応神天皇が吉野に行幸されたとき、国栖の山人たちがご前にまかり出で、酒とともに歌を献じたのでした。その歌は、「橿の生に　横臼を造り　横臼に　醸める大御酒　美味に　聞し以ち飲せ　麿が父」——という古風なものでした。歌いおわると国栖人は、口を打って仰ぎ笑ったのでした。その様子を、紀はこうしるしています。「今国栖人、土毛を献る日に、歌ひ訖りてすなはち、口を撃ちて仰ぎて咲ふは、けだし上古のこれる則なり」——都人が見たこともないような笑いのしぐさを見て、そこに古代の手振りが今なおのこっていることを、応神天皇の時代の人が感じていたということがわかります。すなわち、応神天皇の時代に、この国栖村はすでに古風な土地柄だったことがわかるのです。

さらに、「それ国栖は、その人と為り、甚だ淳朴なり」とも書かれています。また、国栖人は常に山の木の実を食べ、蝦蟆を煮て上味とし、それを毛瀰といったこと。京からは山を隔てて峰がけわしく、谷も深いために往来がまれであったのを、応神天皇の行幸以来、しばしば国栖人が京に来て、天皇に栗、菌、鮎の類を献上したことも書かれています。

『延喜式』の『神祇令』には、践祚の大嘗祭と元旦の宮中の節会に、「節毎に十七人を以て定めと為す。国栖人十二人、笛工五人、ただし笛工二人は山城国綴喜郡に在り」――と見え、毎年国栖の古風が奏上されたことがしるされています。しかしながら、国栖の参賀は早く絶え、宮中の楽人によって古式の楽を奏上することに変わってしまいました。現在では、国栖の古風は、吉野郡吉野町浄見原神社で郷土芸能の「国栖奏」として、旧正月十四日におこなわれています。この奏は、昭和二年に宮内省楽部の多忠朝氏によって、雅楽風に編曲編舞されたものといわれています。

この国栖の村人と天皇との出会いは、応神天皇以前、神武天皇の東征の際にすでにおこなわれていたのです。その様子を『古事記』はこうしるしています。神武天皇のご一行は、八咫烏に導かれ吉野の川下までやってくると、竹籠で魚をとっている村人に出会いました。「汝はだれか」と天皇がおたずねになると、「わたくしは、国つ神の贄持之子（にえもつのこ）です」と答えました。さらに進んでいくと、尾のある人が出てきました。これは、吉野首（おびと）らの祖先の国つ神井氷鹿（いひか）でした。山に入ると尾のある者が岩を押しわけて出てきました。名を問えば、国つ神石押分之子（いわおしわくのこ）で、天皇の行幸をお出迎えにまいりました、と答えました。この者が吉野の国栖の先祖です。『日本書紀』にもこれと同じような内容が書かれています。

応神天皇よりずっと降って、天武天皇の御世、天皇と国栖の村人とのかかわりが、「国栖と国栖奏」という、国栖奏保存会から出されている小冊子に書かれているので、それを見てみることにしましょう。この冊子のもとになった原稿は山本平兵衛氏の遺著で、これは国栖地区婦人学級学習資料として使われたものですが、その内容はとても専門的であり、地方の女性の教養の高さというものを示すものといえましょう。——

第四十代天武天皇は、西暦六七二年、いわゆる壬申（じんしん）の乱に勝利して、飛鳥浄御原宮（きよみはらのみや）に即位されました。六七一年十月、兄天智天皇の大津宮で、弟大海人皇子（おおあまのみこ）は蘇我安麿から内密に陰謀のあることを知らされ、身の危険を感じ、十九日お妃の鸕野讃良皇女（うのさららひめみこ）、のちの持統天皇らご家族を引き連れて、急ぎ吉野へ出発されました。その夕刻、早くも飛鳥の嶋宮に着かれ、翌二十日に吉野の宮に入られました。こののち八箇月にわたって滞在されていますが、『日本書紀』はじめ各書にはあまりくわしい記述はありません。

大海人皇子が吉野を選ばれたのは、重畳とした山岳地帯であり、ひとたびこの地に身をひそめたときは、容易に探し出すことは困難であり、しかも豊かな吉野川沿岸の資源を確保できることを思われたにちがいないとする学者もいます。賢明な皇子は、戦略上攻守ともに有利でかつ交通の要衝であり、各地の情報も入手し易い吉野の地を選ばれたのでしょう。

「天武朝」の記載によれば、大津の宮では十二月三日に天智天皇がなくなられ、宮廷内の紛争、重臣の離反などが相次ぎ、動揺している最中、大津京に放火騒ぎがあり、流言が飛びかって大混乱を呈していました。一方、吉野の宮の大海人皇子は、人格も優れ、人望もあつく、宮廷内外の重臣たちや地方の豪族の間にも支持する者が多く、優位に立っていました。このため近江朝では、手近な手段として大海人皇子の暗殺を計画、吉野の宮を襲おうとしました。『吉野旧事記』『国栖由来記』などの記載によると、皇子暗殺計画を感知した大海人皇子の皇女であり、大友皇子の妃でもある十市皇女は、密書を堅田鮒の腹の中にしのばせ、事態の急を吉野の宮の父に知らされました。これを読まれた皇子は非常に感激され、歌をお詠みになられました。「往古者　指母賢幾　堅田鮒　包炙　奈流　中乃玉章」

これにより身の危険を察知された皇子は、六七二年六月吉野の宮を出発し、国栖の川辺に来られました。国栖を選ばれたのは、大海人皇子は歴史にも精通され、これまでの皇室と国栖とのゆかり、ことに国栖族の勇敢なことを考えられたうえ、この地にこられたものと思われます。

浄見原神社の神饌

ほどなく大友軍が攻めてきたので、国栖の翁たちは小舟を川辺に伏せてその中に皇子をかくまい、大難をお救いしたのです。このあと、和田巌、現在の浄見原神社前にお迎えし、腹赤の魚、醴酒、土毛、粟飯、樫の実の団子などを捧げ、国栖舞いを奏してお慰めしました。そしてこの近くに仮りのお住いを建て、国栖の翁たちに護られながら、いく日かおすごしになったと伝えられています。このお住まいの前には記念のため、皇子お手植えの大櫟があり、千三百余年の間、風雪にあい何度か倒伏しましたが、そのつど植えかえられて今日に至っています。この大木には毎年注連縄を張りめぐらし、大切に保護されています。いまもお住まいの跡地とおぼしき所に「仮屋」という建物があり、浄見原神社社務所兼神饌所になっています。

国栖奏

　こうして六七二年六月二十二日、壬申（じんしん）の大乱が起りました。吉野町広報紙に「ついに挙兵のときは来た。戦いに向う大海人皇子の輿（こし）をかつぐのは国栖の若者である」とあります。壬申の乱には大勢の国栖人が参戦して、多大の功績をたてたと伝えられていますが、『明日香村誌』によると、なかでもこのうち大功のあったよりぬきの三十戸が、飛鳥　雷（いかづち）の丘の近くに住んで、天武天皇にお仕えしたといわれます。

　さしもの大乱も、一箇月をへて七月二十六日、大海人軍の大勝のうちに終わりました。年が明けて六七三年二月、大海人皇子は飛鳥浄見原の新宮に即位し、天武天皇となられました。『吉野旧事記』によると、御即位後、壬申の乱の功績により、天皇は国栖人に「権（ごん）の正（かみ）」の位を賜り、国栖舞いを宮中の大嘗祭（だいじょうさい）をはじめ諸式典に奉奏すること

国 栖 奏

を制定され、国栖舞いを「翁の舞い」と名づけられました。また舞いに用いる冠、桐竹鳳凰紋入りの装束、鈴、鼓、笛などの楽器、黄金の幡を賜りました。この黄金の幡は、浄見原神社の御神宝とされていましたが、残念なことに盗難にあい、行方不明になってしまいました。

天武天皇以来、五百五十余年の長きにわたり、途切れながらも宮中に参勤して、翁の舞いを奉奏してきましたが、保元、平治、源平の争乱が相次ぎ、宮中での奉奏は絶えてしまいました。天武天皇から多大の恩恵をこうむって、この感激を代々伝えてきた国栖人たちは、南国栖の和田巌に天武天皇を祭祀する浄見原神社を建て、毎年正月十四日を祭礼日と定め、翁の舞いを奉納して、天武帝の御神霊をお慰めしてきました。このことは今に至るも絶えることなく、毎年旧正月十四日に古式

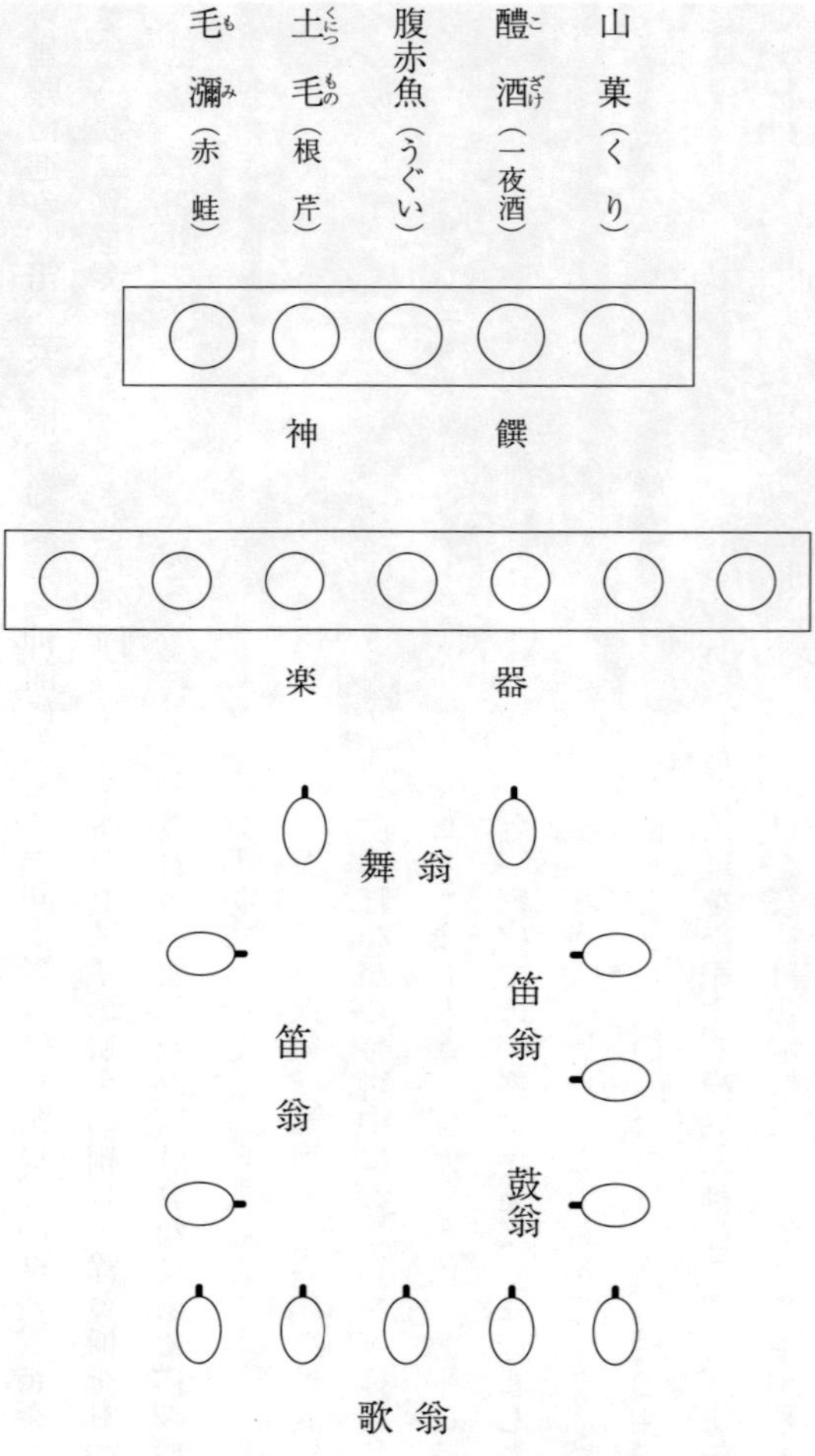
山菓（くり）
醴酒（一夜酒）
腹赤魚（うぐい）
土毛（根芹）
毛瀰（赤蛙）
神饌
楽器
舞翁
笛翁
笛翁
鼓翁
歌翁

国栖奏舞の座

ゆかしく執りおこなわれています。——

参考のために、国栖奏の式次第を書いておきます。まず、神官の先導にしたがい、笛を奏しながら舞殿に進み、笛、鼓、榊、鈴などを神前に供え、一同十二人は着座し、神官の祝詞奏上につづいて、一歌二歌を奏します。つぎに、神饌台から楽器を下げて三歌を唱和し、鈴と榊をもった翁の舞いに移って四歌を奏します。さいごに、氏子と奉賽者の名前を読み上げ終わります。国栖奏の歌詞はつぎのようなものです。

一歌　世にいでば　腹赤の魚の片割れも　国栖の翁が淵にすむ月

二歌　み吉野に　国栖の翁がなかりせば　腹赤の御贄（みにえ）　誰れか捧けむ

三歌　鈴の根に　白木の笛の音するは　国栖の翁の参るものかは

四歌　かしのふに　よくすをつくり　よこすにかめる　おほみきうまらに　きこしもちおせ　まろがち

第四歌は、応神天皇に捧げた歌です。このとき供えられる、「腹赤魚（はらあかのうお）」—うぐい、「醴酒（こさけ）」—一夜酒、「土毛（くにつもの）」—根芹（せり）、「山菓（やまがし）」—栗、「毛瀰（もみ）」—赤蛙（あかがえる）などの特殊神饌は、国栖奏の古風（いにしえぶり）をいっそう高めています。神饌は通常、米が正中になりますが、この場合は腹赤魚となっています。

国栖奏の伝承は直系の男子に限られ、国栖奏伝習所で真剣な練習がくり返されています。国栖奏は二人の翁によって舞われますが、そのうちの一人の辻田一雄氏は著者の親戚にあたる人でもあります。『日本書紀』に、国栖人が歌いおわって口を撃ちて、仰ぎながら笑ったという古風(いにしえぶり)が書かれていましたが、国栖奏のときにもこの風習(てぶり)がおこなわれ、そのときの様を今に伝えています。

国栖の里は、国栖奏のほかにも、吉野和紙、国栖紙でも有名です。この和紙は、大海人皇子(おおあまのおうじ)が養蚕とともに村人にその製法を教えられたとされ、平安時代の女房たちは「やわやわ」とよんで愛用したとのことです。その名の示すとおり、この紙はとてもやわらかく、しっとりとして、国栖村の古風そのままを漉き上げたようなすぐれた紙で、伝統美術工芸の保存に大きな役割を果たしています。

吉野山へ入る

国栖の里から吉野川ぞいに、吉野口の方へ車で十分ぐらい行った所に宮滝があります。このあたりは古く縄文弥生時代の遺品が数多く出土し、さらに飛鳥時代の天武、持統朝から奈良時代にかけて吉野離宮が営まれた地でもあるため、『万葉集』には百数十首もの、この地を詠んだ秀歌が残されています。

この宮滝から十五分ぐらいで吉野口につきます。いよいよ花の吉野への入山です。吉野山の入口には、大きな石鳥居が建っていて、「吉野神宮」と額に刻まれています。その大鳥居をくぐると、

吉野神宮

神域吉野に来たのだという気持がいっそう高まり、胸のときめきをおぼえます。にわかに、山の息吹と桜のうるわしさが風となってこちらに吹いてくるような気さえします。それは、大神(おおみわ)神社の参道を入るときの印象ととてもよくにたものでした。

坂道を徒歩で二十分ぐらい登ったところに、吉野神宮がその堂々とした威風を現わします。吉野神宮のご祭神は、建武中興の英主後醍醐(ごだいご)天皇です。九十六代目の天皇は、皇威の久しく衰えたのを嘆かれ、北条氏を滅ぼし、建武中興に成功、親政を布(し)き王政の復古を樹立されたのでした。しかしながら、間もなく足利尊氏の謀反により、天下はふたたび乱れ、天皇は吉野にご遷幸せざるを余儀なくされたのでした。天皇の目的とされた、幕府政治を排し、日本の神代から一貫した君民一体の政事(まつりごと)を打ち立てることは、事半ばにして成就することができませんでした。

吉野にご潜幸された後醍醐帝は、吉水院を南朝の行宮(あんぐう)とお定めになったのでした。かくして吉野朝四代五十七年にわたる、南北朝の対立がはじまったのです。天皇の御歌に、

花にねてよしや吉野の吉水の枕の下に石走るおと

というものがあります。明治天皇は深く後醍醐天皇を偲ばれ、吉野の地に吉野神宮をご創建されたのでした。また、後醍醐天皇は神道の奥義を究められ、諸学に通じられておられたことはよく知られています。

下千本の吉野神宮から、さらに山道をのぼり中千本に行くと、勝手(かって)神社のすぐそばに南朝行宮である吉水院、今の吉水神社があります。吉水神社は太閤秀吉の花見の本陣としてもよく知られており、美しい庭園と一級の美術品を多く所蔵しています。ここはまた、源義経が静御前、弁慶とともに隠れたところでもあります。

吉野山の参道の店先

本居宣長と子守宮

桜にかこまれた急な山道をさらにのぼって、上千本に入り子守宮へと向います。古え人が、中国の仙境を、あるいは常世国（とこよのくに）を、この吉野山に連想したことが、とてもよくわかるような美しさです。仙境の雰囲気にひたりながら坂道を歩いていると、山道の両脇にはいくつもの小高い丘があり、一面に新緑の瑞々しい山草がしきつめられています。青空に咲き広がる桜の花の色は、その山草の色に照らし出され、いっそう華やかさを、そしてうるわしさを増しています。その美しさの前では、創造性とか独創性といった近代の人工の概念は、まったく意味をなしません。吉野の桜は、美の究極を、なつかしさの中に誇り高く示しているようです。

わたしは満ちあふれる山桜と、山の傾斜をおおう新緑の風景を見て、大和絵の特有な形のあらわしかたと配色、そして絵師たちの心ばえというものが、そのとき一度に理解できました。大和絵が現実にある風景と情感とを、まったくそのとおりに写したものであることがわかりました。大和絵と同じ風景がそこにあったのです。

かの本居宣長は、父が子守宮に祈願し授かった子であることは、よく知られています。宣長の書いた『菅笠日記』を見ると、「いかなるよき年にかあるらむ。よき人のよく見て、よしといひおける、吉野の花見にと思ひたつ」――とあります。「よき人の」は、天武天皇の詠まれた、

よき人のよしとよく見てよしと言ひしよし野よく見よよき人よく見

という歌のことをいったものです。宣長は伊勢から伊勢街道をぬけ、先にもしるした吉野小川村に着きました。そこで、

雨ふればけふはを川の名にしおひてしみづながるゝ里の中道

という歌を残しています。
吉野についた宣長は、「子守の神のまします此(こ)の御(み)やしろは、よろづの所よりも、心をいれてしづかに拝(をが)み奉(たてまつ)る」とのべ、子守神への信仰がいかに篤(あつ)いものであったかということを、うかがわせています。ここで、『菅笠日記』の子守宮に関するところを、わかりやすく訳してみましょう。

――

昔私の父なる人が、子が無いことを深く嘆かれて、はるばるとこの神に祈願されたのであった。その霊験あって、ほどなく母はみごもられた。やっとのことで願いがかない、たいそう悦んで、この上は男子をお授け下さいませと、いよいよ深く念じられた。わたしはこのようにして生まれたのである。父は宣長が十三になったら、必ず自分がつれてお礼参りに行くのだとおっしゃっていらしたのに、わたしが十一のときに亡くなってしまわれたのだった。母は話のはしばしに、父のことを語り、涙を落されていた。

かくして、十三の年になったとき、母は亡き父の願いをはたそうとお思いになり、期待をこめて旅出たせてくださった。今はその母も亡くなり、さながら夢のようである。子守神を拝みまつりて、

思ひ出るそのかみ垣にたむけして麻(ぬさ)よりしげくちるなみだかな

ご神前にて、父母のことを思い出すと、涙がとめどなくこぼれ、その涙がいっぱいしみて、袖もしぼりきれぬほどであった。あの折は、ただ稚くて、なにも覚えていないような年ごろであったが、ようやく一人前となって、物ごともわきまえ、いろいろなことを知るにつけ、昔の物語を聞くにつけては、神の御恵みにたいする認識が不足していたことを思うと、心にかけて朝ごとには、子守神社の方を向いて拝むのであった。——

四十三歳になった本居宣長は、ふたたび吉野に詣でた感無量のありさまを、このように語っています。

水分神社と子守宮

子守宮の別名は、吉野水分神社といいます。古文献には「ミコマリ」「ミコモリ」「ミクマリ」などの訓みが見え、宣長は「ミコモリ」と多く訓まれていることを指摘しています。地元では、古来子守明神、子守さんとよびならわしています。

水分神社子守宮の南東の方角には、青根ケ峰があります。この山は、古くは水分峰とよばれ、この地方の神体山で、周囲には宮滝遺跡をはじめとする古い遺跡が多くあります。現在の子守宮は、青根ケ峰山頂より約一キロメートル下った所にあった水分神社が遷って、主祭神である水分神のほ

かに十九柱の神々が合祀され、今日のようになったとされています。そのご祭神は、『吉野路案内記』によれば、

第二殿

女神
栲幡千々姫命（女）
男神

女神
玉依姫命（女）
女神

女神
瓊々杵命（男）
女神

正殿

合の間

若宮（男）
天ノ水分神（男）
女神

合の間

子守宮

第三殿

御子神（男）
女神
女神
高皇霊神（男）
女神
男神
少彦名命（男）
女神

幣殿

子守若宮

となっています。天武天皇二年、西暦六九二年に、すでに国家的な祈雨の祭事が水分峰の神にたいしておこなわれ、『延喜式（えんぎしき）』の中でも祈雨神（あまごいのかみ）の祭の中に位置づけられていることなどから、水分（みくまりの）神が国家祭祀と深い関係にあるということがうかがえます。

しかしながら民間とのかかわりにおいては、子授けの神としての幣殿に祭られている子守若宮信仰が古くから存在することも確かなのです。したがって祈雨（あまごいの）神と子授けの神との二面性を、どう理解するかが問題となります。水があらゆる生産の根源とされることから、水籠（みこもり）、身籠（みこもり）と発展して、農耕水の神であるほか、子授け、子育ての神に転じたという説もあります。また一般的にも、水分（みくまり）

が転音して御子守となったともされています。

これはあまり知られていないことですが、豊臣秀吉の嗣子秀頼は、秀吉が吉野の花見に来たときに、雨ばかり降りつづいて腹を立てていました。そのときに、周囲のものが子守宮はすぐれた子授けの神であるから、ぜひ祈願なされるようにと勧め、その祈願の結果できた子なのです。そして、そのお礼にと、神殿楼門などを再建させたのでした。秀吉亡きあとは、秀頼がその意を継いで完成にいたりました。秀頼はこのほか神輿、湯釜、柴燈、釣燈籠などを、慶長九年に寄進しています。そして、それらすべてに「金峰山子守社」との銘がきざまれているのです。このことから、桃山時代には公にも「子守」の名が使用されていたことがわかります。これから『ホツマ』に載る子守神のご事跡を調べながら、祈雨神と授子神との二面性、あるいは「ミクマリ」から「ミコモリ」に転じたという説などを考えていくことにしましょう。

『ホツマ』の子守神と子守氏との出会い

ほかの文献にはまったく見ることのできない、子守神あるいは勝手神のことが、『ホツマツタヱ』には豊富に載っています。これはまことに驚くべきことといえます。これから、それらの記述を見ていくことにしましょう。神武天皇より二代あとの安寧天皇の記事の中で、父帝綏靖天皇の御代のことをのべた部分があります。三十一紋です。

時天鈴(ときあすず)　百七十年(ももなそ)ネアト
七月三日(なふみみか)　御子(みこ)磯城仁尊(しぎひと)の
歳三十三(としみそみ)　天(あま)つ日嗣(ひつぎ)を
受け継ぎて　玉手看尊天(たまてみあめ)の
統君(すめらぎみ)　昔菊(ここな)の
花見とて　三十鈴依姫(みすずよりひめ)
川派姫(かわまため)　磯城(しぎ)命黒速(くろはや)命が
館(たち)に行(ゆ)き　御子生まんとし
三日(みか)病める　時夫婦(めをと)来て
これを請(こ)ふ　君に曰(もふ)して
玉手彦(たまてひこ)命　抱え取り上げ
安く生む　磯城(しぎ)命が館(や)朝日
輝けば　玉手(たまて)彦命が御名を
進め言ふ　姓(かばね)を問えば
男(を)は子守(こもり)　女(め)は勝手曽孫(かつてひこ)

賜ふ名は　若宮の大人
守の臣　子守勝手の
二神を　吉野に祭り

時は、古代暦の天鈴百七十年ネアトの七月三日でした。御子磯城仁尊は御歳三十三になられ、父帝から天つ日嗣を受けつがれ、玉手看天の統君とおたたえ申し上げたのでした。

昔、父帝綏靖天皇の御代に、中宮である三十鈴依姫は、菊の花見をしようと、川派姫をともない、川派姫の父である吉野山の磯城黒速命の館に行幸されたのでした。中宮はこの吉野山でにわかに産気づき、御子をお産みになろうと三日のあいだ苦しまれました。そのときに、どこからか夫婦が参り来て、ご出産の手助けをさせていただきたい、と願い出ました。天皇のお許しを得て、夫婦のうち夫の玉手彦が、無事御子を取り上げました。御子がお生まれになると、磯城黒速命の館に朝日がうるわしく輝きわたりました。玉手彦は「玉手」という御名をお進めしました。御子のお名前の磯城仁玉手看尊の「磯城」は磯城命から、「玉手」は玉手彦からとったものです。

この夫婦に姓を問うと、男は子守神の、女は勝手神の曽孫ということでした。両名に「若宮の大人守の臣」の称号が与えられ、吉野に子守神、勝手神を祭るよう命ぜられました。——

驚くべき貴重な記述を見ることができます。このところを『古事記』では、「師木縣主の祖、河俣毘売を娶して生みませる御子、師木津日子玉手見命」——とのみ書かれていて、誤り伝えられて

子守神社の衝立（鳥居礼画）

います。『書紀』には、「五十鈴依媛を立てて皇后とす。一書に云はく、磯城縣主の女川派媛なりといふ。即ち天皇の姨なり。后、磯城津彦玉手看天皇を生れます」――とあり、『古事記』とあまり変わりありません。

子守宮でお会いした崇敬者の方に、子守宮の宮司はもと子守という姓であったという話を聞き、『ホツマ』の伝承と一致するので驚き、現宮司の山本康男氏に尋ねてみると、確かに子守宮から出たといわれる子守氏が、宇陀郡榛原町の母里にいらっしゃるとのことでした。さっそく連絡をとってみると、一族の子守健雄氏を紹介され、お話しをうかがうことができました。健雄氏は日ごろから子守家の先祖のことを知ろうと、仕事のあい間を見ては熱心に調査をされていました。その思い天に感応してか、子守神をしたって吉野の地を訪れた著者と、先祖の事跡を明らかにせんとする子守健雄氏は、時を待たずして会うことができたのでした。やはり榛原の子守は吉野の子守宮から出た、という伝承が家に伝えられていました。また、代々子守神を祭っていたということもわかりました。現山本家の前は、前坊家が代々子守宮の宮司をしており、明治六年まで二十二代にわたっています。したがって、子守家が子守若宮を奉斎していたのはそれ以前になるわけです。お会いしている健雄氏が子守神のご子孫かと思うと胸が高鳴りました。また、健雄氏によって、『日本の歴史の根源』や『神武天皇御東遷聖蹟考』などの良書で知られる勝井純氏の書かれた、『子守家略系譜』があることを知らされました。

子守神社の衝立（鳥居礼画）

同書には、「子守氏は大和国吉野郡吉野町水分（みくまり）山（やま）、別名子守山に鎮座あらせられたる吉野水分神社、延喜式（えんぎしき）内社別名子守の社の代々の神主、大神（おほみわ）氏の直系にして、大己貴命（おほなむちのみこと）の御子、事代主命（ことしろぬしのみこと）の後なり」と書かれていたのでまことに驚きました。『ホツマ』では、大己貴命、事代主命、子守神とその親子関係がはっきり書かれているのですが、どうして勝井純氏はこのように断定できたのでしょう。さらに子守家には、子守宮の子守若宮の神札に描かれたご神像とよく似た掛軸が伝えられていました。なぜ吉野山から榛原の地に下ったかはいまだ不明ですが、この子守神の子孫と考えられる子守家の存在は、『ホツマ』にとって大きな意味をもつものといえます。

子守神の系譜

『ホツマツタヱ』における子守神の役割というものは、たいへん貴重なものです。天孫瓊々杵尊の右の臣、剣の臣として、天児屋根命とならぶ大重臣なのです。また医術神としてのご神徳もすばらしいもので、その内容にはただただ目をみはるのみです。それでは、子守神に関する『ホツマ』の原文を、順を追って見ていくことにしましょう。

十紋「鹿島立ち釣鯛の紋」には、前ものべた大己貴命の出雲国譲りの事件が書かれています。宮中に比肩するがごとき大きな宮を築いてしまった大己貴命は、息子である事代主奇彦命の鈴明の教えによって出雲をあけ渡します。高皇産霊尊はその忠義に免じ、津軽アソ辺の明宮を大己貴命に授けます。そして息子事代主命には、美保関に漁師となって身を隠し、鈴明の教えを説いた忠義にたいし、さらに恩賞を与えられたのでした。

　高皇産霊尊の
大御言「汝大物主

奇彦(くしひこ)や　国つ女娶(めと)らば
疎(うと)からん　わが美穂津姫(みほつひめ)
妻として　八十万神(やそよろがみ)を
司(つかさど)り　天孫(みまご)を守り
奉れ」　賜(たま)ふ万木(よろぎ)は
嘗事(なめごと)の　千草万木(ちぐさよろぎ)の
名を正す　この宮治(し)れば
代々(よゝ)の種　病めるを癒(いや)す
道を別け　世嗣は一人
万木麿命(よろきまろ)　美穂彦(みほひこ)命の妻
陶津身(すえつみ)命が　活玉依姫(いくたまよりめ)
十八子(そやこ)生む　越天智馳(こしあちはせ)命の
白玉姫(しらたまめ)　十八(そや)の姫生む
三十六人(みそむたり)　斎種養(ゆたねひた)せば
勅(みことのり)　賜ふ璽(をしで)は
子守神　瀬見(せみ)の小川に

禊して　　茅の輪に糺す
水無月や　　民永らふる
祓いなりけり

高皇産霊尊の尊いお言葉は、「今汝奇彦が父大己貴に代わり、大物主となったのであるから、美保の関において、その地方の女を娶ったのでは好ましくない。わが娘美穂津姫を妻として、八十万の多くの神々をよく束ね司り、瓊々杵尊をご守護もうしたてまつれ」とのことでした。さらに、近江の万木村をも賜ったのでした。万木村には多くの薬草薬樹が植えられ、嘗事に用いる千草万木の名を明らかにし、その効用を正確に把握することができたのです。この万木の宮を奇彦命がお治めになると、世の中の民の病を治す、和方の道が開けたのでした。そして、奇彦命の御世嗣はただ一人で、その御名を万木村で生まれたのにちなみ、万木麿命とたたえ、諱を美穂彦と名づけました。

美穂彦命は、やがて陶津身命の娘、活玉依姫を娶り、十八人もの男子に恵まれました。さらに越天智馳命の娘、白玉姫は十八人の女子をお生みになりました。三十六人もの斎かしい御子たちを養育されたので、天照大神から子守神という璽までも賜りました。子守神は瀬見の小川に禊され、茅の輪くぐりの六月の祓いの神事を民に教えられ、人々に長寿を与えられたのでした。——

「万木」は、滋賀県高島郡安曇川町に、西万木という地名が残ります。「嘗事」は、大嘗祭のところでのべたように、年中の行事であり、ヱの嘗(なめ)、ヒの嘗、タの嘗、メの嘗、トの嘗、ホの嘗、カの嘗、ミの嘗と、それぞれの季節に応じ、いろいろなものを食し用います。それに使用する草木を万木村にて育てていたことがわかります。「瀬見の小川」とは、京都下賀茂神社の境内に流れる小川。

伊奘諾尊(いざなきの)

素戔嗚尊(そさのをの)

大己貴命(おおなむちの)
　諱　奇杵(くしきね)　俗名　大黒神　　妻天照大神の女　竹子姫
　官職　大物主

事代主命
　諱　奇彦(くしひこ)　俗名　恵美須神　　妻高皇産霊尊の女　美穂津姫
　官職　事代主　のち大物主となる

子守神
　幼名　万木麿(よろきまろ)
　諱　美穂彦(みほひこ)
　官職　大物主

子守神の系図

この原文により、子守神が奇彦命の子供であったことが明らかになります。また、奇彦命は事代主という大物主の代行役の官職にあったのですが、父大己貴命が出雲の事件によって、津軽の地に隠棲されたため、代って大物主に昇格します。瓊々杵尊にお仕えし、忠義を尽されたのち、息子の子守神がこの役職を引き継ぎ、同じく瓊々杵尊にお仕えもうしあげ、重臣となるのです。大己貴命は素戔嗚尊の子ですから、その系図は前掲のようになります。

医術の神々と子守神の御子たち

先の原文からは子守神の系譜のほかに、父奇彦命が薬草薬木の仕事をされていたことがわかります。奇彦命は医術の神であったということができます。また奇彦命の父大己貴奇杵命も、以前に少彦名命と全国を巡り、医術を伝えたことが文献にしるされています。『日本書紀』には、「夫の大己貴命と、少彦名命と、力を戮せ心を一にして、天下を経営る。復顕見蒼生及び畜産の為は、其の病を療むる方を定む」——とあり、『ホツマツタヱ』には、九紋に、「少彦名命は これと言ふ 奇杵命篤く 恵むのち ともに努めて 遷し国 病めるを癒し」——ともあります。さらに子守神は、のちにのべるように妊娠に関する医術に長けた神であることが、『ホツマ』に多くしるされています。したがって、大己貴命、事代主命、子守神の三代ともに医術の祖神として、まことに重要な血脈を保っていたことがわかるのです。大己貴命が、少彦名命とともに医術を広められたのにたいし、御孫である子守神は、勝手神とともに子種得る道を広められたのでした。

また子守神は医術との関係において、先の原文にもあったように瀬見の小川に禊され、茅の輪の神力によって六月の大祓いをおこない、悪霊を祓い清め、民に長寿を与えられたことも忘れてはなりません。

子守神はまことに多くの御子を、育てられたことでも有名です。原文十紋を見ましょう。

三代大物主御子の名歌
子守神子の　兄は神立命
次積葉命　吉野御子守命
四つは四手彦命　次は千早日命
小瀬津彦命　七は楢彦命
八坂彦命　九は武経津命
十は千代命　十一は簑島命
十二太田命　つぎは岩倉命
歌見分命　月の御子守命

十六鷺巣命　次は桑打命
弟麿命ぞ　一姫は元姫
玉根姫　五十依姫に
群野姫　御衣織姫や
酢芹姫　水垂姫に
八重子姫　小万木姫に
椙姫　三千鶴姫や
葉揉姫　梅散姫に
麻姫や　葉桜姫と
若根姫　粟生姫と
十縒姫　総三十六神
子宝ぞこれ

前半の男子十八名は活玉依姫に生ませた子であり、後半の女子十八名は白玉姫に生ませた子です。

それにしても、なんと大勢の御子たちでしょう。子育ての子守神にふさわしい数です。この中で、吉野御子守命が注目されます。子守神の子孫として安寧天皇がお生まれになるのを助けた玉手彦と関係があるかもしれません。十四紋に「また美穂彦命が　三十六子を　養す心は　吾身に応え　賜ふ璽（をしで）は「子守神」という天照大神のお言葉があり、子守神が三十六人もの子供を養育されたことに、大神がたいそう感銘された様子がうかがわれます。

子授けの祈禱

吉野子守宮には、古風な子授けの祈禱が伝えられています。当宮より出されている「授子之守（まもり）に就いて」をまず見てみることにしましょう。——

子守若宮御札

「授子の守りの説明を致します。お馬に乗られるお方が、子守宮ともうし、この神様が白馬の早馬をもちて、お授けにお越しなされるといわれるお方にて、そのお札はそのまゝお祭り下さい。御産衣之守(をんうぶぎのまもり)と書いたお守りは、お授けのお守りです。その包み紙は守りですからそのまま祭り、包みの中より小さき着物を出し、それを新しき白紙に包みかへて、夜分お休みになる夜具の下へ、ご主人の知らない間に敷いてお休みになって下さい。

翌朝その敷いた着物を箪笥(たんす)の小引出しの中にでも入れて置き、翌晩も敷きます。これをお授かりになるまでくり返すのです。そうしますと早き人にて三箇月目にか、おそき人にて三箇年目にお授かりを受けると申されてゐます。

お授かりになれば、それまで夜具の下に敷いて居た着物は敷くことがいりませんから、元のお守り包みの中へ納めてお祭り下さい。次に赤い小さいお守りは、奥様の体につけておいて下さい。次にお守り全部のお祭りを致します場所は、神棚へお祭り下さい。神棚が狭ければ、居室のいゝ方向に棚を造りお祭り下さい。

次にお供へ物は、四季の物何でもよろしい。ただしねぎ、たまねぎ類と、たこ、いかの様に見苦しき物は、お供えなさらぬ様いたして下さい。又牛肉を召し上る節は、召し上るまでに大神に拝礼いたして下さい。召し上った後は拝礼不可です。

御主人がお酒をお上りならばお酒と、洗米と、お塩と、お水とお供へいたし、その外にお魚か、野菜か海草か果物か何にてもよろしく、どちらか一品添えてお供へ下さい。ご主人がお酒をお上りなき時は、お供へしなくてもよろしく、そして出来得るだけ、毎日お供へをいたして下さい。毎日でしたら洗米と果物、又は洗米とお水と野菜、又は魚とか貴女様が今日はこれをお供へいたしませうと思った物をお供へいたして下さい。何でも結構、美しく珍しい物で宜しい。

お授かりが有りました人々に聞く処によりますれば、毎日お供へをいたしたと申されますが、貴家ではご多忙なる家でありましたならば、月の十九日が子守宮のご祭日で有りますからこの日だけでもお供へして拝礼いたし、何卒ご信心いたされまして、一日も早くお授けを受けられますよう、お祈り申し上げます。

次にお授かりがありましたら、当社にて安産祈禱もいたしますから、ご通知のほどお願いいたします。

次にお子様がお授かりになって、目出度くお生れになりますれば、守りの中より前の小さき着物を出して、子供の常着の肩裏か、又は襟芯にして、又は着物の一部分に縫い付けてやって下さい。この様にすれば、お子様が無事成長すると云ひ伝へられて居ります。

次にお礼詣りには、新しき着物を、大小はかまいませんから二枚作りまして、お詣り下さるか、又は遠方でしたならば、お送りを願っても宜しく、右の通りいたして下さい。

次に御産衣之守の中の着物が白なれば男子、赤なれば女子と云ひ伝へられて居ります。

尚毎年四月十九日と十月十九日の午前十一時より、子守若宮様の春秋の例大祭を行ひます故、ご参拝下さいますれば結構かと存じます」――

なんとていねいな案内でしょう。子守神のご神徳の温かさをしのばせる文章です。牛肉を食す前に大神に祈り、食後は拝礼不可、というところにこのお宮の古儀(いにしえぶり)を感じます。

さて、めでたく子が授かると、今度は安産の祈禱がおこなわれます。神社から一枚の早馬神像の紙札が送られてきて、その紙札に書かれている「子守明神早馬御像」の「子」の字を切りとって飲みこみます。

さらに腹帯をするようになったら、「子守宮」の小さなお守りを帯の中に入れておきます。かくしてめでたく玉の子が授かるというわけです。

この神社の神札に描かれた、早馬に乗った子守明神のお顔はまことに美しいもので、子守宮の美意識の高さがよく表われ、当社のご神体であり、国宝でもある玉依姫(たまよりひめ)神像とならび称せられるべき像と思えます。

わたしが二度目に吉野を訪れたのは、桜の葉々が紅く色づきはじめるころでした。折しも秋季若宮祭がおこなわれ、そのすばらしい祭典に参列することができました。子守若宮を信仰する熱心な人々が、各地から吉野山の上の千本に鎮座する子守宮に集まってきます。都の派手なお祭りとは異

祝詞を奏上する故山本康男宮司

なった、古風な雰囲気の中に神が降臨されることを身をもって感じるような、清浄この上ないお祭りです。

修祓(しゅばつ)、宮司一拝、開扉(かいひ)、献饌(けんせん)がおこなわれ、そのあと祝詞(のりと)奏上があります。その中で、子授けの祈願者、授かった御子たちを三十分ぐらいかかって丹念に読み上げていきます。その数四百人あまりにも達します。宮司が祝詞を奏上しはじめると、ぽつぽつと降っていた雨がにわかに滝のようなどしゃ降りの雨となり出席者一同ふしぎに思っていましたが、宮司の祝詞が終わると同時に雨が止み、青空が見え、さわやかな秋の日が雨に洗われた境内の桜の葉々にさし込みはじめたのでした。そのきらきらとした清々しい風景はまことに美しいもので、水の神である水分神(みくまりのかみ)がお喜びになっているのではないかと思うほどでした。

『ホツマ』の子授けの神歌

ここで『ホツマツタヱ』に記された、子守神の子授けに関する記述を見ることにしましょう。十四紋は「世嗣祈る祝詞の紋」で、全体が天照大神の説かれた子授け、子孫繁栄の話となっています。その中でつぎのような原文があります。

われ昔　日の輪にありて
照らせども　人身を受けず
導かず　二神ために
両親と　成りて招けば
人の身と　成りて孕めど
長居して　九十六月まで
苦しむる　やゝ生まるれど
身養しに　一日も安き
心無し　わが身は君と
成るとても　親の恵みを
返さんと　伏して思えば

子を授く　道は恵みを
返すなり

わたしは、昔まだこの世に生まれ出る前は、日の輪の中にいて、人々を天界より照らしていたが、この世で人の身となって、直接臣民を導き教えることはできなかった。わが父伊奘諾尊（いざなきのみこと）とわが母伊弉冉尊（いざなみのみこと）は、乱れた世の人道を明らかにしようと、両親となって、天界のわが内霊（ちたま）をこの地上にお招きくださったので、人の身となることができたのである。

母の胎内に宿っていたが、九十六箇月もの長い間いて母を苦しめてしまった。やっとのことで生まれたと思ったが、両親は私をご養育されるのに、一日とて心安まる日がなかったのである。この両親の温かい御心によってやがてわたしは君の位に執いたのであるが、今までの数えきれない親のご恩をいかにしてお返ししようかと、地にひれ伏す思いで考えるのであった。天に世嗣（よつぎ）を請（こ）いわたしが授かったのであるから、民に子を授く道を教えることこそが、そのご恩を返すことであると思ったのである。——

この部分は『ホツマ』の教えの本質を知る上で、とても大切なところであるといえます。『ホツマツタヱ』の神代に相当する部分は、天照大神の教えが中心となっています。そしてその中でも、右に見るごとく、子授けの教えというものが天照大神の最大の課題であったことがわかります。したがって、子授けの教え、すなわち子孫繁栄の道こそが、『ホツマ』の中のもっとも重要課題であるといえるのです。子孫（うみのこ）の八十連（やそつづき）の道こそが、神代の風儀（てぶり）の大きな基盤となっているのです。天照大神の大御心の第一義が、民によい子種を授けることであったことは、『ホツマ』を学ぶ上で忘れてはならない重要なことがらです。また、外来の文化を排除して、日本の伝統文化というものを考えるとき、このような子孫繁栄の考え方というものが、その底流をなしているということも忘れてはなりません。このような生への讃美にもとづく古風（いにしえぶり）とまったく反対の考え方が、美術史における「枯れ」という概念です。禅庭園における枯山水などは、このような日本の風儀、美意識とはまったくかけはなれた世界といえます。日本というものをよく知らない外国人や、日本の美術評論家と称する人たちが、「枯れ」をもって日本の美意識の代表であるかのように語っているのは、まったくの間違いなのです。日本の美意識は「生き」にあるのです。

天照大神の神歌にこうあります。

わが心　招けトホカミ
ヱヒタメの　国は道延ぶ
器者　招かば上に
現はれて　ハタレ破れば
障（さわり）無し　身の清（すが）なれば
神心（かみごころ）　恵みて花に

実を得るぞ　伊勢の教ゑの
天に応ゑて

わたしの心を伝えるトホカミヱヒタメ八神に常に祈り、その守護を得よ。さすれば国の道は栄えるであろう。ひとたび祈り招けば、八神が頭上に現われ、子孫繁栄を防害するハタレ大蛇らを破るのである。身を清浄に保てば、神の御心に感応して、その御恵みを受け、花に実を得るごとく、子宝が授かるのであるぞ。伊勢の道を正しく歩むことにより、天神の恵みに応えるのである。――

子授けの祝詞は、かくのごときであると天照大神がおおせになると、そのお言葉にいたく感動された春日若彦天児屋根命が立ち出でて、天照大神を拝し謹んで神歌を詠まれたのでした。

天祈る　子の手柏ゆ
音を直ぐ　宿るおなかの
御子となる　この子は真直ぐ
両親の　苗の世嗣の
御子となりけり

この歌の解釈が『秀真政伝』に載るので見てみることにしましょう。――

「天祈る」とは天のトの大本の神に祈ると申す事なり。「子の手柏ゆ」とは、子欲しくおもひて、柏手を打ちて神を拝みいのると申す事。「音を直ぐ」柏手の音と直ぐに、子胤を授かる事、神感の速かなる事忽(たちまち)なりとの事。至りて感応のあらたなるを申し給ふ所なり。「この子は真直(ます)ぐ　両親(たらちね)の」此(こ)の如(ごと)く、天神に正しく祈り孕(はら)み産む子は、性質正直にして、父母の志しを受け継ぎ、氏系図を相続して、親の家業を守る善き世嗣ぎの子となるとの、有難き神歌なり。此稚彦(このわかひこの)命は、大和春日(かすが)宮の御生れにして、興台産霊(こことむすびの)尊の御子なり。性質正直にして明聖にまします事、天照大神と御同徳と天下万民是を称し奉りし御神なり。——

このように天児屋根命(あまのこやねのみこと)が三度(たび)歌い終わると、美穂彦(みほひこ)子守神が感動し、神歌を御前に披露されたのでした。

　子を請ふる　夫婦(いもをせ)中に
籠(こも)り来(く)の　子守育てん
　親(たらちね)の神

『秀真政伝』を見てみましょう。——

「子を請ふる」とは、子をきっと得るなり。父母と成りては、子を慈しみ愛する所にして、子に代えては欲しきものなし、とおもふが人情なり。子孫なければ、天の捨て人なり。後世浮事あたわずとの神教(かん)えなり。鳥獣虫に至るまでも、子を育てる事を欲するなり。人体にして子孫相続を欲さずば、虫にも劣れるなり。然らば、坊主共は蝨(しらみ)にも劣れるといふべし。神の道は此(こ)の如(ごと)く、いかに世を渡すとは申しながら、釈迦(しゃか)は無理なる事を申し立て、人種を失う事を天の罪人とおもふべきものなり。「夫婦(いもをせ)の中に籠(こも)り来(く)の」いもをせとは、妹背(いもせ)にして、子を生みたる夫婦の事。こもりくのとは、籠り来たるの、にして、子の育つ事は、父母の情けの養育にあらざれば育ちがたし。父母の情けのあたたまりにて育つもの故(ゆへ)、籠り来のと申し給ふ。「子守育てん」は、子守り育つなり。此(この)子守り育つと申し給ふ所、深き意味の有る事なり。此(こ)の神は大己貴命(おほなむちのみこと)の御嫡男(ごちやくなん)事代主命の御嫡子にして、御生れは、近江高嶋郡(ごほり)万木(よろき)村なり。神道に達し、医術に通じ、語音に通じ、人相に明らかにして、先づ人相を見て知り、脈を取りて知り、語音を聞きて知り、此(こ)の三智を以って考え知り、病を察して治療を加え給ふ故に、一子も過らずして、三十六子を育て給ふ。父母の道に明らかなり。故に「親(たらちね)の神」と申し給ふなり、此の御歌を三返うたひて奉り給へば、汝は男子十八人女子十八人都合三十六人を生み育て、一子もあやまつことなし。よく育てる事の妙を得たるの神なり。――

『秀真政伝』では、「夫婦(いもをせ)中に」が、「夫婦の中」となっています。このように子守神も三度歌われると、こんどは安彦勝手神も天照大神の前に出で、敬いながら歌を詠むのでした。

安々と　桜の葉々(はは)の
嬰児(みどりこ)を　勝手にかけて
出でや生ません

「安々と」は、子を産むことの安々と申す事なり。婦人は安産を第一の幸とする所にして、難産は不徳なり、常に情けなく、不信心なる故なり。仏法にも産に損死したる女は、死後血の池にはめられるといふも一理のいましめなり。子を孕めば夫婦の交り慎むべし。難産の患ひあり。また、子病身と成る故に、古への神等は、産屋を遠路に造りて、遠のき給ふ事あり。また、産後七十五日交合を忌むべし。血逆波立て血病と成る故に慎むべき神教へなり。「桜の葉々の嬰児を」とは、桜は花春早く咲き、直ぐに実るみどり葉を生じ安く、故に婦人は月の花早く咲き直ぐに孕み産むを以って目出度しとする所のもの故、桜の母と宜かけ給ふ所なり。「勝手にかけて　出でや産ません」とは、出産に及べば、今という今、勝手に産ませるといふ御誓ひ言なり。——

　このように、勝手神も三度歌われました。すると天照大神はたいそうお喜びになられ、春日若彦命には天から授かる児を屋根となって受けとめ守護するという意味と思われる天児屋根命の名と、春日神の名をお授けになったのでした。また美穂彦命には子守神、安彦命には勝手神の名をお与えになりました。そして、諸神にたいし、「もし、嗣子を祈るのであれば、わが歌と天児屋根命、子守神、勝手神の歌は、みな天に感応する神歌であり、教えの歌であるので、これを念じて歌い給え。諸民も必ずこのことを忘れてはならぬぞ」とおおせになられたのでした。

『ホツマ』の十四紋には、以上のような子授けの神歌が多く載り、たいへん注目されます。天児屋根命、子守神、勝手神の神歌は三回くり返すことに特徴があります。『ホツマ』にはこのほかにも、「サツサツヅ歌」など、三度くり返す神歌の例が見えます。また右三神のたたえ名は、いずれも子授けと関係のある名であったことがわかり、すばらしいことと思えます。

勝手神

ここに出てきた勝手神は、『ホツマ』の中で子守神とならび、お産の術に長けた神としてとても重要な神です。前にものべたように、人皇二代綏靖(すいぜい)帝の御代に、子守神の曽孫(ひいまご)の夫と勝手神の曽孫の妻があらわれ、この夫婦に子守神、勝手神を吉野に祭るようにとの勅命があったことが書かれていました。

現在勝手神社は、やはり吉野郡吉野町吉野山の子守宮の近くに鎮座していて、下宮の勝手神社、上宮の子守宮とならび称されています。

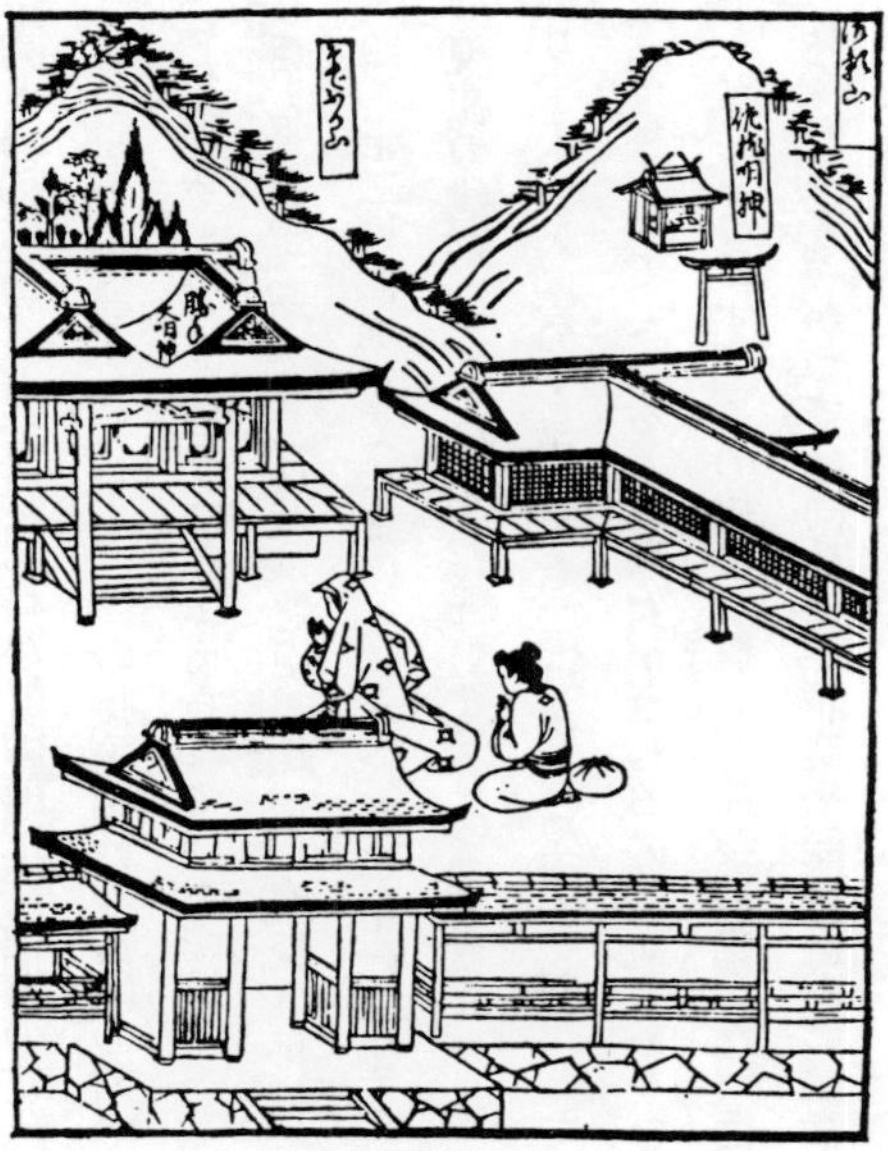

勝　手　社

文治元年（一一八五）の暮れ、源義経と雪の吉野山で涙ながらに別れた静御前は、従者の雑色男に金銀を奪われ、山中をさまよっているところを追手に捕えられて、この勝手神社の社殿の前で雅(みやび)た姿で法楽の舞をまい、居ならぶ荒法師たちを感嘆させたという話が伝えられています。

勝手神社の祭神は、大山祇神(おおやまつみのかみ)、木花咲耶姫命(このはなさくやひめのみこと)ほか三神で、社殿は豊臣秀頼(ひでより)が、慶長九年（一六〇四）に改修しましたが、正保元年（一六四四）十二月に焼けてしまいました。翌二年に再建され、さらに明和四年（一七六七）にもまた焼失、現在の建物はこの後の再建になるものです。

社殿のうしろには袖振(そでふり)山という小山があり、天智天皇の十年（六七二）、大友皇子に対抗して吉野宮滝に兵を挙げた大海人(おおあまの)皇子がこの神前で琴をかなでていると、天女がうしろの山から袖をひるがえして舞いながら現われ、吉兆を示したということです。この故事が豊明節会(とよあかりのせちえ)に少女たちによっておこなわれる、五節(ごせち)の舞いの起りとされています。かつては同社に、雅楽や能が盛んに奉納されたそうです。

右のように勝手神社は慶長九年に秀頼によって改修されています。子守宮の再建も秀頼によって同年になされています。秀頼は子守宮に祈願し授かった子であるのにもかかわらず、勝手神社まで改修したということから、当時までは勝手神社も子守神同様子授けの神という伝承が残っていたか、あるいは一体不可分のごく親密な関係にあったことが充分想像できます。

十紋の末尾に、「勝手神世嗣得(よつぎえ)る歌」というのがあり、つぎのように書かれています。

葛城の　一言主が
陶津身命が　安玉姫と生む
葛城麿命　諱安彦
美穂彦命と　心瓊産霊命の
伝ゑ受け　宮内に居れば
大御神　璽賜わる
勝手神　これも世嗣の
歌の道かな

この歌より、勝手神は葛城の一言主命が安玉姫と生んだ子であり、幼名葛城麿、諱安彦と称し、先にもあったように、天照大神から勝手神のたたえ名を拝受したことがわかります。また心瓊産霊命は兵主命のことで天児屋根命の父君です。奈良県御所市森脇には、葛木坐一言主神社があります。そこで、十四紋を見てみましょう。

カガンノンテン
そろふとき　左は谷の
桜内命　御世の桜の
均し歌　右は大山

香久祇命(かぐつみ)の
祝ひ歌
カガンなす
御柱を
御手(みて)結び
招き請(こ)ふ
ノンなして
木綿花(ゆふはな)に
紙進む
デンなして
幣串手(ぬさぐして)
木の実(こみ)なる
諸(もろ)拝む

ときじく香久(かぐ)の
心瓊産霊命(こことむすび)の
春日若彦命(かすがわかひこ)
世嗣御座(よつぎみくら)に
天の御祖(あめのみをや)を
大物主命(をゝものぬし)が
万木磨美穂彦命(よろきみほひこ)
八色和幣(やいろにぎて)の
一言主命(ひとことぬし)が
葛城安彦命(かだきやすひこ)
四十九(よそこ)の花に
アグリを得んと

「カガンノンデン」は『ホツマ』の中の難解語の一つで、カガン・ノン・テンが別々の意味を持ちます。右の美しく幽玄な感じのする祈禱は、こ

勝手神社

の紋が「世嗣(よつぎ)祈る祝詞(のとこと)の紋(あや)」であることから、御世嗣のための御種(みたね)を天に請うための祈禱であることがわかります。心瓊産霊命(ここととむすびのみこと)は春日若彦天児屋根命(かすがわかひこあまのこやねのみこと)の父君であり、大物主奇彦命(くしひこのみこと)は子守神万木(よろき)美穂彦命(みほひこのみこと)の父君であり、一言主命もまた、勝手神の父君なのです。三組の父と子が一体となって厳粛なる神事をとりおこなっている様は、古代の神秘の力強さといったものを感じさせ、「カガンノンテン」は神代の手振(てぶ)りの奥義を想像させてくれます。右の原文をまとめるとつぎのようになります。

左の臣　谷の桜内命――御世の桜の均し歌
右の臣　大山香久祇命――ときじく香久の祝い歌
心瓊産霊命(ここととむすびのみこと)「カガン」――天児屋根命(あまのこやねのみこと)「御柱」
大物主奇彦命(くしひこのみこと)「ノン」――子守神「八色和幣(やいろのにぎて)」
一言主命(ひとことぬしのみこと)「テン」――勝手神「幣串(ぬさぐし)」

原文中の「四十九(よそこ)の花に　木(こ)の実(み)なる」とは、天界高天原(たかまのはら)に坐(ま)す天御祖神(あめみをやのかみ)、および四十八(よそや)の言霊神、計四十九神(よそこのかみ)の神力により降される人々の生命が誕生することを意味します。御祖神であるアウワの神は生命の根源元気であり、トホカミヱヒタメ八神は人々の魂緒(たまのを)を分け降し、命を結い和(ゆやわ)すのです。アイフヘモヲスシ八神は人の音声(ねこえ)を授け、五臓六腑(ゐくらむわた)を整えます。また三十二(みそふ)の神は眉目(みめ)形(かたち)を日夜のまにまに守護するということが『ホツマ』『フトマニ』などに書かれています。

また、ここに出る「御柱」「世嗣御座」「八色和幣」などは、天界高天原と直結するための原理にしたがったものと考えられます。このような高度な神事の中で、先の子授けの神歌にも現われた天児屋根命、子守神、勝手神がたいへん重要な役割をはたしていて、子授けとこの三神は切っても切れない関係にあることがわかります。

鹿島神宮

子守神の「御種文」

『ホツマツタヱ』の十六紋は「孕み慎む帯の紋」で、ここに子守神のお説きになられた『ホツマ』の中でもきわめて難解にして深遠な、妊娠に関する神代の古義が載っているのです。子授けの神としての子守神のご神徳を語る上で、どうしても見のがすことのできない部分であるといえます。今日の近代科学がやっと知り得た受精卵の回転が、すでに『ホツマツタヱ』の十六紋に書かれているのです。『ホツマ』の中でもとくに驚異的な内容といえましょう。その内容を見ていくことにしましょう。

武甕槌命、すなわち鹿島神にはただ一人の姫がいらっしゃいました。男の子供がいらっしゃらないために、その道の奥義を伝えるべき婿を探さなければなりませんでした。そこで鹿島神は、過去に朝敵のハタレ魔軍討伐のときにともに戦った仲でもある、香取宮の経津主命にご相談されたのです。香取宮では門に経津主命がお出迎えになられていて、お互いにていねいなご挨拶を交わされたのち、宮に入りお話しをはじめました。武甕槌命がおっしゃいました。

「経津主命はすでにご承知のごとく、わたしには一人の姫しかございません。ゆえに、嗣子となるべき婿が必要でございます。今、経津主殿の甥君の天児屋根命は、世にほまれ高く、天照大神からは、かしこくも春日神というごりっぱなたたえ名まで賜ったということ。願わくば、どうか経津主命が仲人となって橋かけなしては下さるまいか」

経津主命はお答えになり、「先に、わが甥の若彦は勅命によって、勿来の浜を通りがかったときに待ち迎えて、はじめて相まみえました。それより今日にいたるまで、親しく交わっております。今鹿島君のそのご縁談を成就させれば、わたしにとっても、まことに喜ばしきこと。若彦はわが子のようなものです。両名の仲を相とりもちましょう」

上古よりわが国では、結婚に際して仲人をかならず立てなければならない習わしでした。仲をとりもつことや、神が人々を教え導くことを、浮橋を渡すといっていたのです。

さて、鹿島神、香取神の二神は、東北日高見の地の高天原の都に登られ、婚儀の許しを受けたの

香取神宮の楼門

ち国にお帰りになると、若彦命の父君である心瓊(ここと)産霊命(むすびのみこと)が、式のよき日どりを占われたのでした。

めでたく祝いごとを終え、お二人は仲むつまじくお暮しになられていました。若彦天児屋根命は宮中にお仕えになり、いつしか姫君もご懐妊されたのでした。この由(よし)を高天原にご報告すると、子守神に出産までのことを聞くようにとの勅がありました。姫君はそれにしたがい、子守神のところに行かれ、妊娠に関する御機の文を子守神に請うたのでした。すると子守神は、「この子守さえも、あなたの夫の天児屋根命にその道を習ったのですから、夫君にお聞きになった方がよろしゅうございましょう」とおっしゃいました。姫は帰られて、天児屋根命におたずねになりました。児屋根君は、「わたしにもまだわからぬところがあるので、よそに聞かねばならぬのだ」とおっしゃるので、姫は心迷ってしまわれたのですが、もう一度子守神に聞いてみることにしました。

ここに子守神の「御種文」が説明されます。まず、天地の原理の説明からはじまります。これは天地の理と、人体の理が一つであるという古代思想にもとづくものでしょう。

　　　　天地いまだ
分かざるに　ウイの一息
円にて　水に油の
陰陽分かれ　陽まづ登りて
天となり　陰はのち降り
地泥の　埴水分けて
埴は山　水は海なり
陽の空　風と動きて
火と化ける　ヲセの宗元
日と丸め　天近く巡り
陽に配る　イモの源
月と凝る　埴に近き故
陰に配り　空風火と

水埴の　五つ交わりて
人となる

天地がいまだ分かれていないとき、まずウイの一息が円を描いて巡りはじめました。すると水と油が上下に分かれるように、陰陽が分かれたのです。陽がまず登り天となり、陰はそのち下って地涅となりました。地涅はやがて埴と水に分かれ、埴は山をなし、水は海をつくりました。陽である空は風となって動き、それが火を生じました。ヲセの宗元を日と丸め、天の近くを巡るゆえに陽に配し、イモの源は月と凝り、地球に近いゆえに陰に配しました。やがて、空風火と水埴の五元素が生じ、それらがまじわって人体ができました。

　　のちはイモヲセ
嫁ぎ生む　男は埴に向ひ
嫁ぐとき　昼光の精水
骨油　女は天に向ひ
交わりの　夜陰根の丹血が
血腑なす　父の昼光精水
玉島え　精子走るときに
ちなみ合い　昼は丹上に

左昇り　夜は精上に
右降り　明日二巡り
三巡りと　三十日には三十回
三十一日踏み　三日足り緩む
たらむとて　母の慎み

人体が生じてのち、男と女は結婚し子を生みます。天に配す男は、地に向い女と交わるとき、昼の光の要素をもつ精子は子供の骨油となります。地に配する女は、天に向い男と交わるとき、夜の闇の要素をもつ卵子は、子供の血脈となります。父の昼光精液は卵管へ馳せ出でて、卵子と結合します。「精子走る」とは、一年の内の十二月に相当します。やがて精子と卵子が結合すると、昼は赤い日が昇るように、赤い丹血すなわち卵子が左より昇り上となり、夜は白い月が昇るように、白い精水すなわち精子が上となり、右より降って回転をはじめるのです。この精子と卵子が睦みあいはじめて赤い日である卵子が昇ることは、初日の出と同じものであり一年の内の正月に相当します。これは、先の天地開闢のときのウイの一息の巡りはじめと全く同じ原理なのです。

つぎの日は二回転し、つぎの日は三回転となり、やや三十日には、三十回転となります。三十一日目にしてその回転は止まり、三日のあいだ休みます。このことを「たらむ」といって母は身心ともに慎まなければならない節目なのです。

男の息吸　一万三千六百八十
女の息吸　一万三千百八十六
御種得て　母に増す息
三百六十の　明日は七百二十
三日千八十　三十日一万八百
三十八日に　一万三千六百八十
元と増し　二万六千八百
四十六度　増し止まりて
御巡りは　二月ののち
三日走り　皺さらに着る
着新とて　母の慎み

男子の呼吸数は一万三千六百八十回で、女子は一万三千百八十六回です。受精し妊娠することによって、母の息の数は増してきます。一日で三百六十回、つぎの日は七百二十回、三日で千八十回、三十日目には、一万八百回、三十八日目で一万三千六百八十回と、元の呼吸数と同じ数が増して、母の息の数は二万六千八百四十六回となります。そして増すことをやめます。

授精卵の回転は、二箇月ののち三日走り、皺をさらに着ます。一年でいえば二月にあたります。

これも節目ですから、母は身心ともに慎みをもたなければなりません。

六十四日は　六十四巡りに
窮まりて　御巡りすべて
千八十なり　ついに種なる
オノコロの　胞衣の臍の緒
皮車　やゝ肉を盛り
巡り減る　明日六十三度
つぎ六十二　細り巡りて
三月には　三十九となれば
三日休む　嬰児花成り
八夜勇む　八夜も慎み

六十四日目は、六十四回転となり、巡り極まって、計千八十回転となります。ついに天地開闢のときにオノコロと国々ができたように、子種も人間らしくなり、胞衣とのあいだの臍の緒は皮車のようになっています。このころから、少し肉をつけながら回転が減ってきます。つぎの日は六十三回転、つぎの日は六十二回転と少なくなって、三箇月目には、三十九回転となり三日休みます。そして八日間勇みます。「八夜勇む」ので、三月にあたります。この八夜のあいだも母は慎みをもって暮さなければなりません。

四月には　子の身潤うも
慎みよ　五月は元の
一巡り　息は二万六千
八百四十六　腹帯の婦
慎みよ　天元に招く
荒御霊　月は和霊
両親の火と　三つ交はりて
心生き　成りて水通ふ
露あふれ　六月至れば
乾くゆえ　臍の緒管に
血汁通ふ　七月血を煮て
五色埴　これ臓腑と
足踏なす　ここも慎み
八月にて　十二歯成り歯の
歯成るとき　母の慎み

これなるぞ　父はチ・テ・トの
璽（をしで）なり　九月眉目声（こつきみめこえ）
備わりて　十月座居し（とつきくらい）
十二月（ふそつき）は　月満ち生まる
御種（みたね）これなり

四箇月目になると胎児の身も潤い一年の四月（うつき）にあたります。ここも慎みが必要です。五箇月目には、回転がもとのように一巡りとなります。息の数は、二万六千八百四十六回です。このころサツサ腹帯をしめます。一年のうち五月（さつき）にあたります。このときも、さらに慎みを必要とします。天元（あもと）に招く日の荒御霊と、月の和霊（にこたま）と、両親（たら）の火（ほ）の三つが交わって胎児の心が生きるのです。すると水が通い、露があふれますが、六箇月になると逆に乾きます。水が乾き無くなる六月（みなつき）となります。この水の乾きによって、こんどは臍（へそ）の緒（を）に血液が通うのです。

七箇月目は、天地開闢のときに、ウビコが煮上ったように、血が煮上って五色の埴（はに）ができ、これが五臓六腑（ゐくらむわた）となり、足踏みをはじめます。七月（あふみつき）です。このときも、身心を慎まなくてはなりません。八箇月目には十二の歯のもとができます。八月（はつき）です。このときも、母は慎みをもちます。父は、後世チチ、テテ、トトというように、チ、テ、トの璽（をしで）の神力をもっています。九箇月目には、眉目（みめ）形や声も備わって、十箇月目にはいよいよ出産を待つために下におりて座居（くらい）します。十二箇月にして、産み月が満ち産まれるのです。

子守神の「御種文（みたねふみ）」の教えは以上のようなものでした。折しも姫が嘆かれておっしゃるには、

「おなかの子を思うことは、風の中の灯や、積みかさねた卵のようなもので、まことにたよりのないものです。心休まる日もなく、水が欲しくなったり、酢が欲しくなったりするのです。そうかと思えば動悸がしたり、顔がのぼせ手足が冷えたりと、終日（ひねもす）悩み、食事ものどを通りません。胸が痛み、目がくらんだりで、たまに体調が良い日は、豆を拾い、あまり楽をしないようにしております。今わたしの呼吸数は、以前より四十回ほど足りません。こんな病のようなわが身の、なんと悲しいことでしょう」

子守神は、そういう姫の呼吸をごらんになり、腹を撫でてヱミス顔をされました。

「呼吸数が足りないのは、女の子がおできになった証拠です」

すると姫君は思いだして、こうおっしゃいました。

「そういえば、わが殿君が交わりを終えたのち、床の中で語られるには、――わたしは女の子をもうけるであろう。喜ぶべき子孫繁栄の門（かど）開きである。男子というものは、日の御魂からなるのである。籠来（こもりく）の御柱に向い左にいて女（め）を招き、男（を）がまず巡って女を包む。女がせばまりて、精液（しじなみ）が馳せ出でて受精すれば男子が生まれるものである。女子を生むには、女は月の御魂からなっているの

で、女がまず御柱を巡って男を包む。男子の精液の勢いが弱まり、子宮が内につぼんで受精すれば女子が生まれるのである。

女の子は月と感応しているので遅く巡り、呼吸の日々の増加も、初日は男子が三百六十回であるのにたいし、女子は三百四十回である。二十九日目には、一万一千六十三回増し、三十日目には一回減って、三十一日目より三十三日目までの三日間は、一日に十九回減る。三十四日目には、もとにもどって、それ以上は減らず、三十五日目には、また三百四十七回の増加からはじまるのである。四十日目には、もとの一万三千百八十六回と同じ数だけ増し、計二万六千三百七十二となって、道が窮まるのである。

しかしながら、天照大神は胎内に九十六箇月もの長い間いらっしゃった。この天児屋根は百箇月であった。手力雄命は三十六箇月、猿田彦命は十六年もの長きにわたって胎内にとどまっていたのである。だがこれはごくまれなことである。普通、男子は十二箇月、女子は十箇月で、呼吸の数も整っていれば、産むことも安きものである」――と、こうおっしゃられていました。

御腹帯

またある日、一人姫は子守神におたずねになりました。「民は子が多にいて、宮中に仕える者の子の少なきは、いかがいたしたものでございましょう」すると子守神がお答えになって、おっしゃいました。

「天照大神の后、瀬織津姫（せおりつひめ）は、まことに慎み深いお方で、民のおこなうようなことまでも、身をおしまずにおこなわれていらっしゃったのですが、お心が純粋無垢（むく）であらせられるために、油が盛んで子を得ることがおできになったのでした。国神などは、民のために心を尽くし身の油が減ってしまい、子種をなかなか得ることができないのです。高い位にいる者は、下のものがうらやみ、自分には執くことのできない地位であれば、それを定めている掟（おきて）を恨み、はては大君のことまでをも謗（そし）るようになるのです。これらの怨念もわが身の災いとなるものでございます。

宮中におる女官が情け薄き様は、心の色をあせさせるものでございます。父事代主奇彦（ことしろぬしくしひこ）は、君のおそば近くお仕えし、忠義（まめ）を尽くされていたので、これを青女（あおめ）たちが恨むのです。女というものは、君の御恵みをつい忘れ、恨み妬んでしまいます。宮廷の桜の花が咲かないときは、その恨み妬みの力によるものであると、考えなければなりません。また万民（よろたみ）の恨み苦しみがあるときは、宮中の万（よろ）桜（ざくら）が咲かず、それを知らせるのです。

愚かな女が妬む怨霊の金杖に、子種が打たれ流産するのです。たとえ産まれても片輪となるでしょう。その妬みの怨念をもつ女の息の数は一万三千と少ないのです。やがてその怨念は、群れて鱗の大蛇（おろち）と化します。卵管（たましま）のすきをうかがって、子宮（こつぼ）に入り孕（はら）み子を噛み砕くゆえに、流産したり、片輪を産んだりしてしまいます。貧しい民は、おのれのおよばぬ身分にある臣を羨(うらや)み、怨念の力で臣の子種が滅んでしまいます。しかし、人のことを妬めば、日に三度その怨念の炎の苦しみによって、自らの身が痩(や)せてしまうのです。

妬むことも、妬まれることもみな罪咎(つみとが)です。たとえば、君のおそばに侍る青女たちは、五色の花のようなものなのです。大君の御心が青ければ青い花を愛(め)で給い、御心の黄なるときは黄の花を、赤きは赤を、白きは白を、黒きは黒を、同じ心によってたがいに引きあうものです。君の御心とわが花とが合うか合わぬかは、まったくわからないものです。他の青女が君のお誉めをあずかっても、恨んではいけません。たとえご自分が召されたとしても、他を気づかって、のちに恨みをかうようなことのなきよう、気を配らなければなりません。女の慎みとは、このようなものでございます。

諸姫たちは、まさに知っておかなければなりません。美しい色の花は、一度(たび)咲いて早く散ってしまえば、塵と捨てられ、君がまた、よその美しい花を召し給(たも)うときは、そこが今度は花盛りとなるのです。よくよくお考え下さい。実から咲く花も、人の花も、しょせんは移りやすきものなれば、やがては散る定めの花。だれを指し恨むことがございましょう。もし誤って、恨みの念によって相手のお方の子種が断たれてしまえば、その人を咎(とが)めることはできても、太刀(たち)を持ってかかってきたわけでもなく、杖を打ってきたわけでもないのです。なんの故もないことでございます。そんなことが許されようはずがございません」

女（め）は一途（ひとみち）に
思えども　妬（ねた）み煩（わづら）ふ
胸の炎（ほ）が　大蛇（おろち）となりて
子種（こだね）嚙（か）む　障（さわ）り除かん
世嗣文（よつぎふみ）　慎む紋（あや）の
花と花　打てば散るなり
諸（もろ）ともに　常に慎み
な忘れそこれ

「女は一途に男のことを思うのですが、その強い思いが裏がえしとなって、他の女を妬み煩い、わが胸を怨念の炎で焦がすのです。果ては恐しき大蛇（おろち）となって人の子種を嚙んでしまいます。天照（あまてる）大神（かみ）の世嗣（よつぎ）の紋（あや）の御心にそった世嗣文（よつぎふみ）はそれらの障りを除かんがためのものでございます。その根本は慎みということにあります。美しい花と花とは、おたがいに恨み妬（ねた）みあえば、傷つき散ってしまいます。諸ともに、常に慎みというものを、忘れてはなりません」

孕み子のことをいろいろと子守神にお聞きになった姫君は、またある日質問されたのでした。

「豊受大神（とよけのかみ）の教えの帯は、どのような力があるのでしょうか」

子守神がお答えになられました。

「豊受大神の教えの帯は、いろいろな人の位、性質にあわせて、国の政事（まつりごと）をおこなうための神器であり、身を岩のように固め守るものです。男は下腹に合わせ、女は上の方にします。伊奘冉尊（いざなみのみこと）が身ごもられていたときには、九十六箇月もの長孕（ながはら）みでした。やっとのことでお生みになられた御子が天照大神（あまてるかみ）です。ハタレ魔が御種を狙（ねら）いましたが、腹帯によって、四十八（よそや）の神力が備わり、御種が守られて無事でした。姫君も天児屋根命（あまのこやねのみこと）のご寵愛（ちょうあい）をお受けになって、美しく照り輝き、たとえハタレ魔が災いを加えましょうとも、呼吸（いきす）日立ちとなる、岩田の固めの腹帯がございますので、ご安心でございます」

ときに姫君の父、武甕槌命（たけみかつちのみこと）がいぶかしくお思いになって、子守神にご質問されました。

「呼吸が日を追って整うようになるという日立帯は、どのような帯の神力によって呼吸が整うのであろうか」

子守神がお答えになりました。

「昔、豊受大神が――天神の敬示により授かった羽毛（けふ）の帯は、天に則（のっと）り、父の丈を帯の丈に比し、母の息が日を追って整うよう、日立ちとなるよう抱くのである。天（あめ）より抱き地（わ）に編んで、天地（あめつち）、父母が一つになって神力を顕（あら）わし、子が連なり育つのである。天（あ）は父、地（わ）は母、人は子という親子一体の天の理（ことわり）である。父の恵みは天よりいただき、母の慈しみは地より受けるのである。――とこのようにおっしゃいました。天照大神もまた、この教えを忘れまいと、二十四筋の糸を撚（よ）り合わせ、陰陽羽二重(めをはぶたえ)の御衣(みは)とされ、朝ごとの天地(あわ)の祭りにお召しになられたのです。これというのも、ご両親であらせられる伊奘諾尊(いざなきのみこと)・伊奘冉尊(いざなみのみこと)の子孫繁栄の教えに、仕えるお気持からなされているのです」

こう子守神がお答えになると、武甕槌命(たけみかつちのみこと)はたいそうお喜びになって、「羽毛(けふ)の布を織ることにしよう」とおっしゃいました。「わが鹿島(かしま)宮には羽二重(はぶたえ)があったであろうか」と聞かれるので宝物殿を開いてみると、奥の方から羽二重が出てきたのです。なんと、この羽二重は天照大神より賜ったもので、二着ありました。

武甕槌命はこの天の御衣(みは)がなぜつくられたかも知らず、着ることも恐れ多いと思いしまい込んでおいたので、すでに朽ちかけていました。父君は姫に向って、「今幸いに子守神から教えを得ることができた。姫は夫君の御丈を知っておるか」とおっしゃいました。姫は「知っております。一丈(ひとたけ)二咫(ふたゐき)五枳にございます」と答えられました。

「かねてお聞きする、天児屋根命(あまのこやねのみこと)の御丈と、姫君の生まれつきの御恵みをこめて織りましょう」と諸神がいうと、「身にあまる言葉。ありがたき幸せなり」と姫は恵美須(えみす)顔をされました。父君は喜んで羽二重を織り、三丈の帯とされました。神力をこめた腹帯ができると、姫の呼吸は日ごとに整っていきました。

またある日「子供を産むときは、どのようにしたらよいのでしょう」と姫君が質問されると、子守神がお答えになり、「そのことは、わたしよりも、勝手神（かつてがみ）がよく存じております。わたしが帰ったのち、勝手神を遣わせましょう」とおっしゃいました。

武甕槌命（たけみかつちのみこと）は鹿島宮で開いた御饗（みあえ）の席で、子守神を招いてこうおっしゃいました。

「わたしは、生まれつき身の丈（たけ）が一丈六咫もある。力技なら八人が集まってやっと引くような、万引き岩をも持ち上げ投げて、ウツロイ神をも拉（ひし）いでしまうほどである。その力によって朝敵ハタレ魔軍を退治したごほうびに、天照大神より、カフ槌剣（つちのつるぎ）と金石槌剣（かないしづちのつるぎ）も賜った。しかし、今よくよくわが身を省みれば、孫ももうじき産まれるような翁（おきな）神となった。今は盛りの子守神と比べれば、赤子も同様。先に子守神から腹帯の道を受け、人の道も学ぶことができた。そのお礼に、金石槌剣をそなたに授けよう」

ときに子守神は驚いて、「わたしは、天児屋根命（あまのこやねのみこと）に教えを受けた、道の弟でございます。したがって天児屋根命の父君はわが親も同様。まことに恐れ多いことでございます」と剣を受けとりません。しかし父の武甕槌命はなおも己れを恥じて剣を進めるので、子守神はとうとう慎んでちょうだいすると、武甕槌命はほほえんで座につき、「お家の祭りが絶えようとしていたが、姫に天児屋根命という誉れ高い婿（むこ）君ももらい、今子守神に世嗣（よつぎ）の道も聞くことができた。まさに子は宝である。母の呼吸（いきす）のことも知ることができたので、息栖宮を建て、天児屋根命と姫を住まわせ、われは鹿島宮にいて、経津主（ふつぬしの）命とともに、日立ち腹帯をつくり、人々に授けよう」と語られて、子守神を門

武甕槌命・経津主命・天児屋根命・比売神を祀る春日大社

まで送られたのでした。

子守神は、東北日高見の忍穂耳尊の坐す都へ帰っていかれました。

武甕槌命はのちに香取宮に行かれ、経津主命とお話し合いになり、ともに日高見に上られました。忍穂耳尊に羽毛の細布の神伝を告げると、君はたいそうお喜びになられ、さっそく布を織られました。

一方、武甕槌命の姫君は、諸女が妊娠したときに、呼吸のことや慎みのことなどを教えになり、病いがあれば薬を与えられたのでした。香取宮、鹿島宮、息栖宮にそれぞれ日立の帯が日高見の宮中より贈られ、帯の名も岩田帯とたたえられました。腹帯の丈が八咫なのは、八十万の男子の均れ丈を帯の丈としたからです。妊娠中の遊びには、豆を拾うとよいでしょう。もしも、十二人の子供を産む母がいたら、十二箇月の月の位を与えます。また、一度に三つ児を産めば、日月星の三光の幸があると、宮中より諸民にお触れも出されました。

秀真(ほつま)の国がめでたく治まったのち、経津主命(ふつぬしのみこと)は「香取(かとり)の道」の奥義をことごとく天児屋根命(あまのこやねのみこと)に授け、お隠れになったのでした。また武甕槌命(たけみかつちのみこと)は「鹿島(かしま)の道」の奥義をみな天児屋根命に授けました。さらに、児屋根命の父君兵主命(つはもののぬしのみこと)は、神道の極意秘伝の「魂返し」の奥義を天児屋根命にお授けになりました。したがってここに、四方(よも)の政事(まつりごと)の道の奥義がすべて、天児屋根命一人に備わったのです。

古代の叡知

以上が子守神の「御種文(みたねふみ)」の全貌です。豊受大神の腹帯の起源については、「機織りの道」を参照して下さい。原文は難解な古語に満ち、訳を加えるのが容易ではありません。この十六紋の「孕(はら)み慎む帯の紋(あや)」は、はじめの部分が天地開闢(かいびゃく)のときの様子から描かれています。十四紋「世嗣祈(よつぎの)る祝詞(のとこと)の紋」において天照大神の説かれた教えが、やはり天地開闢の様子の説明からはじまっており、両者の内容に共通点が見いだせることから、天照大神から天児屋根命、そして子守神へという教えの伝承過程が考えられます。そこで、天照大神の「世嗣の紋」と子守神の「御種文」を比較してみると、つぎのようになります。

天照大神（あまてるかみ）の「世嗣（よつぎ）の紋（めを）」

○ウイの一息と陰陽の分裂
○五元素による人体形成
○四十九の言霊（ことだま）の神の働き
○精子卵子の結合
○受精卵の回転開始
○胎児の成長過程
○男女の産み分け法
○世嗣を祈る神歌

子守神の「御種文（みたねふみ）」

○ウイの一息と陰陽の分裂
○五元素による人体形成
○精子卵子の結合
○受精卵の回転開始
○妊娠の呼吸数の変化
○胎児の成長過程と月の名
○男女の産み分け法
○女子の場合の回転数と呼吸数
○怨念による妊娠の妨害と大蛇（おろち）
○慎みの重要性
○腹帯の成立と原理及び作用

前半のほとんどの部分が、内容的に一致しています。

両者の内容を見てとくに驚かされることは、天地開闢(かいびゃく)の様子と妊娠過程とが、同じように進行することにあります。ウイの一息が発動することによって、先に陽が登り天となり、のちに陰が降って地となりますが、受精卵も同じように、日の霊気をもつ丹血(にち)が昼に登り、月の霊気をもつ精水(しじなみ)が夜降ると書かれています。丹血は卵子のことで太陽の赤色を象徴し、精水は精子で月の白色を象徴しています。日本美の特徴である紅白の二色は、この日月、卵子精子の二色を表わした神秘的な色なのです。

また月の名に関する記述も、見のがすことができません。まず、「精水(し)走(はす)るときに」とあり、これは十二月を意味する「しはす」のことです。つぎに、丹血(にち)が初日のごとく登ってくる受精卵第一日目の回転があります。これは元日の初日の出を表わし、丹血と精水(しじなみ)が睦み合う月、すなわち「むつき」であることが考えられます。二月は、「皺(しわ)さらに着る　着新(きさら)とて」の原文より、「きさら月」「きさらき」の語源がわかります。三月は、「八夜勇む」の「さむ」が落ちて「やよい」。四月は、「子の身潤うも」という原文から、潤うのうの月、すなわち「うつき」となります。五月は、天照大神の「世嗣の紋」の方に、「五月五日(さつきさ)の頃　一巡り　サツサ腹帯　岩田なす」と見えます。「サツサ」とはサツサツヅ歌というハタレ魔を破る神歌です。五月(さつき)とは、サツサツヅ歌をこめた腹帯の月という意味であろうと考えられます。サツサの月の略ということです。六月(みなつき)は、五箇月目に胎児に水が通い露が溢れ、六箇月目に乾きます。すなわち、水の無い月の略です。七月(ふみつき)は、「これ臓腑(くらわた)と足(あ)踏みなす」とあり、踏み月という意味であることがわかります。八月(はつき)は、「十二歯(そふ)成り歯の歯成るとき」とあり、歯月という意味です。

このように、妊娠過程に合わせて月の名の語源がわかることは、まことに驚くべきことであり、古代の文明のすばらしさを感じずにはいられません。また原文には、受精卵の回転数のことが日を追って書かれていますが、近代医学でもつい最近までわからなかったようなことが、このような古い時代になぜわかったのでしょうか。この部分はとくに、『ホツマツタヱ』のすばらしさを示す部分といえます。

右の十六紋の特徴として、腹帯に関する記述があることがあげられます。『ホツマ』『ミカサ』全編を貫いている思想は、言霊四十八神にたいする信仰であり、その四十八音が人の言語となり、天上、地上を結ぶ一大原理となっているということです。今日流行の上代八母韻説は、奈良朝の大陸の影響を多分に受けた表記法を対象にしたものであり、中国流の複雑な発音を、それにかかわる人たちが取り入れてしまった結果にほかなりません。古えにも、日本の本質にまったく無知な一部の知識層が、中国の複雑な文化をよしとするような劣等感をもっていたことがわかります。『ホツマ』では、五母韻四十八音という単純にして整然とした言語形態があり、それらは高度な言霊観によって貫かれています。この四十八音をもとにした「アワの歌」は、前半二十四音を伊奘諾尊(いざなきのみこと)が、後半二十四音を伊奘冉尊(いざなみのみこと)がお作りになったものですが、男神(をがみ)の作った二十四音と女神(めがみ)の作った二十四音に準(なぞら)えて織られたものが、陰陽(めを)の羽二重(はぶたえ)です。この生地によって、腹帯が作られます。天照大神の「世嗣(よつぎ)祈る祝詞(のとこと)の紋(あや)」に「声の四十八路(よそやじ)　アワの神　総(す)べ九十八紋(こそむあや)　備わりて」とあることから、人体と四十八音の密接な関係がうかがわれ、腹帯がこの四十八音の人体におよぼす作用にもとづいて作られたことがうかがわれます。腹帯の本質は、子種を妬み恨みの怨念から、四十八神の神力によって守護することにあります。『ホツマ』の神代を深く読み込むにつれ、子孫繁栄の教えを宗とする宮中と、それを阻(はば)まんとする大蛇(おろち)、ハタレ魔との壮絶な戦いが、その中心的な課題となっていることがわかってきます。子守神の「御種文(みたねふみ)」は、妊娠過程の描写も驚異的ですが、それと同時に大蛇、ハタレの怨念に関する説明から、霊的な視点において、古代日本に高度な思想が存在したことを感じずにはいられません。日本の伝統的な美意識のひとつである「慎み」は、単なる美徳といったようなものではなく、その奥に「御種文」にみるような、怨念にたいする防御としての必然性が隠されていたのです。神代より伝わるわが国の風儀は、このような霊的な視点をふくめた、真の合理性にもとづいていたのです。近代における合理主義というものは、それを否定したところではじまった非合理的な考え方なのです。以上の「御種文」の内容から、ホツマ時代における子守神の偉大さが充分に理解できたことと思います。

ところで私事になりますが、東京浅草の鳥越神社は、戦時中空襲を受け焼失したために、氏子らの努力により昭和二十七年に再建されました。著者はその年の祭りの日に、鳥越神社を産土神とし

授子之符

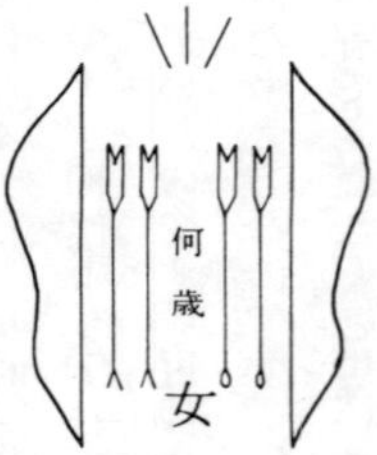

右口伝アリ

天巡

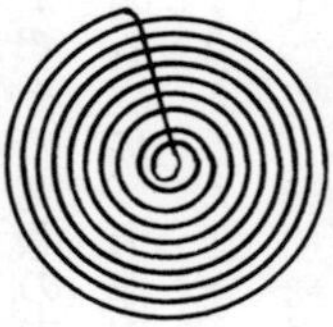

地巡

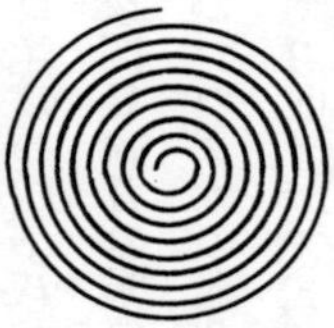

『秋田「物部文書」伝承』（無明舎出版）より

て産まれました。ところが近ごろあるきっかけで、そこに奉職されている物部守屋の直系である物部長進（さきゆき）氏と知りあうことができたのでした。いろいろお話をおうかがいするうちに、弟さんの長仁（さきひと）氏が宮司をされている秋田の唐松（からまつ）神社に、「物部文書」というものが伝えられていることを知らされました。両氏のご好意により、進藤孝一氏の著した『秋田「物部文書」伝承』を見ると、物部文字といわれる神代文字で書かれたヒフミ誦文、「天津祝詞乃太詞（あまつのりとのふとのりと）」、身曽岐祓（みそぎはらい）、鎮魂（たましずめ）と霊振（たまふり）、授子安産、母子安全、民間療法などの伝承が物部家に伝えられていたことがわかりました。授子安産、民間療法などをおこなった子守神は大物主（おおものぬし）であり、大物主は物部を束ねる役職であったこと、また、「韓服（からまつ）神社祈禱禁厭之伝（きとうまじないのでん）」に天巡、地巡という、『ホツマ』の天地の巡りを示す◎◎（あわ）の文字を想起される図があることから、物部家の伝承は『ホツマ』の伝承となんらかの関係をもつものと考えられます。その実際の内容はつぎのようなものです。「病を癒(いやす)の禁厭(まじない)　百病の起る基本、源罪穢の積るに因る故に、天津祝詞を念じて病者の罪穢を祓ひ除くべし。病者の身体に、十種の神宝を念書すべし。終えて天津祝詞を念じつつ、天の巡り、地の巡りを念書すること十辺、或は百辺なるべし。或は上下動、左右動、前後動、前後振、左右振、上下振を念書すべし。或は、符になして呑むにしむるべし」このときに神官は十種神宝(とくさのかんだから)を持ち、ヒフミ誦文を念ずるということがしるされています。『ホツマ』の「皇御孫十種神宝得る紋(すめみまごとくさえるあや)」には、「この十種(とくさ)なり　傷(いた)むこと　あらば一二三四五(ひふみよゐ)六七八九(むなやこ)　十(と)まで数えて　振(ふ)るゑただ　ゆらゆら振(ふ)るゑ　かくなせば　すでに罷(まか)るも　甦(よみがえ)る　振るのことぞと　勅(みことのり)」と見え、伝承の共通性を物語っています。

剣の臣子守神

さて、大己貴命(おおなむちのみこと)、事代主奇彦命(ことしろぬしくしひこのみこと)につぐ三代目の大物主(おおものぬし)であり、三代目の医術の神である子守神は、そのほかにも天孫瓊々杵尊(ににきねのみこと)の重臣として、『ホツマ』の中でまことに重きをなす神なのです。

道の兄である天児屋根命との仲の良さは、「われ若けれど　子守神(こもり)とは　世々睦まじく　君のため　中心(なかご)一つに　忠(まめ)なさん」という、二十三紋の天児屋根命の言葉からもうかがえます。この子守神と天児屋根命に、天照大神から勅命が与えられています。

ときにまた　天児屋根子守に
勅　今清仁の
翼の大臣　天児屋根は世々の
祭り執り　子守は世々の
大物主ぞ　ともに守りて
民を治せ

「清仁」とは、瓊々杵尊の諱。「翼の大臣」とは、君の両翼となって働く重臣のこと。律令制が敷かれるとともに、神祇官、太政官および八省の二官八省制が整いました。神祇官の長官である神祇伯は、天児屋根命の子孫である中臣氏が多くこの任にあたっています。神祇官は朝廷の祭祀を執行し、大嘗祭、鎮魂祭、卜兆などの神事をとりあつかい、官社の祝部、神戸を監督する役職のことです。それにたいし、太政官は国政を総轄する機関です。『ホツマ』には、「八咫臣は　五穀生ふ春の　民業を　鑑る目ぞ　垣臣は　邪魔を枯らし　物部の　主税守る手ぞ」とあり、八咫臣天児屋根命と八重垣臣子守神の役割が書かれていて、律令以前の政事の仕組を知ることができます。

この時に大物主の代行役である事代主は、子守神の子の積葉八重事代主命に命じています。

瓊々杵尊は、筑波山麓の新治宮で民を治しておられ、のち諸国を巡幸されます。そして、水田開発、灌漑工事などを広めようと、伊勢に坐す天照大神にお許しを受けに行かれます。しかし、すぐにはお許しが出ず、五年のあいだ伊勢に留まり、高地を田となし、井堰を築かれたのでした。ようやく「八洲を巡れ」という大神の勅が出て、瓊々杵尊は待ちに待った諸国巡幸の旅に出発されたのでした。そして、子守神もまた天児屋根命とともに、この巡幸のお伴をしました。

門出にあたり、三種神宝が三神に授与されます。二十四紋に、「門出でに 御機の留の 御文を 御孫尊に賜ひ 御鏡を 天児屋根命に賜ひ 御剣を 子守神に賜ひ」と見えます。鏡の臣は左の臣であり、剣の臣は右の臣です。またこの鏡は八咫鏡であり、剣は八重垣剣です。天照大神は三神が一体となって、永く泰平の世を治める奥義をしるされた御文を、御親ら瓊々杵尊に授け、中宮瀬織津姫は御鏡を天児屋根命に、速秋津姫は御剣を子守神にお授けになられたのでした。神幸の鹵簿は、先駆の手刀男命、つぎ勝手神、子守神、三種神宝の櫃、八英御輦、天児屋根命、籠馬、八十物部となっていて、子守神、勝手神および天児屋根命という、子授けの三神がともに同行しています。

ご一行は各地をまわったのち、子守神は一人で東北に向われます。日高見の井堰を築きながら、日隅津軽国に坐す、祖父の大己貴命のもとへ行かれたのでした。大己貴命は、「そなたの父、奇彦が大和三輪山に隠れて、三輪の神となってから、孫のそなたに一目会いたいと常に思い願っているうちに、だんだんと歳をとってしまった」とおっしゃいました。大己貴命は大そうお喜びになり、手づから御饗(みあえ)の用意をされ、孫の子守神と水入らずの一時を過ごされたのでした。

子守神も嬉しく思い、「わが君瓊々杵尊(ににきねのみこと)は、あのハラミ山の周りに八つの湖を掘り、その土を八峰に盛り上げ、八英(やぶさ)の峰を造られたのです。そこには雪が常に積もり、まことに美しいながめです」とお話しになると、「私はこの津軽で新田の開拓などはしておったが、御孫がそんなことまでなされたとは、まったく知らなかった。瓊々杵の君は、まことの国を照らす神である。代々の民の御祖(みをや)の神となられることであろう。充分に忠義をお尽し申し上げよ」と大己貴命は心から喜びながらおっしゃいました。

やがて大己貴命は、なごりおしいままに、津軽の国境まで子守神を見送られたのでした。子守神は海辺を西に巡りながら、計画図である指絵(さしえ)をもとに新田を起し、佐渡ケ島に渡り、さらに新田を築き、越国にもどられて、こんどは井堰(いせき)を築かれたのでした。

このちも子守神は、すでに「機織りの道」のところでのべたように、ハラミ山にて不老長寿の千代見草にとまった都鳥(みやこどり)を絵に写し、鳥襷(とりだすき)の文様をお作りになりました。子守神が北陸に行かれたときに、白山菊桐姫(しらやまきくりひめ)に鳥襷の絵を進めると、姫はそれを綾に織りなしました。のちに、近江の多賀にいる娘の麻姫(あさひめ)のもとに行かれ、蚕飼(こかい)の道、裁縫(たちぬ)いの道を教えられるなど、瓊々杵尊の重臣としての業績たるやすばらしいものがあります。さらに、瓊々杵尊が山々を巡られたとき、寝冷えして腹痛をもよおされました。そのとき子守神は、ハラミ三草の一つ、ミ草によってそれを治されたという、医師としての役割も見のがすことができません。

瓊々杵尊がハラミ山、すなわち現在の富士山の酒折宮より、近江瑞穂の宮にお遷りになられたとき、子守神は君にお伴し、酒折宮は瓊々杵尊の御子、火之明梅仁君が天児屋根命と添物主として選ばれた湟咋命とともにお治めになっています。

子守神と天児屋根命の両名は、瓊々杵尊の重臣としてお仕えしたのちは、その御子君の彦火々出見尊、そののちは鵜葺草葺不合尊と代々剣の臣、鏡の臣として、おそば近くお仕えしました。火火出見尊の后豊玉姫が敦賀の浜にて出産されるとき、勝手神は鵜葺の花の煎湯をもって産湯をなし、四月望の日より七十五日間、日ごとにそれをつかわすようお命じになられたと『ホツマ』に書かれています。また子守神は、桑弓と羽々矢にて引目鳴弦をされ、天児屋根命はお産まれになった鵜葺草葺不合尊に、鴨仁という諱を奉っています。ここにもまた、子授けの神としての子守神、勝手神、天児屋根命の姿が見えます。

鵜葺草葺不合尊の御世となり、天児屋根命が民のために心をお尽しになり、民の御親の神とたたえられている大君に世嗣の御子がいないのを心配され君に申し上げると、大君もそれを憂慮されておられました。そこで子守神は、「ご心配にはおよびません。天照大神より伝わる世嗣文がございます」と申されました。天児屋根命の御子天押雲命に命じ、世嗣社を建て、天押雲命に祈らせると、みごと后はご懐妊なされたのでした。

このように子守神の神徳、業績は、神代に燦然と輝いているのです。子授けの神、産医の神、三代にわたる医術の神、剣の臣、蚕飼、裁縫、灌漑などの指導者としての子守神のお働きが、『ホツマツタヱ』にはまことに豊富に書かれています。しかしながらこの偉大なる子守神のことは、記紀はもとより名のある文献にはまったく見ることができません。「子守神」という項目を『神道大辞典』で調べてみましょう。――「子供を守り育てる霊能があると俗間で信ぜられた神。もと水分神(みくまり)を転訛して、御子守神(みこもりのかみ)と称したに初まる。主として吉野水分神社について云ふ。水分神は、古事記に天之水分神(あめのみくまりのかみ)、国之水分神と見え、延喜式祈年祭祝詞(えんぎしきねんさいのりと)に、水分坐皇神等能前尓白左久(みくまりにますすめらかみたちのまへにまうさく)云云、と見えており、灌漑用の水を分配せられる神で、多くは山上に鎮座せられる農業神であるのを、誤ったのである」――と書かれています。これはいいかえれば、はじめにも書いた宣長の「玉勝間」でのべられた、「ミクマリ」「ミコモリ」転訛説をもととして、農耕神を誤り「子守神」が生まれたという説であるといえます。「子守神」あるいは「子守宮」「子守社」などの名は誤伝の結果生じたことになってしまいます。しかしながら、この本居宣長に端を発する説はまったくの間違いであるといわねばなりません。今までの『ホツマ』における子守神の伝承、子守氏の存在、子守という地名の存在など考えあわせれば、子守神は独立した神であり、その神徳の偉大なることは比すものがないほどです。本居宣長はたしかにすぐれた考えも示していますが、誤りが全くなかったわけではありません。明治以降の神道学は宣長絶対になってしまったために、それにともなう間違いも生じているわけです。

子守宮の造りを注目してみると、天之水分神を中心にする神殿は、楼門を入って右側にあり、子守若宮を奉斎する建物は、幣殿として入って正面にあります。水分神と子守若宮は、まったく別々の建物に別々の神として安置されているのです。水分神が子守神に転化したのであれば、神殿の天之水分神を子守神とよんでいるはずですし、子授けの祈禱も当然神殿でおこなわれるべきでしょう。ところが、子守若宮は別の幣殿に安置され、祈禱もそこでおこなわれます。さらには、この子守神

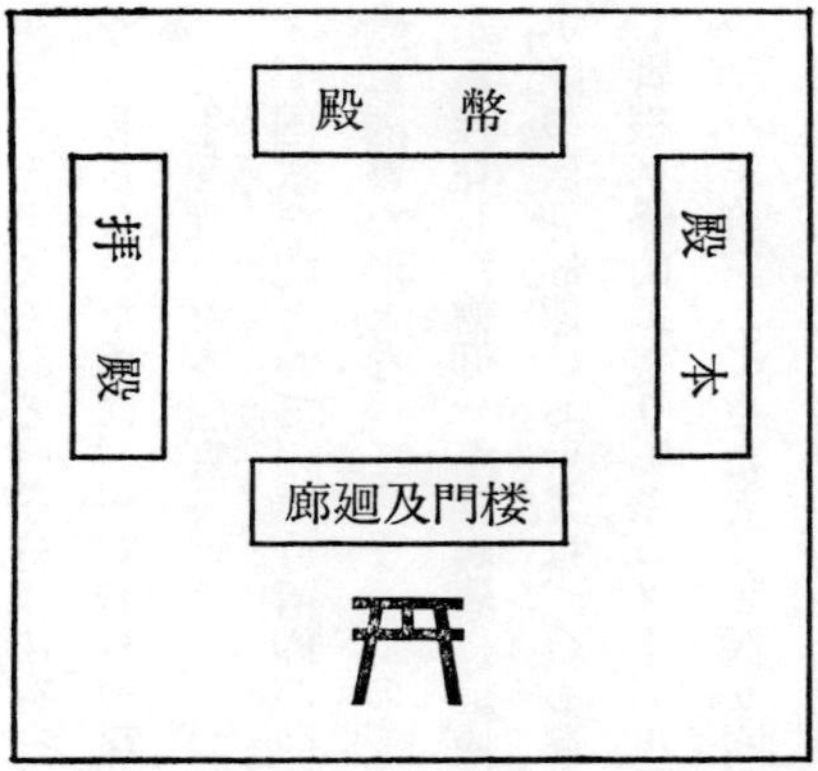

本殿　中央春日造　左右流造　桧皮葺
幣殿　単層切妻柿葺
拝殿　入母屋造　柿葺
楼門及廻廊　重層入母屋造　栃葺　単属切妻栃葺
以上桃山時代代表建築（重要文化財）

子守宮の配置図

の子孫と考えられる、子守氏の存在まで明らかとなってきました。記紀には、子守神の伝承がまったく載らないために、子守若宮の存在を軽視する結果となり、そのきっかけは子守宮での祈禱によって生を受けた本居宣長によってつくり出されたという、まことに皮肉な事実が明らかとなるのです。国家祭祀としての水分信仰が前面に出て、土俗民間信仰として古くから伝えられた子守信仰が陰に隠れた形となってしまったのです。このような新しい信仰により、あるいは祭神により、古くから存在した信仰や祭神が隅に追いやられていることは、ままあることなのです。しかしながら、実際の信仰形態においては、今もなお子守神は民間の強い崇敬を集めています。

青根ケ峰山頂より一キロメートル下にあった、水分神を祭神とする水分神社が遷って、現在の水分神社子守宮ができたとする説から、この時に古くから存在した子守神と新しい水分神社との合祀がおこなわれたと考えられます。「ホツマ」に見るように、子守神が授子安産のほか、灌漑工事、養蚕など農耕に関する事跡を有するということを考えるなら、この二神の合祀は容易に成立したものであろうことがうかがわれます。

子守神ゆかりの神社

子守・水分神関係の神社についてはすでに松本善之助（よしのすけ）氏がのべているところですが、ここではそ

与侶伎神社

の中でもとくに重要と思われる神社について、考察を深めていきたいと思います。滋賀県近江国高島郡には、与侶伎(よろき)神社があります。すでにご承知のように、子守神は父事代主奇彦命(ことしろぬしくしひこのみこと)が高皇産霊尊(たかみむすびのみこと)からいただいた万木(よろき)の地でお生まれになったために、幼名を万木麿(よろきまろ)とおっしゃったのでした。諱(いみな)は美穂彦(みほひこ)で、たたえ名は子守神です。与侶伎神社の所在には二説あり、それは安曇川(あどがわ)町青柳与侶伎神社という説と安曇川町西万木(ゆるぎ)日吉神社という説です。青柳は旧名が東万木であったので、両神社とも万木の地にあったことがわかり『ホツマ』の伝承との関係が考えられます。大正十四年刊の『特選神名牒(しんみょうちょう)』には先の二説のほか、西万木村今宮神社があることも書かれています。

与呂伎は「ヨロキ」という訓みのほか、「ユルキ」という読みもありますが、後者は「ヨロキ」

大己貴奇杵命（おおなむちくしきねのみこと）
　事代主奇彦命（ことしろぬしくしひこのみこと）
　子守神　后活玉依姫（いくたまよりひめ）・白玉姫
　積葉八重事代主命（つみはやえことしろぬしのみこと）　后玉櫛姫（たまくしひめ）
　踏鞴五十鈴姫（たたらいすずひめ）　神武天皇の后となる

子守神の系図

の転訛したものです。現在の安曇川町西万木は、「ユルギ」と発音されています。青柳の与侶伎（よろき）神社のご祭神は子守神と勝手神であり、同社を子守社とも称することから大変有力な関係をもつものと考えられます。西万木の日吉神社のご祭神は瓊々杵尊です。足利末期、出口延経の『神名帳考証（しんみょうちょうこうしょう）』に「与呂伎神社万木森、今在二万木村一」と見えたり、『近江輿地志略』に「按（あん）ずるに、今の東万木、西万木の二村の近辺、古昔悉く森なりし成（なる）べし」としるされたりして、あるいは古典文学に「ゆるぎの森」「万木の森」など多く見えることから、この東西万木村は古え万木の森と称していたことがわかります。まさにこの万木の森こそ、「ホツマ」に書かれた万木千草の薬草薬木を植えた万木の地にほかならなく、瓊々杵尊と子守神の深い関係から、同日吉神社もまた『ホツマ』の所伝とのなんらかの関係が少しく考えられます。

奈良県奈良市本子守町に、子守明神率川神社があります。ご祭神は中殿媛蹈鞴五十鈴姫命、左殿玉櫛姫命、右殿狭井大神の三神です。中殿を母神、左殿を御子神、右殿を父神と称します。

ここで前掲の子守神の系図を見てみます。率川神社のご祭神である玉櫛姫は、子守神の御子の積葉命の后であり、五十鈴姫はその御子であることなど、『ホツマ』の子守神と深い関係にあることがわかります。さらに、狭井大神は三輪明神大物主大神、出雲大神と同神とされます。『ホツマ』によれば、三輪明神とは、すなわち三諸山にお隠れになった事代主、のちの大物主奇彦命であり、出雲大神は周知のごとく大物主大己貴命のことで、いずれも子守神の御祖にあたります。

玉依姫のご神像

数々の歴史に彩られた吉野。大海人皇子や後醍醐天皇をはじめとする古え人の思いが、咲きみだれる桜の花の中にぬりこめられているような気がします。さらに遠い昔、子守神、勝手神の医術の神は、この美吉野の山に祭られ、鎮座されていたのでした。吉野の風土風習は、日本美の本質を考える上で、見のがしてはならないものの一つです。国栖(くず)人の古習(いにしえぶり)とともに、子守勝手両神のすぐれたご神徳、すなわち神代のご事跡が吉野の風儀となり、桜の華やかさを一層味わいの深いものにしています。神代(かみよ)の風儀(てぶり)、日本の伝統の美意識を知ろうとする者は、一度はこの吉野の古えのまにまに咲き誇る桜の絵巻をめでてみなければなりません。

子守宮には、国宝玉依姫のご神像があります。玉依姫の像は神像の中でもとくに有名で、その流麗な美しさは日本美の極致であるといえます。肩から裾にかけての流れるような曲線は、やさしい吉野の山山を思わせます。慎みの中に、強い慈愛の神力を表わす微笑は、日本美の特質であるやさしい人の力強さといったものをあますところなく表現し、子守明神のお札に描かれたご神像と一対をなしているようです。この香るようなほほえみは、桜の美しさと一

玉依姫御神像

体です。桜の息吹が、美吉野のうるわしさが、ご神像にこめられているようです。

この玉依姫像の両脇には、二座の小さな女神が侍っていますが、この三神はとくに子守三女神として古来信仰が篤い神々です。子守神のお后は『ホツマ』では活玉依姫（いくたまよりひめ）であることから、この玉依姫との関係がうかがわれます。玉依姫像は木造寄木造で、極彩色が施され、胎内の銘から建長三年鎌倉時代に造られたことがわかります。

本居宣長は、「此（この）水分神社の御事は、おのれゆゑあるによりて、古の正しき事どもを、殊に世の人にも、ひろくしらせまほしくて、殊にかくは物しつるなり」――と語っていますが、著者もまた「おのれのゆゑあるによりて」吉野に坐（ま）す子守神の古えの御事をここに慎んでしるす次第です。

千早振る（ちはやふる）伊勢の道ふく神風（かんかぜ）に吉野の花のにほひこもれり

◫コ　伊勢に坐す二神

神宮の創建記録

神代(かみよ)の風儀(てぶり)を知ろうとするとき、古えの美風を古えのまにまに残し、わたしたちに示してくれる伊勢の神宮を考えることは、なににもまして大事なことであろうと思われます。神宮については、建築、式年遷宮(せんぐう)、御神宝(ごじんぽう)、祭祀儀礼、別宮のことなど、語らなければならないことがたくさんあります。ここでは日本人の心のふるさとであり、美意識の源泉である伊勢の神宮に坐(ま)す、天照大神と豊受大神の関係、あるいは二神の神代におけるご事跡といったものを、『ホツマツタヱ』より明らかにしていきたいと思います。すでに限界に達している西洋美術、あるいはその延長線上にある日本の美術教育などの将来を考えるとき、日本の伝統に根ざした新しい美の理念の核となるべき伊勢の神宮の美風を明らかにすることが必要となってきます。そして伊勢の美しい息吹を生み出し、美意識と信仰の源となっているご祭神のことを知ることは、たいへん大事なこととなってきます。

さて、この伊勢神宮に坐す豊受大神と天照大神のこと、あるいは伊勢神宮の創建に関することは、どのように伝えられているのでしょう。古来天照大神をお祭りする皇大(こうたい)神宮を内宮(ないくう)、豊受大神をお祭りする豊受大神宮を外宮(げくう)とよびならわし、古く伊勢大神宮、大神宮、二所大神宮とよび、一般にはお伊勢さんなどともよばれてきました。現在では正式には神宮とのみいいます。平安初期の『延喜式』には、

内　宮

伊勢大神宮
太神宮　三座
天照太神　一座
相殿神　二座
度会宮　四座
豊受太神　一座
相殿神　三座

となっています。内宮の創建については、『日本書紀』の崇神天皇六年の条に、――「天照大神、倭大国魂、二の神を、天皇の大殿の内に並祭る。然して其の神の勢を畏りて、共に住みたまふに安からず。故、天照大神を以ては、豊鍬入姫命に託けまつりて、倭の笠縫邑に祭る。仍りて磯堅城の神籬を立て」――と書かれています。さらに垂仁天皇紀二十五年に、――「天照大神を豊耜入姫命より離ちまつりて倭姫命に託けたまふ」――と書かれています。倭姫は大神をお鎮めする場所を求め、大和国の宇陀より近江国に入り、美濃をめぐって伊勢国に至ります。そこで天照大神より倭姫命に、――「是の神風の伊勢国は、常世の浪の重浪帰する国なり。傍国の可怜し国なり。是の国に居らむと欲ふ」――というご神託が下り、その教えのままに社を建てたと書かれています。この倭姫のご巡幸の伝承はほかにも、延暦二十三年（八〇四）の『皇太神宮儀式帳』、あるいは中世に書かれた『倭姫命世記』などにも見えます。

外宮の創建記録は、鎌倉時代中期に外宮の度会神主によって撰述された、伊勢神道五部書の一つ、『豊受皇太神御鎮座本紀』に書かれています。ちなみにこの五部書とは、右の『倭姫命世記』『豊受皇太神御鎮座本紀』のほか、『天照坐伊勢二所皇太神宮御鎮座次第記』『伊勢二所皇太神宮御鎮座伝記』『造伊勢二所太神宮宝基本紀』のことを指します。さて創建の内容はこうです。――「崇神天皇の御世、天照大神の御霊を丹波の吉佐宮にお遷し申し上げたその年、止由気皇太神が幽契を結ぶために天降られた。そののち、天照大神の御霊を宇治の五十鈴河上にお遷し申し上げたが、雄略天皇の御世に倭姫命が夢の告げに、天照大神が止由気皇太神を同じ伊勢の地に遷すようにと示された。しかるに二十二年九月、山田原の新殿にお遷し申し上げたのであった」――

このことは平安初期の『止由気太神宮延暦儀式帳』にも、――「雄略天皇の夢に、天照大神があらわれ、丹波の比治の真奈井に坐すわが御饌神等由気大神を、吾がみもとに迎えたい、という御告

外　宮

げがあった。天皇は驚きかつ悟られて、丹波より度会（わたらい）の山田原に新宮を定め、大神をお遷し申し上げた」——との伝承がしるされています。『倭姫命世記』にもこのことが詳細に書かれています。さらに同書に、——「あが祭り奉仕（つかへたてまつ）るの時には、先づ止由気太神宮を祭り奉るべし。しかして後にわが宮の祭りの事をば勤め仕ふべきなり」——というご神託も書かれています。

　ところで天照大神のことは、周知のように記紀ともに多くの記述を見ることができますが、豊受大神に関しては、『古事記』の天孫降臨の条に、「止由宇気神（とゆうけのかみ）、此（こ）の外宮（とつみや）の度相（わたらひ）に坐（ま）す神ぞ」とあるのみで、どのような神であったのかほとんど知ることができません。しかしながら、二神のご遷宮のことはもちろんのこと、豊受大神のことに関しても、『ホツマツタヱ』には他の文献に見ることができないくわしい記述が展開されています。それでは、『ホツマ』における二神の関係を見ていくことにしましょう。

天照大神と豊受大神の血脈と天の道

話は天照大神のご誕生からはじまります。

　　　　治(をさ)む五代(ゐつよ)の
高皇産霊(みむすび)の　諱(ゐみな)玉杵尊(たまきね)
元明(もとあ)けを　遷(うつ)す高天原(たかま)に
天御祖(あめみをや)　元本天並(もともとあなみ)
三十二神(みそふかみ)　祭れば民の
豊受神(とよけがみ)　東(ひがし)の君と
道受けて

五代目の高皇産霊(たかみむすび)は諱(いみな)を玉杵命(たまきねのみこと)と称し、天界高天原精奇城宮(たかまのはらさごくしろのみや)に坐(ま)します元明(もとあ)けの神々の分霊(わけみたま)を、日高見(ひたかみ)の高天原(たかまのはら)の地にお遷(うつ)し申し上げました。天御祖神(あめみをやのかみ)をはじめとして、四十九(よそこ)の神々をその地にお祭り申し上げると、民は豊かになり、玉杵尊《たまきねのみこと》は、豊受大神《とよけのかみ》とたたえられたのです。また東北の東《ひがし》の君として天の道をお受けになり、政事《まつりごと》をおこなわれたのでした。――

豊受大神《とよけかみ》が五代高皇産霊《たかみむすび》であったこと、諱《いみな》を玉杵《たまきね》と称したことなどが明確にわかります。「元明《もとあ》けを　遷《うつ》す高天原《たかま》に」とありますが、「元明け」とは、天地開闢《かいびゃく》のときにお働きになったアウワの天御祖神《あめみをやのかみ》と、四十八音神の神々のことです。豊受大神は、天上に鎮まり坐す四十九神《よそこのかみ》の分け御霊《みたま》をこの地上の聖地、すなわち地上の高天原にお遷しになられたのでした。前後から、この地が東北の日高見の地であることがわかります。さらに、宮城県の仙台周辺であろうことも推測されます。

国常立尊より数え、第六代の天君である面足尊《おもだるのみこと》は、嗣子がなく政事《まつりごと》が衰えようとしていました。このことを嘆かれた豊受大神は、大和国葛城《かつらぎ》の鳳山《いとり》に至り、世嗣社《よつぎやしろ》を建てられ、イヅナの邪魔《よこま》の障りを除かんと、八千座《やちくら》の契《ちぎり》を結ばれたのでした。原文に「占ひて　月葛城《つきかつらぎ》の　鳳山《いとりやま》　世嗣社《よつぎやしろ》の色和弊《いろしで》は　天の御祖《みをや》に　祈らんと　豊受神《とよけ》自ら　禊《みそぎ》して　八千座《やちくら》契り　祓んずる」とあり、また「豊受大神《とよけがみ》　葛城山《かつらぎ》に　禊《みそぎ》して　障《さわ》る邪禍《よこが》を　除かんと　八千度《やちたび》祈る」とも見えます。

このように豊受大神自ら子種を受けるご祈禱をされると、とうとう御祖神にその御心が通じました。

イヅチ神祈《かみの》り
通りてぞ　天の御祖《みをや》の

眼(まなこ)より　漏る〻日月と
天元神(あもとがみ)　三十二(みそふ)の神の
守るゆえ　子種成ること
覚ゑます

「イヅチ神」の「イヅ」は稜威で、「チ」は霊力のことです。また「稜威の道別(いづちわき)」という言葉があることから、稜威道別神(いづのちわきがみ)の略とも考えられます。このとき、豊受大神は天御祖の両眼より日月がこぼれ、四十八神の守護を得ることを感得されました。これは世嗣を得る瑞兆であることを悟られたのです。そのころ、伊奘諾尊(いざなきのみこと)と豊受大神(とよけがみ)の娘である伊奘諾尊(いざなみのみこと)はハラミ山に登られ、嗣子を得ようと山頂の池の水で左眼(たのめ)を洗い日霊(ひる)に祈り、右目(かのめ)を洗い月霊(つき)に祈り、また石凝留女命(いしこりどめの)の進める二面の真澄鏡(ますみのかがみ)を両手(まて)に持ち、日霊月霊(ひるつき)に準(なぞら)えて、神が成り出でんことを願われたのでした。小笠原通當(みちまさ)はこの二面の鏡が金製、銀製のものであるとのべています。そのご祈願が千日に達するころ、二神が拝んでいた日の輪の内霊(ちたま)が飛び降り、二神のご前に落ち留まったのでした。二神はその日霊(ひる)を思わず抱き、夢心地となりました。お宮へお帰りになった二神は、床神酒(とこみき)の教えをもって交わり、めでたくも輝くばかりの御子を得られたのでした。こうして、一月一日の初日の出とともにあれました御子こそ、のちの天照大神なのです。天照大神は、なんと祖父豊受大神のご心願にかなってお生まれになった御子君だったのです。豊受大神が感受された御祖神(みをやのかみ)の両眼より漏れ出でた日月と、伊奘諾尊が両眼を洗い祈られた日霊、月霊とに深い霊的なつながりが示されています。日月と魂魄、中心、心葉の関係、あるいは生死にかかわる四十九の神たちなど、『ホツマ』には一貫した言霊思想にもとづく、死生観があります。豊受大神、伊奘諾尊のご祈禱と天照大神のご誕生にも、このような日本固有の死生観が含まれているのです。

天照大神は、諱を大きい日の輪の内霊の男子という意味の大日霊杵尊と申されました。後世大日霊貴、あるいは大日孁貴として誤り伝えられ、女神にされてしまいました。天照大神は伊奘諾尊の嗣子ですから、男子でなくてはなりません。古代においては、女子が最高位につくことは、天理の悖ることとして否定されていました。推古帝のときにはじめての女帝が生まれたのですが、これは天の道からはずれたまったくの暴挙であったといわねばなりません。

さて、いともめでたく玉の御子がお生まれになり、天ユキ地スキの初嘗ヱもおこない、二神は日日御子のご養育に御心を尽しておられました。八千座の禊をおえられた豊受大神は、鳳輦をお造りになり、ハラミ山の二神のもとに行幸されました。二神はだれが来たのかと思い、よくごらんになると、それは父豊受大神自らのお出ましではありませんか。二神は夢心地で再会をお喜びになられたのでした。

　　二神夢の
心地にて　相見給えば

豊受大神にて　天御子養す
物語り　召す輦を
日高見ゑ　行幸の君は
八英輿　御乳津姫侍り
方輿も　みな方壺の
ヤマテ宮　御子の光の
照り通り　八方に黄金の
花咲けば　日の若宮の
若仁尊と　豊受神諱を
奉る

天照大神は、周囲の大きな期待を担ってお生まれになりました。その大きな期待に応えるりっぱな天君となるためのご教育のことを、豊受大神と伊奘諾尊たちが話しあわれたのです。その結果、豊受大神の坐す、日高見の地におつれすることとなりました。豊受大神は鳳輦に、天照大神は御乳津姫を侍らせ八英輿に、二神は方輿に乗られて、一路仙台宮に向われたのでした。「仙台宮」は、原文に、「八方に黄金の　花咲けば」という言葉があることから、宮城県牡鹿郡にある金華山の黄金山神社を想起させます。小笠原通當は、――「大日霊貴尊の御身より金色の御光照り輝き、八方天下にてりとふり、其(その)光東海の島に凝り化けて石砂木草海中の魚類に至るまでも、皆金色と化る。奥州金花山是(これ)なり」――とのべています。

さて、豊受大神から道を学ばれる、天照大神のご様子が『ホツマ』に書かれています。

　　　天御子(あめみこ)学ぶ
天の道　一人侍(はんべ)る
振麿命(ふりまろ)は　六代八十杵尊(むよやそきね)の
世嗣子(よつぎこ)ぞ　高皇産霊尊(たかみむすび)の
五代(ゐつよ)君　日毎に上(のぼ)る
天つ宮　若仁(わかひと)尊深く
道を欲(ほ)す

日高見の仙台宮(やまて)にて、天の御子である天照大神は、君になるための天の道を学ばれたのでした。おそばには、六代神皇産霊八十杵尊(かんみむすびやそきねのみこと)の御子である振麿命(ふりまろのみこと)がお仕えしていました。豊受大神の坐

黄金山神社の拝殿

す天つ宮に、日毎に朝日が登るように上がられ、天成道を学ばれたのでした。若仁君は道の奥義を知ろうとされるのでした。

ここに出る「天の道」とは、君が踏みおこなうべき道のことです。『ホツマ』には「天の道」あるいは「天成る道」という言葉が多く出ます。たとえば「天の道」は、四紋「神孫の　千五百大人ある　その中に　天の道得て　人草の　嘆きを和す　神あらず」、九紋「細矛国　変えて出雲の国はこれ　天の道以て　民安く」、十五紋「天の道　なす人神に　相求む」、二十三紋「のちの守りは　豊受神典　魂緒入れて　天皇の　世々守らんは　天の道」、二十七紋「われ昔　天の道得る香久の文」、二十九紋「君ありて　村も乱れず　天の道」、三十二紋「大御神　天の道なす　代々の君　継ぎ受け治む」などが見えます。また「天成る道」の方は、二紋「天成る道は　女も有らず三世治まる」、「妻定む　天成る道の　備はりて」、二十九紋「大御神　天成る道に　民を治す」、三十九紋「野山を走る　術を得て　天成る道に　順はず」などの用例が見えます。この中でも二十七紋には、「天の道」についてのくわしい説明がなされているので、その原文を見てみましょう。

われ昔　天の道得る
香久の文　御祖大神を
授く名も　御祖天君
この心　万の政事を

聴(き)くときは　神も降りて
敬えば　神の御親(みをや)ぞ
この道に　国治むれば
百司(ももづかさ)　その道慕ふ
子の如く　これも御親ぞ
この子末　民を恵みて
わが子ぞと　撫(な)づれば返る
人草の　御親の心
総(す)べ入れて　百(もも)の璽(をしで)の
中にあり　紋茂(あやしげ)ければ
味見えず　錦(にしき)の綾を
織るごとく　緯部経道(よこべつうぢ)に
経(たて)を分け　闇路の床は
明りなす　春日(かすが)神子守(こもり)神と
味知らば　天(あま)つ日嗣(ひつぎ)の
栄ゐんは　天地(あめつち)暮れど

窮めなきかな
天照大神の勅に、「わたしは昔、豊受大神より天の道を学んだ。それは、国常立尊より伝わる香久の文によるものであった。その道を学び、国常立尊の前身である天御祖神にちなみ、御祖天君という尊い御名も賜った。この御祖の心とは、わたしが、万機の政事を治めるときは、天界の神々も降りくだってわたしを敬い、神の御親となる。わが子である百司は民を恵み育てて、子供を撫でるように情を注げば、民の情が返ってくる。これも御親の心である。それらの御親の心得をすべて、多くの神璽の中にこめてある。その紋の数がたいへん多いためになかなか本質がわかりにくい。政事とは綾錦を織るようなもので、緯部経道によって邪道を排し、経の正道を分け通し、暗い道に伏せっているものには、明かりをともし導くのである。春日神と子守神はこの道の本質をよくわきまえているので、天つ日嗣は代々栄え、天地は歳月とともに変わろうとも、君が代は窮めなきものであろう」

仙台の地にて天照大神が祖父豊受大神より教えを受けた「天の道」、政道の奥義がくわしく書かれています。もちろん、このような「天の道」についての内容、あるいは天照大神と豊受大神の関係を記した文献は、『ホツマ』以外にはありません。まことに驚くべき事実です。右の原文には、「天の道」の心得としての「御親の心」がのべられています。君臣民がそれぞれを親とし子として心一つにし、血脈的なつながりを保って国を治めるという、日本固有の親和的政治観がのべられています。

「香久(かぐ)の文(ふみ)」あるいは「百(もも)の璽(をしで)」は三種神宝(みくさのかんだから)の一つで、伊奘諾尊(いざなきのみこと)・伊奘冉尊(いざなみのみこと)の御世には、「瓊(と)の璽(をしで)」といわれていたものです。崇神(すじん)天皇の条に、

　　　　御祖(みをや)の授く
三種物(みくさ)　国常立尊(くにとこたち)の
神璽(かんをして)　天照大神(あまてるかみ)は
八咫鏡(やたかがみ)　大国魂神(おゝくにたま)は
八重垣剣(やえがき)と　常に祭りて
三瓊神(みとがみ)と

とあり、三種神宝中もっとも重要な「天の道」を示す神璽が、国常立尊より伝わるものであることがわかります。「香久(かぐ)の文(ふみ)」の「香久」は国常立尊の常世国の香久の木をあらわす言葉です。「天の道」「天成る道(あめなみち)」の具体的な内容は、『ホツマ』全般にわたり展開記述されている、もろもろの教えや道がそれにあたるであろうと考えられます。たとえば、天照大神は「御食万成り初め(みけよろづなりそ)の紋(あや)」において、肉食の害悪をこと細かく説かれています。それにたいして、日本武尊(やまとたけのみこと)の御世には、

　　　　われ聴く蝦夷(えみし)
宗凌ぎ(むねしの)　村長(あれをさ)もなく

村君(むらぎみ)ら　相侵(あひおか)し得(え)る
山荒し　奸(かたま)き者や
衢神(ちまたがみ)　中に蝦夷(えみし)ら
女男(めを)混ぜて　血脈(しむ)道欠けて
穴(あな)に住む　獣肉(けしし)を喰みて
毛衣着(けごろもき)　恵み忘れて
仇(あだ)をなし　弓も良く射る
立舞いも　類(たぐい)集めて
隠れんぼ　野山を走る
術(わざ)を得て　天成(あめな)る道に
服(まつろ)はず

との記述が見えます。関東の蝦夷は、政事(まつりごと)の体制も整っておらず、乱れた生活をしていました。国常立尊より伝わる「天成る道」の政事に従おうとはしませんでした。獣の肉を食べ、毛皮の着物を着ていたこともそのあらわれです。したがって、このことを逆に考えるなら、天照大神の「御食(みけ)万成(よろづな)り初(そ)めの紋(あや)」も「天成る道」の教えの一つである、ということができます。天照大神はこのほかにも、村長などの政治体制のこと、御衣(みは)に関することなどを、「御衣(みは)定(さだ)め剣名(つるぎな)の紋(あや)」で説かれています。これもまた、「天成る道」「天の道」の一つであると考えられます。

いまひとつ、「天の道」を考える上で忘れてはならないことは、その名が示すように、それらが天に続く道であるということです。天の心に向う道、天の心に従う道であるということです。天の心とは、すなわち天界の心として精奇城宮（さごくしろのみや）に鎮座する天御祖神（あめみをやのかみ）のことです。

日高見（ひたかみ）の天つ宮の豊受大神（とよけのかみ）のもとで、天照大神（あまてるかみ）はこれら政事（まつりごと）にかかわる道の奥義、すなわち道奥（みちのく）を学ばれたのでした。東北地方を陸奥（みちのく）というのは、この道の奥が語源となっているのです。

豊受大神の崩御と道奥

先にのべた、豊受大神と天照大神の祖父、孫の関係、伝授された「天の道」、日高見の仙台宮、天つ宮など、他の文献には見ることのできないことばかりでしたが、天照大神と十二后のことも、まったく他の文献にはしるされていない貴重な記述です。大神と后とが、日と月の「伊勢の道」によって位置づけられています。

天照大神は日高見にて道の奥義を学ばれたのち、大日山（おおひやま）すなわち富士山の新宮におもどりになりました。「日の山の名も　大山ぞ　故大山本（かれおおやまと）　日高見（ひたかみ）の　安国（やすくに）の宮」と原文にあり、この富士大日山の新宮を、日高見安国宮と呼んだことがわかります。このとき、伊奘諾尊・伊奘冉尊の命により、八十杵尊(やそきねのみこと)は諸神と神議(かんばかり)し、天照大神の十二后を選ばれたのでした。天照大神は女神として語られることが多いのですが、それは誤りで、「ウヒルギ」というご幼名、豊受大神から贈られた若仁(わかひと)という諱(いみな)、ここに見る十二后の選出、最高位の君は男子でなければならない、という天界の大原則からしても、天照大神は男子でなければなりません。この詳細は拙著『言霊ホツマ』で論証したところです。「キミ」という言葉には木を男神、実を女神とする男女の意味が含まれていますが、日である男子は月である女子に常に先行していなければならないのです。これは後世の儒教的道徳観のような次元ではなく、天界の霊的な原理(のり)と一体となるという古代思想にもとづくものです。

さて、男神である天照大神にたいするお后は、東西南北の各局に、典侍(すけ)、内侍(うちめ)、御下(おしも)と三人ずつ配されます。このことは「機織の道」ですでにのべたところです。原文に、「月に寄せ　御子は天(あま)日(ひ)の　位なる」とあり、十二后を月の位に配し、天照大神を日の位と仰いだことがわかります。また、十二后のうちでもひときわ慈愛に満ちた瀬織津姫(せおりつひめ)の美しさに、天照大神は宮の階を降りられ、姫を中宮とされたのでした。原文に「君も階(きざはし)　踏み降りて　天下がる日に　向津姫(むかつひめ)　ついに入れます　内宮に」とあります。「天下がる日」は、階をお降りになられた日の御子天照大神を示し、「向津姫」とは、日に向う月の位の瀬織津姫のたたえ名です。また「天下る」は後世「あまざかる」「あまさかる」などともいわれ、「向かつ」にかかる枕詞となりました。さらに原文に「弟月読尊(おとつきよみ)は　日に付きて　民の祭を　助けしむ」とあり、天照大神の弟君の月読尊の「月」は、日の天照大神に付くという意味であったことがわかります。六紋には「月読の神　日に付けと　天にあげます」とも見えます。

天照大神のご神徳により、御代は栄え豊かに治まり、八万年の浦安の歳月が流れました。そんなとき、宮津よりの急の使者が天照大神のもとにやってきました。天照大神は急ぎ真名井に行幸されます。

天日神（あまひかみ）　急ぎ真名井（まなゐ）に
行幸（みゆき）なる　ときに玉杵尊（たまきね）
相語り　「昔道奥（みちのく）
尽さねば　ここに待つ」とて
授けます　「諸神たちも
しかと聞け　君は幾世の
御祖（みをや）なり　これ国常立尊（とこたち）の
勅（みことのり）」と　洞を閉（とざ）して
隠れます

天照大神は、真名井にて豊受大神とご対面になりました。豊受大神は「昔日高見にて、道の奥義を伝授したが、すべてを教えきれなかったので、そなたを呼び出したのだ」と申され、その教えを授けられました。「諸神たちもしかと聞け。君というものはいつの世にも、人々の親である。これは、国常立尊の尊い御教えであるぞ」と申されて、洞を閉ざされ、その中にお隠れあそばしたのでした。

これは豊受大神崩御のことを書いた、たいへん貴重な記述です。このように偉大な豊受大神の御事跡が子守神と同じく他の文献にまったく触れられていないのは、まことに遺憾なことです。政事(まつりごと)の道奥(みちのく)、「天の道」が国常立尊より伝わるものであることが右の原文よりわかります。さらに「その上に建つ　朝日宮　君懇(ねんごろ)に　祭りして」ともあり、豊受大神のお隠れになられた洞の上に、朝日宮が建てられたことがわかります。その後、豊受大神を失った真名井の民が、天照大神がお帰りになられることを留めるので、これを憐れにお思し召しになり、親ら真名井原の地にて政事をおこなわれたのでした。北の局(つぼね)の持子(もちこ)、早子(はやこ)、味子(あちこ)は真名井に向い宮仕えをします。またさらに、中宮瀬織津姫(せおりつひめ)を通じ、日高見の地に豊受大神の御霊をお祭りするようにとの勅命が伝えられています。

京都宮津市字大垣、旧与謝(よさ)郡府中村に籠(この)（旧名コモリ）神社があります。天橋立の北端に鎮座し、彦火明命(ひこほのあかりのみこと)、豊受大神、天照大神、海神、天水分神を祭っています。同社の摂社に真名井神社があり、社伝によれば、天照大神の伊勢ご鎮座の途中、丹後国与謝の現地にも四年間とどまられ、そのおり丹後国の豊受大神が幽契によりご饌物を供進された跡であるということですが、これはすでにしるした『豊受皇大神御鎮座本紀』および『止由気太神宮延暦儀式帳』、あるいは『倭姫命世記』の伝承にもとずいていると思われます。本来の幽契の地は、天橋立の南端にある、知恩寺の文珠堂付近であることがわかっています。

さらに、二十八紋に天照大神が世を辞まんとおっしゃられて、猿田彦命をして、豊受大神と同じ真名井の地に穴を掘らしめたという記述があります。

行幸(みゆき)の御輿(みこし)

真名井にて　天照大神は

内つ宮　豊受(とよけ)大神は外宮(とみや)

とあり、同じ真奈井(まない)にて二神がお隠れになったことが、明確にしるされています。まことに驚くべきことです。そしてなんと、京都府加佐郡の内宮という所に皇大神社があり、そのすぐそばには豊受神社が鎮座しているのです。両社は元伊勢とよばれ、皇大神社の鳥居は黒木であることなど、古風をしのばせています。『止由気太神宮儀式帳』にも、『神道五部書』にも丹波国の豊受大神を伊勢にお遷ししたこと、『丹後国加佐郡旧語集』にも皇大神社から天照大神を伊勢にお遷ししたとする記録があるものの、『ホツマ』に見るような、より詳細にして具体的な記述はどこにも見あたりません。しかし右の二社の存在は『ホツマ』の記述を裏づける意味でとても重要なものといえます。

また、皇大神社の北にある比沼麻奈為(ひぬまない)神社も注目されます。

今までのことを少しふりかえってみましょう。ハラミ山、すなわち富士山でお生まれになられた天照大神は、日高見仙台にて豊受大神のご教育を受けられました。のち、ふたたびハラミ山にもどられ、十二后を定めます。そののち真奈井に坐す豊受大神のもとに行幸され、祖父君亡きあと、その地をお治めになります。さらにホツマによれば、真名井におられるとき千足国にご巡狩なされ、その地をお治めになられたのでした。

神風の伊勢国

真名井から富士の安国宮におもどりになった天照大神は、日速彦命に「汝国絵を　写すべし」と勅されました。日速彦命は大和を巡って、それらの国々をみな絵におさめました。「君は都を遷さんと　思兼命して　造らしむ　成りて伊雑に　宮遷し」と原文にあるように、伊勢国伊雑の地に宮居を改められたのでした。この伊雑宮は、現在三重県志摩郡磯部町に鎮座し、「イザワノミヤ」とよばれ、「イゾウグウ」とも通称されています。また『延喜式』には「伊佐和神社」と見えます。

『倭姫命世記』には、「彼の稲を伊佐波登美神を為して抜穂に抜かしめて、皇太神の御前に懸久真に懸け奉り始めき。即ち其の穂を、大幡主の女子乙姫に清酒に作らしめて、御饌に始め奉りき。

千税(ちくら)始め奉る事、茲因(ここよ)り也。彼の稲の生ふる地(ところ)を千田(ちた)と号(い)ひき。嶋国伊雑の方上(かたかみ)に在り。其(そ)の処に伊佐波登美(いさはとみ)の神宮造り奉り、皇太神の摂宮と為(な)す。伊雑宮此(こ)れ也」と見えます。平安初期に書かれた『皇太神宮儀式帳』には、「伊雑宮一院、志摩国答志郡伊雑村にあり、大神宮以南相去ること八十三里、天照大神遙宮(ゆうぐう)と称す」とあり、『延喜式』の「伊勢大神宮式」にも、「大神の遙宮(とほのみや)」としるされています。ところが、江戸時代の初期に、財政難に逼迫(ひっぱく)した伊雑宮の神人(しんじん)たちは、朝廷にたいし、伊雑皇大神宮は日本最初の宮であり、のち伊勢の内宮ができ外宮ができたとの、神訴をおこなったのでした。この神訴状の根拠はどのようなものであったかわかりませんが、『ホツマ』の所伝によれば、伊雑宮ののちに精奇城宇治宮(さごくしろうぢのみや)すなわち内宮にお遷りになったことは明らかです。『特(とく)選神名牒(せんしみみようちよう)』の調べに、伊雑宮を「上宮と称す」とあることも注目されます。

『ホツマツタヱ』二十八紋に、

天照大神(あまてるかみ)は
肥ゑ国の　伊雑大内(いさわをうち)の
宮に居て　八つ御耳(をんみみ)に
聴こし召し　民の教ゑは
伊勢の道　その神風の
伊勢の国　通り尊(たつと)む

神風を

天照大神は、よく肥えた土地にある、伊雑宮の内裏に坐しまして、トホカミヱヒタメ八神の神力により、八方の政事を聞こし召されたのでした。民の教えは、男女和合天地和合の「伊勢の道」であり、その大神の風儀が伊勢の国中に通りゆき「神風の伊勢の国」とたたえられたのでした。そしてみな大神のご威光を恐れ尊み奉ったのでした。——

「大内」は皇居、内裏、宮中などのこと。「八つ御耳」とは、二十八紋に、「清雄鹿八咫の　わが冠」「産土神が見て　天に告ぐれば　清雄鹿の八つの聴こえに　現はれて」「垢は天元の　清雄鹿に　清め給ひて」などとあることから、トホカミヱヒタメ八神の神力をもとにして、天照大神が八方の八民の政事を聞こし召される、その御耳の

伊雑宮

ことであることがわかります。「伊勢の道」とはイモ・ヲセすなわち男女の踏みおこなうべき道のことです。「神風」は、天照大神の風習が人々を教化する様をたとえた言葉で、実際の風のことではありません。

右の原文より、伊雑宮にて「伊勢の道」を教化されたので、その国を伊勢国とたたえるようになったことがわかります。このように天照大神が民に教えを広め風儀(てぶり)を知らしめたことは、他の文献にはまったく書かれていません。天照大神と「伊勢」という言葉の関係は『ホツマ』以外ではわからないのです。天照大神はこの伊雑宮で、のちに宇治宮にお遷(うつ)りになられるまでの長き間、数々の教えを臣民に説き導かれたのでした。高天原(たかまのはら)の風儀をもとにする、神代(かみよ)の風儀(てぶり)を青人草に示し、神ながらの美風を習わしめることこそが政事の根本であるといえます。風習(てぶり)とは神風(かみぶり)を習い伝えることにほかなりません。そして、この美しい高天原につづく神の教えが神代の伊勢の国で花開いたのです。

「伊勢の道」の具体的な内容は、十三紋に見ることができます。日高見(ひたかみ)多賀の若宮にて忍穂耳(をしほみみの)尊(みこと)が春日(かすが)神天児屋根命(かみあまのこやねのみこと)に教えをお聴きになります。女男(いもをせ)というものはだれとはかぎらず、天地の法(のり)を備えているという考え方が基本として示されています。さらに天地と一体である日月との霊的な関係において、男女の道が説かれています。すなわち男は天と日、女は地と月と一体なのであり、男女は日月の理(ことわり)にそって道を歩まねばならないという教えです。「良女(よめ)は月　月は元より　光無し

日景を受けて　月の影　女男もこれなり」という原文によって、男女の位置が示されていますが、この日と男、月と女の関係は、「ヲセの宗元　日と丸め　イモの源　月と凝り」という十四紋の原文にも示されています。さらには、十六紋に「ヲセの宗元　日と丸め　天近く巡り　陽に配る　イモの源　月と凝る　地に近きゆえ　陰に配り」ともあり、ヲセ、日、天、陽と、イモ、月、地、陰の関係が語られています。また十四紋には、男は日の霊気、女は月の霊気によって生まれるものであることも書かれています。このような女男の理をより知り、慎みをもって和しながら子末の弥栄を願うことこそ「伊勢の道」の極宗なのです。「わが身は君と　なるとても　親の恵みを　返さんと　伏して思えば　子を授く　道は恵みを　返すなり」と書かれているように、天照大神の教えのもっとも中心的課題がこの「伊勢の道」、すなわち子孫の八十続きを民に教えることにあったのです。「子末を思ひて　睦まじく　業を務むる　伊勢の道かな」とあり、「伊勢の道」とは子孫の繁栄を思うことにあることがよく示されています。

「伊勢の道」の双璧として「鈴明の教え」は、子孫繁栄のための戒めや、欲を離れることを説いたものです。「鈴は真栄木　穂末伸び　歳和永の　六万寿　欲心を去れば　鈴明なり」と見えます。ここで注意しなければならないことは、「欲を離る」「欲心を去る」とは、仏道のようにすべてを捨てて、人の施しを乞うようなものではないということです。筑波大人が春日神の教えにたいして、

「欲を去るには　みな捨てて　楽しみ待つや」「飢えば施し　受けんかや」といわれたところ、春日神がお叱りになり、「施しを　受けば乞食ぞ」「ただ乞ひて　喰ふ犬こそ　天の罪よ」と強く否定されたのです。仏教における家々をまわり米や銭の施しを受ける托鉢は、日本古来の道からはずれた行為であるといえます。「欲を去る」とは、人の身に必要以上の邪欲を去ることなのです。「欲し去るは　捨てず集めず　技を知れ」と教えています。必要以上の財宝を集めれば世の人の妬み怨みを買い、その怨念によって死後も魂緒が迷い、天の宮に還らず、子孫を守護することができない、というのです。この「鈴明の教え」をはじめ、『ホツマ』の思想は、固有の死生観、転生観によって成り立っています。中でも豊受大神の「往来の道」は興味深いものです。大神が申されるには、「われ三世を知る　初の世は　国常立尊ぞ　天に往き　見る元明けの　守定め　二代高皇産霊の百万寿　往きて魂緒　なすを聴く　今玉杵も　八万歳　欲に貪る　心無く　往来の道も覚ゑ知る」とあります。「玉杵」は豊受大神の諱。欲心なく生きることによって、三度もの正しい転生をすることができた、ということです。さらに「女男を結びて　人心　世に帰るとき　直ぐなれば　また良く生まれ　邪欲は　あゑ帰らぬぞ」とあり、男女は夫婦となってこそ一人前の人の心を得ることができるのである。天界からこの世に帰り来て生きるとき、心素直なればまた良き人となって、生まれ変わることができる。邪欲あらば、それはあたわぬぞ、といわれています。「女男を結びて人心」とは桃雛木・桃雛実尊の三月三日の婚儀の制定に見るごとく、結婚する前は雛であり、結婚することによって人となるということが『ホツマ』に書かれています。また代々の君は、一から十までの教えを尽すゆえに御名に仁を付けるということも書かれています。人、仁、一十は同義です。天照大神の夫婦和合、子孫繁栄と豊受大神の邪欲禁忌とによって、「伊勢の道」は完璧なものとなるのです。

伊勢国の伊雑宮にて、天照大神がさまざまな『ホツマ』の教えを説かれ、臣民が熱心にその教えを聞いている様子は「八百万道の　命彦　宮内に侍り　道を聞く　諸万民も　お白砂に　群聞くときに」という文から、うかがい知ることができます。このように、天照大神が伊雑宮にて教えられた教えの中で明確にわかるものは、「伊勢の道」のほか、十四紋「世嗣祈る祝詞の紋」、十五紋「御食万成り初めの紋」、十七紋「神鏡八咫の名の紋」、二十三紋「御衣定め剣名の紋」などがあります。それらの内容のおおよそを書いておくことにしましょう。

まず、「世嗣祈る祝詞の紋」は、「カガンノンテン」の神事、天地開闢の様子、天界高天原から人の御種が下る様子、受精、妊娠過程、世嗣を祈るための祝詞——となっています。つぎに「御食万成り初めの紋」は、肉食の穢れ、天地開闢の様子、鉱物の生成、空風火水埴の五元素による万物の構成と食すべきものの是非、日霊気・月霊気と田苗畑苗の関係、常食とすべきもの、鳥獣の害悪と日霊気・月霊気の関係、西王母が語る支那の人々の肉食、食物と死生観、菊のこと——などです。「神鏡八咫の名の紋」には、八咫鏡成立原理、八咫の語源、瓊と矛について、天の心、天の報い、心の拗けと教育の詳細、盗人のこと、ミヤビの作用、天地人の相互関係、八咫の意味、人の罪と五臓の関係――などとなっています。そして最後の「御衣定め剣名の紋」は多くの内容を含む紋で、量的にも長いものとなっています。剣の前身としての矛、神璽の瓊と矛、矛の役割、刑罰、機織りの法の詳細、機の道と政治、刑法、八重垣の剣の成立、剣の語源、八重・八咫の語源、奇彦命に日本大国御魂神のたたえ名と、二神の逆矛の授与のこと、山辺の殿と奇彦命の三諸山お隠れのこと、三諸山の杉のこと――などがのべられています。

どれをとってみてもまことに興味深い内容ですが、とても難解な部分も多く含んでいます。このように、『ホツマ』の中でもとくに重要な教え、道というものが、天照大神によって語られていることがよくわかります。本居宣長は『直毘霊』の中で、「古の大御世には、道といふ言挙もさらになかりき」「大御国の古の大御てぶりをば、取別て神道とはなづけられたりける」とのべていて、天照大神の示された風儀だけがあったことを強調していますが、その「てぶり」の内容、「神道」の具体的な内容は示されていません。「漢意」を排除し、本来の「大和心」に還ることを目指した宣長の姿勢はまことに尊いものですが、「大和心」のさらに奥にある、日本固有の高い文明というものを、『ホツマ』によってさらに明らかにしなければなりません。『ホツマ』には、天照大神の風儀としてのわが国固有の、「教え」「道」といったものが、はっきりと示されているのです。さらに宣長は、日本にも道というものがあるとすれば、「此道はしも、可畏きや高御産巣日神の御霊によりて、神祖伊邪那岐大神伊邪那美大神の始めたまひて、天照大神の受けたまひたもちたまひ、伝え賜ふ道なり。故是以神の道とは申すぞかし」と貴重な発言をしています。この言葉を、『ホツマ』に照らして考えてみると、豊受大神は五代高皇産霊であり、天照大神の祖父にあたります。豊受大神から天照大神へと、数々の教え、道の奥義が伝授されたことはすでにのべたところです。また天照大神は、ご両親である伊奘諾・伊奘冉尊の御教えを伝え、志を嗣いだこともすでにのべました。宣長のいう、高御産巣日神、二神、天照大神という「道」の系譜が、『ホツマ』によってはじめて具体的に理解出来るのです。大神の風儀が具体的に示されているのです。

すでに示した原文に、「肥国の　伊雑大内の　宮に居て　八つ御耳に　聴こし召し　民の教ゑは伊勢の道　その神風の　伊勢の国」とありましたが、そのあとつぎのような文がつづきます。

――「通り尊む　神風を　羨み拗け　化け物が　自ら褒めて　ハタレ君　な謀り九千人を　群れ集め　国を乱れば　住吉神　香取神鹿島神や　伊吹戸主命　荷田命手力雄命　楠日神　みな器得て　これを討つ」――天照大神は、伊雑宮にて「伊勢の道」を教え広められ、国は安らけく治まっていたのですが、中宮瀬織津姫を妬む、十二后の内の北の局にいた持子、早子姉妹が、大蛇と化け、益人の白人と胡久美らを操り、ハタレ大魔軍を引き起して、朝廷を危くせんとしたのでした。この詳細は七紋、八紋に書かれています。このハタレ大魔軍出現は、深慮のなさと奢る心から、持子早子の「功ならば 天が下」という謀計にのせられ、乱行におよんだ素戔嗚尊にも大きな原因がありました。そして、その乱行の結果、天照大神は天岩屋にお隠れになってしまいました。さらに「僕に 根国の益人が 教えけり 功ならば 国つ神 これ素戔嗚の 勅」といういつわりの勅を、白人がハルナに伝えたことにより、一層の混乱をきたしたのでした。上に立つ者が乱れれば下々までが乱れるという政事の本質がここに示されています。本居宣長も、中世以降朝廷が大いに衰えたことがあったが、それは天下の乱れによるものと普通には思われているが、天下の乱れによって朝廷が衰えるのではなく、朝廷の衰えによって天下が乱れるのである、というようなことをいっています。

このハタレ大魔軍の蜂起も、天照大神のご神慮と住吉神、すなわち金析命や、香取神、鹿島神、伊吹戸主命といった優秀な武神たちのはたらきにより、無事鎮圧することができました。この事件は、「大祓詞」としても残っています。天照大神の浦安の世でさえもこのような大波乱があったということは、古えを考える上でとても大切なことであると思います。のちの世の政事にたいする教訓となった事件でした。

精奇城宇治宮

さて、伊雑宮にて長い歳月をお過ごしになられた天照大神は、十二后もやがて神上り、中宮瀬織津姫と二人きりになられてしまいました。二十八紋に、

大御神　宮遷さんと
御裳裾川に　天上る道得て
精奇城　宇治の宮居に
二万年経て　ときに五十鈴
宮に生ゐ　つらつら思す
『植えずして　生ゐるも天よ
わが命　天が知らす』と

天照大神は、お宮を遷そうと思し召しになり、御裳裾川にて、天界高天原の精奇城宮に神上る道を悟られて、精奇城宇治の宮居にお遷りになられたのでした。宇治宮にて二万年を経たとき、奇しくも五十鈴目の鈴木が植えずしてお宮の庭に生えました。大神はつくづくお考えになり、「鈴木が植えずして生えてくるのも天意であろう。わが天寿を神がお示しになられたに相違ない」とおっしゃいました。――と書かれています。「御裳裾川」は「御裳濯川」として伝えられ、別名五十鈴

宇治橋

川(がわ)ともよびますが、その謂(いわれ)は、御裳裾川のそばのお宮に五十本目の鈴木、すなわち五十鈴木が自生したことにあったのです。『ホツマ』の鈴木暦に関する一貫した話の中で「五十鈴川」の語源を理解することができ、『ホツマ』の文献としての貴重さを物語っています。また「御裳裾」にも深い意味が隠されていますが、少しのちにのべます。

このときに天照大神は、

八方神(やもかみ)を　召して『われ世を
辞(いな)まん』と　猿田(さるた)彦命に穴を
掘らしむる　『真名井(まなゐ)に契る
朝日宮　同じ所』と
曰(のたま)えば　諸(もろ)驚きて

多くの神々をお召しになられ、「わたしは世を辞まんと思う」とおっしゃって、猿田彦命をして穴を掘らせられたのでした。「昔、真名井の原で道奥（みちのく）を伝授され、契りを結んだ豊受大神を祭る朝日宮と同じ所に隠れようと思う」とおっしゃられると、諸神たちは驚きうろたえるばかりでした。――

すでにのべたように、この原文に天照大神と豊受大神とが同じ真名井に眠られていることが示され、貴重な記述となっています。天照大神のお言葉に、諸神はなんとかお引き止めしようとしたのですが、「いや止めるでない。わたしは民のために、苦き青菜や千代見草を食んで、百七十三万二千五百歳もの長寿を得ることができた。今度は天界高天原にて、楽しみ暮らそうと思っている。この世に遺す歌をそなたたちに、授けることにしよう」

常に聴く　清雄鹿八咫（さをしかやた）の
わが冠（かむり）　衣臣裳民（はとみもたみ）に
緒（を）を届け　天地（あわ）を束（つか）ねて
日嗣（ひつき）なす　裳裾（もすそ）をくめと
君民（きみたみ）の　教ゑ遺（のこ）して
天（あ）に還（かえ）る　とてな痛（いた）めそ
わが御霊（みたま）　人は天（あ）の裳（も）の
上にある　われは冠（かんむり）
人草（ひとくさ）は　耳近き緒（を）ぞ

胸清く　身は垢(あか)つけど
指神(さし)が見て　天(あめ)に告ぐれば
清雄鹿(さをしか)の　八つの聴こえに
現はれて　祈れもがもと
御裳裾(みもすそ)の　民を撫でつつ
清雄鹿の　清きに神は
ありと答えき

返し祝詞歌(のとうた)

人常に　神に向はば
世の身々の　垢は天元(あもと)の
清雄鹿に　清め給ひて
精奇城(さごくし)の　恩頼(ふゆ)の鏡に
入ると思ゑば

小笠原道當の『秀真政伝(ほつませいでん)』にこの部分のすぐれた訳があるので、それを参考にして訳すことにします。――「わたしは、常に清雄鹿(さをしか)である。トホカミヱヒタメ八神の神力でできている八咫(やた)の冠(かむり)によって人草の政事(まつりごと)を聴いている。わが装束(しょうぞく)のような、衣として臣、裳裾の民に、八咫の冠の緒を届け、天地を束ねて日月を結んでいるのである。心が清ければ、たとえ身に垢がつこうとも、その土地土地の神が見て、天に告げれば、トホカミヱヒタメ八神の八つの耳に聞こえ、八神が現われ守護することであろう。ただトホカミヱヒタメ八神に祈ることである。天の御裳裾（みもすそ）としての民を労る清雄鹿（さをしか）の神々は、清き心にのみ現われるのである」とお答えになりました。「返し祝歌（のとうた）——人は常に神に向って祈るなら、世の君臣民の身々についている穢（けが）れは、高天原（たかまのはら）に鎮まります、トホカミヱヒタメの天元（あもと）の神によって清められ、死後も清らかに精奇城（さごくしろ）の宮の恵み多き鏡の中に入り、楽しみ暮らすことができるのであるぞ。わたしもまた、その鏡の中に入らんとしているのである」——

天照大神の宇治宮ご遷座に関する部分は、他の文献にはけっして見ることのできない、きわめて貴重な内容をふくむ部分です。わが国固有の死生観はここに結集しています。右の原文に考察を加えていきましょう。先にのべた「御裳裾川（みもすそがわ）」、後世の「御裳濯川（みもすそがわ）」は右の原文にある、天照大神の御裳裾としての民、という意味において名づけられたことがわかります。「天上（あのぼ）る道（ち）得て」とは、天界高天原の精奇城宮（さごくしろのみや）に還（かえ）り上ることをお悟りになられて、の意です。その精奇城宮との交流点として「精奇城宇治宮」と称したと考えられます。高天原の精奇城宮には、始源の天御祖（あめのみをや）と八隅を守護するトホカミヱヒタメの神々をはじめとして、一音一神の四十九（よそこ）の神々が鎮座されています。すなわち、そのご鎮座の様は、「フトマニ図」に見るごとく、まことに整然としたもので、天界のすべての原則（のり）がここに象徴的に表わされているものと考えられます。密教に見る曼荼羅（マンダラ）や、中国上代の河図洛書は、これをもとにしたものであると考えます。『ミカサフミ』の原文に、――「四十九の神は　天に還り　元の高天の　腹にあり　奇し魂精し　精奇城　故神祭る　名も高天原　清のところは　これに比べん」――とあるように、天照大神の最晩年における精奇城宇治宮は、まさしく天界高天原の四十九の神との交流地点だったのです。今もなお依然として神代よりの威光を放ちつづける、日本人の美意識の原点としての伊勢の大神宮は、天界高天原につづく道なのです。わが国柄は、高天原の風儀をその源泉とし、国常立尊の常世国にはじまり、天照大神の坐す伊勢の神風となって伝えられてきました。宣長が語るように、「そも〳〵此道は、天照大御神の道にして」「神代上代の、もろ〳〵の事跡の上に備」わっているものなのです。日本の文明文化を明らかにすることは、すなわち神代の風儀を明からしめることであり、その源の高天原の神の心を知ることであるといえましょう。

天照大神は「世に遺す歌」をお告げになったあと、春日神天児屋根命にお命じになりました。「汝春日よ　遺し物　多賀宮に持ち行き　捧げよと　親らこれを　授けます　春日は君に　奉る神の璽と　清雄鹿の　冠と御衣は　菊散紋ぞ」――多賀宮に坐す君とは、多賀宮を改築した鵜葺草葺不合尊のことです。清雄鹿の冠と御衣は菊散の紋で飾られていることが書かれています。そののち「行幸の御輿　真名井にて　天照大神は　内宮　豊受大神は外宮」とあるように、真名井原の豊受大神のそばにお隠れになられたのでした。そして、「御裳裾の　精奇城宇治　改めて　天照大神(かみ)の内宮(うちつみや)」と名を改めたのでした。

弥栄の伊勢の宮居

ときは流れ、第十代崇神(すじん)天皇の御代に、三種神宝(みくさのかんだから)のご遷座のことが問題になります。『ホツマツタヱ』に崇神天皇四年の勅(みことのり)が載っています。

三種物(みくさもの)　国常立尊(くにとこたち)は
神璽(かんをしで)　天照大神(あまてるかみ)は
八咫鏡(やたかがみ)　大国魂神(おおくにたま)は
八重垣剣(やえがき)と　常に祭りて
身と神と　際(きは)遠からず
殿床(とのゆか)も　器もともに
住み来たる　やゝ稜威(いづ)恐れ
安からず　天照大神(あまてるかみ)は
笠縫(かさぬひ)に　豊鋤姫(とよすきひめ)に
祭らしむ　大国魂神(おおくにたま)は

淳名城姫　山辺の里に
祭らしむ

と見えます。「三種もの」とは三種神宝のこと。「神璽」はホツマ文字、あるいはそれで書かれた文のことで、国常立尊より伝えられたものです。天地開闢伝承を考察していくと、このホツマ文字である「ヲシデ」と天御祖神の「掌相」とが深くかかわりあいをもつことが考えられます。「八咫鏡」は天照大神の御製によるもので、「八重垣剣」もまた、天照大神が天目一箇神をして作らしめたものです。その数は八振であるとしるされています。「大国魂神」は日本大国御魂神、すなわちもと事代主の奇彦命のことであり、八重垣の翁とも称され、忠臣としてのはたらきを高く認められ、天照大神より二神の逆矛を賜った偉大な神です。その子、子守神も天孫瓊々杵尊の剣の臣として、八重垣剣を奉持しています。

崇神天皇は、これらの神器を御神殿に祭られていたのですが、その神威を恐れられ、御心安らかにならず、天照大神の御霊代としての八咫鏡を笠縫の地にお遷しし、大国魂神の八重垣剣は、淳名城姫によって山の辺の里に祭られたのでした。これを『日本書紀』では、――「天照大神・倭大国魂、二の神を、天皇の大殿の内に並祭る。然して其の神の勢を畏りて、共に住みたまふに安からず。故、天照大神を以ては、豊鍬入姫命に託けまつりて、倭の笠縫邑に祭る。仍りて磯堅城の神籬を立つ。亦、日本大国魂神を以ては、淳名城入姫命に託けて祭らしむ。然るに淳名城入姫、髪落ち体痩みて祭ること能はず」――としるしています。『ホツマ』によれば、神器を遷したのち、崇神五年、六年と疫病による災いがはなはだしく、大国魂神および天照大神の御霊代をふたたびお遷しすることになります。そののち垂仁帝の二十五年、『ホツマ』に「天照大神を

遷御の祭列

豊鋤姫は　離ちて託ける　倭姫　昔豊鋤姫　神の告げ
御霊代担ぎ　与謝に行く　この橋立ては　笠縫の　上より
宮津の　松に雲　棚引き渡す　瑞垣の」――とあり、天照大神のご神霊を、豊鋤姫から倭姫に遷したことがわかります。天照大神の御霊代は与謝より淡海をへて美濃を巡り、伊勢飯野にてご鎮座。のちさらに磯部にいたり、ご鎮座。天照大神のお告げに「よき宮所　南にありと」とあり、宇治にお鎮め申し上げることとなります。昔天照大神が后瀬織津姫とお住みになっていた伊勢宇治山田の地に、ふたたびご神霊となっておもどりになられたのでした。昔お住まいの地にふたたび帰られたということは、『ホツマ』以外の文献ではまったくわかりません。

宇治にいたった倭姫は、――「これ神風の　伊勢の宮

三種神宝は祭る　源」といわれたのでした。大機主命と八十伴命に、五十鈴原の茅を刈らせ、遠近の山の木を伐らしめ、根本と末を逆さにして、敷地の中央に敷き建て大宮柱としました。千木を高く結び、伊勢の大宮を建立したのです。「チギ」は千木、知木、鎮木などと書きますが、本来の意味は「契り木」のことであり、天照大神と豊受大神の契りを意味していると考えられます。

大宮も完成し、いよいよ渡御の日がやってきました。

二十六年の　九月十六日
大御神　五十鈴川の
精奇城　宇治に渡まし
十七日の夜　御丈柱を
　納めしむ

とあり、天照大神の御霊が渡御されたつぎの夜、御丈柱を納めたという、重要な記述が見られます。この「御丈柱」とはのちの心御柱のことなのでしょうか。心御柱は古来きわめて神聖視されてきたものであり、用材の伐採には木本祭をおこない、奉建の儀も夜間厳重にとりおこなわれます。伐採より奉建まで、神官以外それにかかわることが許されません。『神道集成』の「心御柱記」に「心御柱、一名忌柱、一名天御柱、一名五尺の御柱に坐す。五色の綿をもってこれを纏ひ、八重榊をもってこれを餝り奉る」と見えます。

垂仁天皇も都にて自ら五穀豊穣を祈られると、天照大神もお喜びになり御告げに曰く、

　　　　昔わが住む
精奇城宮　重浪寄する
伊勢の宮　長く鎮まり
守るべし　豊受大神と
諸ともぞ

と、豊受大神もともに宇治の地にお迎えすることになったのでした。紀には「是の神風の伊勢国は、常世の浪の重浪帰する国なり、傍国の可怜国なり。是の国に居らむと欲ふ」とのみ書かれていて、詳細がわかりません。

大御神　嗣ぎを思して
伊勢の道　八百人草を
活け恵む　故鰹木八木
千木の内　削ぐは内宮
内軽く　八民豊かに
また豊受神　逆矛の法
天の星　九座表わし

鰹木九木　千木は外を削ぐ
故外宮　内篤く稜威
民の父　恐れ道得よ
内宮は　君母の子を
恵む法かな

天照大神は、子孫の繁栄のことを常に思し召しになり、「伊勢の道」を教え、八百の民を活かし恵まれたのでした。ゆえに、内宮の屋根に置かれた鰹木は、八百八民にちなみ八本としました。また千木の内を削り内宮としました。これは八民が快く豊かに暮すことを意味しています。また豊受大神は「逆矛の法」を二神に伝授され、元明けの神々を日高見の高天原に祭られました。その元明けの神の、御祖神とトホカミヱヒタメ八神の九座に準え、鰹木を九本とし、千木の外を削り外宮としたのです。内は篤く慈しみ、外には稜威をあらわし、民の父としての豊受大神を、恐れ畏み道を受けなさい。内宮の天照大神は、君や母が民や子を恵むような御心で、ご鎮座されています。伊勢の内宮と外宮には、このような教えがあるのです。——

伊勢の外宮と内宮の真相がここに書かれています。現在鰹木は、内宮は十本になっていますが、外宮はそのまま九本となっています。さらに『ホツマ』には、垂仁三十年に新たに宇治橋を造ったとあり、また「矛取り祈り　大亀を　突けばなる石　これ兆　宇治の亀石」ともあります。この亀石は、外宮に残されています。

先の原文にも「大御神（ををんかみ）嗣ぎと思して伊勢の道」とあったように、天照大神の数々の尊い教えの中心的課題は「伊勢の道」にあり、その教えを広めたのが伊勢国であるという、他の文献からはまったく想像もできない神代（かみよ）の風儀（てぶり）の数々が、これまでの考察により充分理解できたことと思います。宣長のいうように、「道」というものが、「天照大御神の受けたまひ、伝え賜ふ道」であるなら、具体的には「伊勢の道」こそが、その「道」にあたるものです。夫婦和合、子孫繁栄の「伊勢の道」は、『ホツマ』研究における中心的な課題であるといえます。

あけくれに伊勢の神風みにうけてまなびはげめよ直（なお）く正しく

北白川房子前神宮祭主の御歌です。今日もなお伊雑宮のお白洲に群聞いた臣民のように、多くの人々が伊勢の神宮に詣で、その御稜威にふれようとやってきます。「伊勢の神風」は今もなお、古えの風儀（てぶり）を伝え伊勢国に吹きつづけています。

ト　日本の美意識と表現

わが国の伝統の本質は、高天原（たかまのはら）を源とし、その形態は神代（かみよ）の風儀（てぶり）の中に伝えられていると考えられます。日本の文明文化といったものを考えることは、すなわち古習（いにしえぶり）を考えることにつきます。古えの人々がどのようなものをもっとも美しく尊いものとしていたかという、美意識を知ることがとりわけ重要になってきます。そしてこの「古え」とは、神代であり天地開闢のときのことです。ここに文明の本質、原型といったものがあるのです。理想的な文明のありかたを考えようとするとき、伝統の源泉としての、神代の古儀（いにしえぶり）、高天原の神風（かみぶり）を知ることが大切であるといえましょう。かの本居宣長も、「大かた世の中のよろづの道理、人の道は神代の段々のおもむきに、ことごとく備はりて、これにもたれることなし」「さればまことの道に志あらん人は、神の次第をよくよく工夫して、何事もその跡を尋ね、物の道理を知るべきなり」――といっています。わたしたちの深層の記憶の中には、大陸文化渡来よりも遥かに長い間の、日本固有の純粋な伝統の記憶が眠っているのです。大陸文化渡来から今日までの時間は、日本の歴史からすればほんの一瞬にしかすぎず、その影響というものは意識の表層にしかすぎません。戦後の左傾化した史学の風潮が下火となり、最近では日本古来の文化文明を見直そうという傾向が高まっていますが、まだまだ日本人はどこからかこの日本にやって来た民族である、という考え方が学問の大前提となっています。そのような中で、原子爆弾の日本投下にたずさわった米国の学者が日本の環状列石を調査し、わが国古代には外国に比すべき高い文明があったことを明らかにしたことは、まことに皮肉なことです。

さて、まず日本の美意識や表現の本質を考えるときに、第一に必要なことは外来の美意識、表現をいったん排除することです。これは、それらを否定することではなく、その奥にある日本の本質をよく見きわめるための方法です。宣長は常に「漢意(からごころ)」を捨てることを強調していました。現在のわたしたちは、「漢意」に加え明治以降急激におこなわれるようになった、西洋的な表現をも排して考えなければなりません。子供たちの美意識を培うための美術教育もまた、明治以降その方法や思想の基本をすべて西洋に求めてきました。そのような混乱の中で、過去に中国から渡来した美意識や表現が、あたかもわが国の伝統的な美意識や表現であるかのように扱われてきたのでした。西洋的な表現を排除すれば、すぐに日本的なものが見えてくるように考えている人が多いのに驚かされます。たとえば仏教的な美意識が、まるでわが国の本質的なものであるかのように論ずることが、美術の世界ではあたりまえになっています。ところが、仏教が公的に伝来したのは九世紀なかばであり、たかだか千百年あまりの歴史しかありません。日本文化に与えた影響はそれほど強いものとは考えられません。わたしたちはそれ以前の、さらに大陸文化渡来以前の純粋な日本の表現や美意識、あるいはそれらに影響されない伝統の本質を考えなくてはいけません。自己の深層にある美意識を知り、それをもとにした表現をするとき、もっとも美しく、もっとも高度にして、もっとも強力な表現ができるのです。強力な表現とは、日本の場合、情(みやび)の力によって人の心を和(やわ)す表現をさします。

明治以降の人々、戦後の人々が追い求めてきた西洋文化、あるいは西洋美術は、今大きな壁につき当っています。今こそ、日本固有の文化を見つめなおし、日本固有の美意識を確かめ、再建して、今後の教育に活かすときであるように思います。日本の伝統を無視し、外国の伝統の表層をまねて、国際的になったと錯覚するような時代はもはや過去のものとなっています。自国の文化にたいする深い認識と誇りこそ、国際人としての第一歩であると考えます。ここでは日本の美意識と表現の主たるものをあげ、説明を加えていきたいと思います。

「清きこと」

「清雄鹿の　清きに神は　ありと答えき」と天照大神の御言葉として『ホツマ』に書かれているように、清きことは日本の表現の最大の条件であり、特質であるといえます。清浄な心もちによって表わし、人の心を清浄なものとする、すなわち祓い清めるということが、日本文化のすべてに共通する特徴です。とくに祭祀にたずさわる人は、この清浄さを保ちつづけるということが、重要な課題となります。清浄をとくに保つために、天皇即位の大嘗祭のときなどは、「散斎一月、致斎三日」という禁忌の制が、奈良朝の『令義解』にしるされています。具体的には、「およそ散斎のうちは、諸司事をさむること旧のごとくせよ。喪を弔ひ、病を問ひ宍を食ふことを得ざれ。また、刑殺を判らざれ。罪人を決罰せざれ。音楽を作さざれ。穢悪のことに預らざれ。致斎にはただ祭祀のことをのみおこなふことを得。自余はことごとくやめよ」——と書かれています。「自余」はそれ以外のこと。「宍」は肉のことです。また平安初期の『延喜式』にも「仏斎、清食に預を得ざれ。その言語は、死を直といひ、病を息といひ、哭を塩垂といひ、打つを撫といひ、血を汗といひ、宍を菌といひ、墓をつちくれといへ」と見えます。「仏斎」は、仏事、法要のおり、僧に供する食事のこと。『令義解』にも『延喜式』にも肉を忌むことが書かれていますが、中国には肉食忌はなく日本独自のものです。諏訪神社などでは、鹿などの頭を御饌として神に捧げますが、これはきわめてまれな例です。昔坂東武者がばかにされていたのは、肉をたべていたからだといわれています。日本では本質的に肉は忌むべきものとされるのです。このことの詳細は『ホツマ』に書かれています。忌詞には右のほかに、僧を髪長、尼を女髪長などというものもあります。これらのことからも、古えの人の清浄さにたいする心がまえというものがうかがえます。

「清きこと」を最上とする美意識は、禁忌とともに「禊ぎ」「祓い」という積極的な行為をともないます。『ホツマ』の「沖津彦火水土の祓ひ」は、清浄な生活を保つための火、水、土の清め方をしるした、祓いの祝詞です。「結ぶ火水土の　清祓ひ　世嗣ぎ宝と　荒まじく　鎮む誓ひの　功を　ユキスキ埴の　大御神　清し召さるゝ　清祓ひ　火水土を神に　慎みて　清め賜えと　白して申す」と書かれ、生活に欠くことのできない、火水土の三要素を清く保つ方法がのべられています。

『ホツマツタヱ』に見る清らかさは、単に表面的な美しさとしてだけではなく、その裏には、この世の清浄な生活が神上ったのちの天上の寧楽のくらしに導き、ふたたびよき人となってこの世に生まれかわるという、古代の死生観が存在したのです。天照大神の清浄な食生活のための教えに、「清糧食みて 万歳得て 枯るゝ匂ひも 菊ぞ 遺骸直ぐに 神形 穢肉は臭く 緒も乱れ 解くは祓ひに 日霊と月霊も」とあります。不浄な食物、とくに肉食によって魂緒が乱れ、天上に神上ることが妨げられるという教えです。

清らかさを宗とする神代の風儀は、そのまま後世に受け継がれ、伝統的な表現の中の大切な要素となっています。美術においても清らかさ、清々しさというものが、その作品の良し悪しを決める第一条件となっていました。それに接することにより、見る者の心を清めることができる作品、そのようなものが一級の美術品とされていたのです。近代の美術の特徴である創造と個性の名のもとに、人を驚かせ、自我によって見る者を攻撃するような作品とはまったく意を異にした伝統があったのです。自我表出の近代芸術の考えかたは、わが国では「邪道」とされていたのです。近代美術は、日本でいう「穢れ」を表現することを第一の目標としていたのです。わたしがここで問題にしている近代の芸術とは、その時代その時代で西洋芸術の最先端の問題と取り組んでいる人たちの表現をいっているのであって、現代芸術とりわけ現代美術が美の概念すら否定しているにもかかわらず、いまだに油絵具で風景画や抽象画を描いているような人々の行為を問題にしているのではありません。西洋芸術の宿命は革命することにあるのであって、これを意識しない表現者は、いわゆる芸術家とはいわないのです。

心の清浄さはすなわち体の清浄さを導きます。鑑賞者をして清らかな心もちにさせる作品は、その人をさらに健康にもさせる力を含んでいるといえます。美しい自然の環境に住んでいると、身も心も安らかになるのと同じことです。わが国の清浄さを重んじ、穢れを忌む伝統は、同時に健康をも保つという医術的な側面をもっています。表現者は常に清浄な心と体をもった医師でなければいけません。西洋芸術、とりわけ近代の芸術とは、まったく異なった世界が日本の伝統の表現の中に流れているのです。

「直(す)ぐなること」

清らかなことと同時に、直ぐなること、素直であることも日本の表現の大きな特徴です。表現する者は、このことをしかと心得なければなりません。そして「清きに神は　あり」という教えと同じように、『ホツマ』には「中心(なかご)素直に　神通り」という言葉があり、素直さもまた、神と一体となるための重要な条件であることがわかります。素直さにおいてもっともその徳を示された神は、事代主奇彦命、俗名恵比須神でした。「生まれ素直に　大和路の　教えに叶ふ　皇統(すべらぎ)の　八重垣の

翁賜ふ名も　日本大国の　御魂神」と、天照大神より
「日本大国御魂神」というりっぱな名を賜ったほどです。

奇彦命は天に還ることを悟られ、「皇統の　世々守らんは
天の道　三諸の山に　洞掘りて　天の逆矛　提げながら
入りて鎮まる　ときを待つ　直ぐなる主を　見分けんと
直ぐな印の　杉植ゆる」と、三諸山の洞にお隠れになりました。現在の大神神社の三輪山です。三輪山は同神のご神体山となっています。その後、綏靖帝の御代、

勅　「われ聴く昔
大己貴命　事なすときに
三諸神　われあればこそ
大よその　事なさしむる
幸御魂　また術御魂は
鰐彦命ぞ　故大己貴
嗣ぎとなす　三度巡りて
事なせば　一人別れて

大神神社の三ツ鳥居

三人目の　鰐彦命までが
三輪の神　世々皇統の
守り」とて　九月十一日
祭らしむ　天立櫛根命に
大三輪の　姓賜わる

と見え、三輪山に大己貴奇杵命、奇彦命、櫛甕玉命の三柱を祭らせたことがしるされています。
現在、大神神社のご祭神は、大物主大神を主神とし、大己貴神と少彦名神となっています。また、『延喜式』の「出雲国造神賀詞」に、大穴持命が自らの和魂を「倭大物主櫛瓺玉命」と称し、三輪山に鎮めたことがしるされています。三輪山の洞に隠れた奇彦命は、事代主から大物主になっており、主神の「大物主大神」は奇彦命のことと考えられます。櫛甕玉命は『ホツマ』の神代の筆者で大己貴命の子孫。天立櫛根命は櫛甕玉命の子。

『ホツマ』によれば、素直な心の持ち主を見分けるために、直ぐなる木という意味の「スギ」を植えたのでした。直ぐなること、素直なことは、わが国の伝統上もっとも尊ばれる心がまえのひとつで、それは形となってあらわれています。伊勢神宮の唯一神明造は、古えより受け継がれた純日本風の建築様式であり、掘立式の檜木造で、下つ磐根に宮柱太しき立て、高天原に千木高知りてという建築要素は、直線がほとんどです。一体に神道の建築物、祭具などは、古い形式のものほど直線主体の構成となっています。直線の多いわが国の表現形式は、古えの直なることを好み、素直なることを尊ぶ風習のあらわれでしょう。

「中心素直に　神通り」とは、すべてのことに通じる、実にすぐれた教えです。心に拗けがなく、わだかまりがなければ、神力を強く受けることができるということです。日本の表現様式、あるいは表現する人の心がまえの本質は、我欲を滅し、心に一点の曇りもなく、己れを神の依代とし、天地人の三つの神力を結い和して、神人一体となすことにあります。近代美術に見る表現のほとんどは、天地の神力を無視し、我を前面に押し出すことによってなされる、拗けの表現であり穢れの表現です。近代美術の評価の基準は、「癖」の度合によります。「癖」があればあるほど高い評価が与えられるという、まちがった方向を歩んできました。素直な表現で人に深い感銘を与えるということはとても難しく、同時に高度な表現力を要求します。日本の伝統的な直線は、近代に見るような無機的なものではなく、心のこもった、あたたかく自然の力に満ちた直線です。伊勢神宮の唯一神明造は、古えの心ばえをあますところなく表わしています。『ホツマ』の伝えにこうあります。

人は神　神は人なり
名も誉れ　道立つ法の
神は人　人素直にて
ホツマ行く　まこと神なり

「まこと」

神は至誠を喜び給うことを、古えの人は信じていました。「まこと」をつくすことがもっとも美しい姿であり道であるということが、古え人の強い信念となっていました。「まこと」を好む国民(くにたみ)の心ばえが、「やまと」という国号を表わしめたのです。

禊(みそぎ)に民の
整いて　弥真瓊(いやまと)通る
葦引きの　千五百(ちゐも)の小田(おだ)の
瑞穂(みづほ)なる　真瓊(まと)の教ゐに
カガンして　ノン淡国(あわくに)は
デン弥真瓊(やまと)　引きて明るき
葦原の

「弥(いや)」はいよいよ、ますますの義。「真(ま)」はまことの「ま」。「瓊(と)」は整えるの「ト」、トの天神、トの璽(をしで)の義。他の箇所にも、「八尋(やひろ)の殿と　中柱　建てゝ巡れば　大八洲(おおやしま)　通る真(まこと)の　瓊(と)の教え　千五百(ちゐも)の葦も　みな抜きて　田となし賜ふ　賑はえば　弥真瓊(いやまと)通る　弥真瓊国(やまと)」と見えます。伊諾・伊奘冉尊は民に禊の道を教えられ、近江の淡国に茂っていた葦を引きぬき、田とされました。

弥真瓊（いやまと）の道も通り、国の名もいよいよ真（まこと）の卜の神の国という意味の「ヤマト」とたたえられたのでした。——というようなことが書かれています。神代に二神の瓊の教えにより、誠の道が広められ、美しい国風（くにぶり）となったのでした。神代より、「まことの道」は人々の踏みおこなうべき道と定められていました。それはある種の美意識として、国民の心にあまねく染みわたっていったのです。もと皇大神宮主典の山口起業が撰した神異霊験記である『神判記実（しんぱんきじつ）』に、「まこと」の尊きこと、美しきことをよくいいあらわした話が載っているので、ここに紹介したいと思います。「誠敬によって神の啓示を蒙（こうむ）った度会常昌（わたらいつねまさ）」の話です。——

皇大神宮の神主、従三位（じゅさんみ）度会常昌は、鎌倉時代の正和五年に、長上の職に補され、一期の光栄をきわめられました。これは常昌が微衷を神の納受ましましたによるのであると思い悟って、いよいよ誠敬の心をふるい起し、その日から七千日斎戒（さいかい）して神恩を謝し奉ったのでした。

しかるに、すでに満期に近づいたので、とくに誠敬を尽し、燈火の下に神典を繙（ひもと）き、心を澄まして神徳の無量なことを観じていました。その夜すでに五更になろうとするとき、机前の空中に声がして、

「汝（なんじ）　常昌、心に思うる事があるか」

とおっしゃられるのでした。常昌は不思議なこともあるものと思って、その形貌を見ようとするのですが、何も見えるようにないので、まさしく神の示言であると思い、謹みて答えるには、

「常昌、常に深く恵えて居りますことがございます。神恩の無量なことを知る人がまれであることを、深く恵えております」

と申し上げたのでした。その後、寂としておおせになることもありませんでした。

明日になり昨夜と同じころあい、またお声がして、

「汝常昌、心に楽しむ事があるか」

とおっしゃるのでした。常昌は答えて、

「常昌、常に心に楽しむことがございます。顕世において神恩を報じ、後世に神界に復帰して、無量の福祉を得ることを楽しみとしています」

と申し上げました。その後、また何をおっしゃることもありませんでした。

翌夜、また同じ頃になって、室内にわかに光明を放ち、ちょうど月夜のようでしたが、さらにお声がして、

「汝常昌、少時より老時におよんで内外清浄、専念堅固、よく神随の道に従うこと古えにも稀れに、今の世に比うものもない。よってあらかじめ、汝の身の上について神界の秘奥を漏らしおくであろう。汝、心にしるして後来の誡めとなすがよい。そもそも上つ世から、幽顕の二界あるを知って、天上の真界を知る者がまれである。おおよそ幽界なるものは、世上に往々再生の者、あるいは、神隠しの者が居って、その界の大様を伺うことができることになっておる。しかして、その幽界は、

喜怒哀楽愛悪欲の七情、および寒温昼夜があってほぼ顕界の様子に似通っておる。故に、ここに期待して、得るところの福は真の福にあらずして際限がある。また狐狸邪魅天狗の類はみなこの界に属して、ややもすれば人の慾心に乗じ、たとえば道家の説を信ずる者には、その説に応じて奇験を示し、仏説を尊ぶ者には、その尊ぶに従って不思議を現わし、そのほかのことも、みなその心酔するところについて、怪異を示し、いよいよ迷いを深くせしめて、生前に悟らせず、死後神界に帰る道を障碍（しょうがい）する事あって、正実至信で真道に入るべき者をも、本文を過たせることが少なくない。汝はこの旨を恐懼（きょうく）し、命終のときは、ただちに迷途を脱して、天上の真界に復帰する事を教持するのをもって務めとせよ。

天上の真界なるものは、喜楽愛の三情あって、怒哀悪欲の四情を知らない。また昼夜なく寒温なく、ひとたびこのところに帰する者は、幸福無量であって、尽くる期はなく、喜楽愛の三情は言葉でのべつくすことができない。しかして汝常昌よ、百歳ののちは必ずこの天上の真界に帰すべきものであるぞ」

とおっしゃられたのでした。常昌は終始を承って感涙に咽び、八拝して神恩の高いことを謝し奉ったのでした。そして神は昇り給うたと見えて、またおっしゃることもなく、光明もだんだんに消えて、常の（もと）ごとくになったのでした。常昌はこの神語を承ってから、年頃神典の中で解らなかった道理などが、暗夜に提灯（ちょうちん）を得たように、疑念はすっかり消散してしまい、ますます敬神の心を堅固にして種々の神助をこうむり、ついに暦応二年に本意の通り、真界に復帰した霊跡を顕わして後世に伝えたのでした。――

「正直の頭に神宿る」という古訓そのままの、古えの人の心ばえを感じとることのできる、まことに美しい話でした。また真界、幽界、顕界のこと、真界にはふたたび帰るものであるという転生観は『ホツマ』の思想とまったく同じです。

「明きこと」

「明き心」「赤心」という言葉があります。また、きたない心としての「黒き心」という言葉もあります。紀に、素戔嗚尊が天照大神に「吾は元黒き心無し」と申されたのにたいし、大神が「若し然らば、まさに何をもってか爾が赤き心を明さむ」と問われたとあります。また、天武天皇十四年制定の位階に、明、浄、正、直、勤、務、追、進とあり、とくに明浄の二位は尊ばれていて、現在の神職の制はこれにならい、浄、明、正、直の四階となっています。明るい様は、すなわち心の明らかなことに通じます。日本古来の表現もまた、明きことを宗としていました。暗い表現があらわれたのは、大陸文化が伝わって以来のことです。日本においては、天上の寧楽、地上の常世を表わし伝えることを最上としていたので、表現は常に明るさをともなったものになっていたのです。

暗い表現はすなわち黒い心に通じ、忌むべきものとされていましたが、大陸よりその悪習が伝わって以来、そのような黒き表現があらわれはじめました。

明るさとともに尊重されるものが「活き」ということです。いきいきした表現こそが古風なのであり、その対としての「枯れ」はわが国では本来罪穢（けが）れを表わす言葉だったのです。美術史における「枯れ」は、足利幕府のとき、すなわち東山文化によって全盛をきわめます。『ホツマツタヱ』には、「罪ある者を　枯れといふ　無きは活きなり」とあり、代々右の臣は右目の霊気を入れて錬り上げた剣を持って、枯れの罪人を討ち滅ぼしたのでした。日本では、明るくいきいきとしていることが古くから尊ばれ、暗く枯れた表現は忌むべきものとされていたのです。

「ほむ」

日本の表現の特徴のひとつは、ほめたたえることにあります。「ほむ」の「ほ」は、炎の「ほ」であり、稲の「ほ」であり、矛の「ほ」であり、またほれるという心情をふくむ「ほ」なのです。いずれも、一つの方向にわき出る強い力をともなうものを表わしています。小笠原道當（みちまさ）が何ごとにもほれるということが大切であるといっていますが、まことにそのとおりで、ほれること、すなわち心を人や物の中に純粋に投げ入れることによって、そのものと一体となることができ、そこに強力な力や表現が生まれてくるのです。神人一体を根本とする日本の伝統の中では、ほめたたえ、言祝ぐことがきわめて重要なものとなるのです。その反対のものとして、西洋哲学における「批判」「分析」というものがあります。近代の表現は、この「批判」あるいは「分析」が基本になっています。これは、主体、客体としてすべてのものを分けて考える西洋人の考え方の宿命に根ざしています。これは、西洋の言語が、はじめに必ず主語をもってくることに表われています。西洋の主体、客体の二元的な考え方は、西洋の自然観における、神と人、人と自然という相容れることのない関係と一体なのです。わが国ではほめほれることによって相手と一体となることを、もっとも美しいとする伝統があり、それは神と人、人と物の関係においても同じことがいえます。「物と魂結ひ和す」という『ホツマツタヱ』の言葉や、「神人」と書いて「かみ」と訓ます風習の中に、そのことをうかがい知ることができます。

ほめたたえ、言祝ぎ斎るという心のあり方を、もっとも端的に表わしたものが祝詞であり、これが日本文学の原形であるといえます。日本には古来、言霊思想があり、言葉そのものに霊魂が宿っていて、それが霊妙な作用をおよぼすものと信じられていました。『ホツマ』や「フトマニ図」によって、古代の日本では、一音一音を神として崇め祭っていたことがわかります。その言霊思想、言葉を神として祭る信仰を背景に、神祇にたいし善言美辞をもって祝い尊び、一体化し神力の守護を得んとするものが祝詞です。人から神にたいし言祝ぐこの古風は、人から人にたいする風習となり、国風（くにぶり）となったのです。わが国においては、まずほめるということが尊ばれたのでした。皇御孫命（すめみまのみこと）の御代を手長（たなが）の御代の厳し御代とたたえ奉（まつ）る美風が、そのまま国民（くにたみ）の心ばえとなっていたのでした。近年、まず批判し疑うという悪習が伝わり、それは一部の伝統の本質を知らない知識人たちによっておこなわれてきました。しかしそのような表現方法が天の理（あめことわり）にかなうはずがなく、長くつづくはずもありません。

「慎み」

すでにのべたように、「慎み」という心のありかたは、大陸渡来の道徳観として存在していたのではなく、身心を慎むことによってもろもろの怨念から身を守り、子孫を栄えしめるという霊的な視点をもとにした合理的な風儀（てぶり）だったのです。『ホツマ』に「諸ともに　常に慎み　な忘れそこれ」と見えます。思念がほかのものに影響をおよぼすということは、近代の科学というものによっても立証されています。このような怨念の防御策としての「慎み」は、日本固有の美意識や表現となってあらわれます。「あきづ島　大和の国は　神（かむ）からと　言挙げせぬ国」と『万葉集』に歌われていますが、「言挙げせぬ」という表現のありかたも、「慎み」のあらわれと見ることができます。賢（さか）しき論（あげつら）いをきらい、慎みをもった少ない言葉の中に多くの思いをこめるということは、日本固有の国（くに）

風（ぶり）となって伝えられてきました。大げさな表現を慎み、「まこと」をつくし表わすことこそが、もっとも尊いものとされてきたのです。

「伝え」

『ホツマツタヱ』の書名が示すように、古えを伝えるということが日本の本質でした。今でも古義の尊重は祭祀上の大原則となっています。私心なく、ただ古えのままを伝えるということが、どれだけの力をあらわすものであるかということは、伊勢神宮の御殿（みあらか）によって証明されています。創造性や個性の尊重などということは、わが国の伝統にまったく逆行する考えかたです。創造とは、絶対無から相対世界を造り出すことであり、日本の伝統のなかにはこのような考えかたはまったく存在しません。わが国の神典に見る神が、一切の存在を創造する超越的な絶対神ではないことは、上田賢治先生が『神道神学』の中でのべられているところです。日本における神々は、常に「むすび」の力により、連続性をもったものでした。『古事記』には、「天地（あめつち）初めて発（ひら）けし時、高天の原に成れる神の名は、天之御中主神（あめのみなかぬしのかみ）。次に高御産巣日神（たかみむすひのかみ）。次に神産巣日神（かみむすひのかみ）」云々とあり、『日本書紀』の本文には、「天地の中に一物（ひとつのもの）生（な）れり。状（かたち）葦牙（あしかび）の如し。更（すなは）ち神と化為（な）る。国常立尊（くにとこたちのみこと）と号（もう）す。次に国狭槌尊（くにさつちのみこと）。次に豊斟渟尊（とよくんぬのみこと）」云々とあります。いずれも連続性をもって神自身が「なれる」ことをしるしています。ここには絶対神と創造物としての人という対立的な考えかたはありません。神々はつぎつぎと子孫を生み、やがて神武天皇の御代となるのです。このような神の連続性にもとづいて、「伝え」をもっとも尊ぶという国風が生まれたのです。創造とは『旧約聖書』に見るように、神と人との断絶ということを前提にした概念です。そこには、『ホツマ』に見る「人は神　神は人なり」という考え方は存在せず、神とはまったく異質の、土の塵で造られた物としての人があるのみです。

『ホツマ』では、天御中主神、国常立神以前に、始源神としての天御祖神の存在が書かれていることが特徴です。

アイウエオ　空風火と
水埴の　交わりなれる
御中主神　八面に生める
人は星　星は種なす
御祖神　人に生まれて
動めくに　常世の道を
教ゆ神　国常立尊も
乗り巡り

とあり、天御中主神(あめのみなかぬしのかみ)が天御祖神(あめみをやのかみ)の転生であったという重要な記述があります。日本においては始源の御祖神と地上の天御中主神以下の神々が一系をなしているのです。また、『ミカサフミ』に「トの尊　百億万年(もはかり)治む　身を洞(ほら)に　神元明け(かみもとあけ)に　還ます(かえます)を」と見え、身体は洞に納まり、「神」すなわち霊魂は天界高天原にご帰還されたという、御中主神についで人としてお生まれになった、トの国狭槌尊が描かれています。そしてこの一系の連続性は、固有の転生観によって二重の連続性をもちます。すなわち人は死してのち、神となって天界に復帰し、また人となって地上に降りくだるという、仏教における輪廻転生(りんねてんしょう)観とはまったく異なる固有の思想を見ることができます。

「伝え」の重視は、宮廷における三種神宝の厳粛なる授受にその源を見ることができます。この神宝の一つ「神璽(かんをしで)」は、「天成る文」「御機織留の文(みはたおりどめのふみ)」「香久の文(かぐのふみ)」「シラヤの璽(をしで)」などとも称し、国常立尊より伝わるものとされ、璽一字一字は、天御祖神(あめみをやのかみ)の手振(てぶり)と考えられます。すなわち璽は掌相(たみめ)を表わしたものであり、天上地上の原理を象徴したものと考えられます。またさらに、豊受大神(とよけのかみ)が天界高天原を地上の高天原にお遷しになられたことにも、「伝え」の典型を見ることができます。「遷す」ことは「写す」ことにほかなりません。すなわち高天原の風儀(てぶり)を地上の風儀(てぶり)として写し伝えたということに、日本の文明の究極があるのです。日の輪の内霊(ちたま)が地上の富士山頂に降りくだった天照大神(あまてるかみ)のご誕生と神上りのこと、豊受大神の三世を知る転生、素戔嗚尊(そさのをのみこと)から日本武尊(やまとたけのみこと)の転生と神上りなど、天界高天原とこの地上における、融通無碍な交流の数々を『ホツマ』の中に見るとき、『神判記実』にも示された寧楽の真界の風儀（てぶり）を地上に再現することの大切さを知るのです。それは創造とまったく異なった世界であり、個性の主張などという昨今の悪習とはまったく無縁の清らかな世界です。ただ、

われも無し　慈（ゐつくし）を以（も）て
神形（かんかたち）　中心（なかご）素直に
神力（かんぢから）　よく物知るは
神通り（かんどほり）　事無（な）ふ保つ
奇（く）し日霊（ひる）ぞ　ただ和（やわ）らぎを
手段（てだて）なり

という、我欲を滅し、心をただ素直にすることによって強い神力、天上の神と地上の人とが一体となったときに生ずる強い力を得ることができるという、高度な古えの教えのままが伝えられているのです。

「和　歌」

和歌のことは『言霊ホツマ』において、その本質をかなりのべました。表現形式における最上の

ものが言葉であることは、日本における言霊観すなわち一音一音が神であるという考え方によって裏づけられています。その言葉の表現の中でも、天体の運行にそった五七調、三十一文字を基調とする和歌の形式は、古代日本の文明の高さを示すものでしょう。「歌は神代よりのならはせにて、事にふるゝごとに、詠じて情をのぶる事也。されば古はをしなべて人みな、何事にもたがひによみて、よくよむを甚(はなはだ)風雅なる事とし、えよまぬ者をば、なべておとしめ思へる事常也」と本居宣長の『あしわけおぶね』にも書かれているように、和歌を詠むことは古えよりのわが国のよき国風(くにぶり)となっていたのでした。

平安朝の『古今和歌集』に、和歌とは、「力をも入れずして、天地を動かし、目に見えぬ鬼神をもあはれと思わせ、男女の中をも和らげ、猛き武士の心をも慰むる」ものであると書かれていることは、すでによく知られているところですが、この言葉は和歌の本質をみごとにいい表わしています。『ホツマ』全体が和歌によって表わされていますが、その中で特に代表的なものをあげつらねれば、一紋の天地の力を四十八神(よそやのかみ)の言霊作用によって得ることにより、心身に整える「アワの歌」、神歌としての「稲虫祓いの歌」、やはり神歌である「回り歌」、三紋に見る「国生み」すなわち国家経営の第一の神事としてうたわれた「天(あめ)のアワ歌」、五紋の政事と枕詞、七紋の猛き素戔嗚尊の心を和さんと詠まれた天照大神のお諭しの歌、八紋のハタレ魔を祓う神歌「サツサツヅ歌」、素尊の「八雲立つ」の契りの歌、十紋の求婚歌としての下照小倉姫(したてるおぐらひめ)と味耜高彦根命(あぢすきたかひこねのみこと)の歌、十四紋の子授けの歌、神武朝以降に見られる「ツヅ歌」の数々など、ほかの文献にはまったく見ることのできない、古代日本の貴重な美しい歌がたくさん書かれています。その中でも、もっとも中心的な「天のアワ歌」「地のアワ歌」に、和歌の重要なはたらきを見ることができます。伊奘諾・伊奘冉尊の二神は、「天のアワ歌」を歌い、天神地祇の守護を得ることによって政事を平けく安らけく治めんとされ、あるいは国民に「地のアワ歌」を教化することにより心の曇りを晴らし、身を清めて正しい道に橋渡しするという政事に直結した歌が「アワの歌」なのです。宣長は先の『あしわけおぶね』において、「歌の本体、政治を助くるためにもあらず、身を治むるためにもあらず、ただ心に思ふ事をいふより外なし、其内に政の助けとなる歌もあるべし、身のいましめとなる歌もあるべし、又国家の害ともなるべし、身のわざはいともなるべし、みな其人の心より出来る歌によるべし」――とのべていますが、『ホツマ』においては、政事の助けとなり、身を治め、女男の中を睦ぶような歌をはじめとして、風俗歌にいたるまで、さまざまな歌のあり方が示されているのです。祭と政を分けないところに古えのくらしの本質があり、国柄を示すこの和歌の本質もまたそこにあります。天神地祇を祭り、政事を整え、「伊勢の道」を結び、農に潤いと活力を与えることこそ和歌の本質といえましょう。ほかから独立した芸術としての和歌などは、わが国の伝統の中ではあり得ないものなのです。儒者の国家の政道と和歌とを強く結びつける思想に反撃を加えた宣長は、歌の本質を少々見失ってしまったようです。

和歌のやりとりによって、男女の情のはたらきを示した典型的なものに、味耜高彦根命の歌があります。日本人の表現の本質を考える上で見のがすことのできないものです。友人天若彦の葬儀にかけつけた味耜高彦根命は、その姿が天若彦にそっくりなことから、天若彦の両親にわが子と間違われてしまいます。「友なればこそ　遠に訪ふ　われをな君に　過つは　あら穢しや　腹立ち」といって、喪屋を斬り伏せてしまいます。そこで天若彦の妹である下照小倉姫が歌を詠みます。

天なるや　妹棚機の
浮流せる　玉の御統
御統の　穴玉速み
谷二は　足らす味耜
高彦根命ぞや

この歌の解釈が小笠原道當の『秀真政伝』に載っているので見ることにしましょう。——「アメナルヤとは、天上中国なる皇城に近きの意なり。則ち是近江多賀の皇室に近きとの事なり。オトタナバタノとは、天若彦の妹の意にして、女人は機織りたちぬいをよくするを以って賞美する所、女業のあるを美女とする故に、乙たなはたと讃美するなり。ウナガセルとは、浮流せる首玉手玉足玉のうるわしく、身の飾りとせる所のタマノミスマルとは、玉の御統まるなり。玉緒すへまわして首に打懸け、頭に結び附け、手足に結び附けし形をいふ。ミスマルノ其玉の御統のと打返していふ所。

アナタマハヤミとは、穴玉早く其乙女の機織り働くに附け、上りつ下りつして、綾に妙（たえ）なる見物なりとほめし言葉なり。タニフタワとは、二岳二谷の如くにしては遠き事なれども、是（これ）全く玉を飾りて光り美しく見ゆるは、味耜高彦根命なるぞや、と親族を覚え悟して迷いを晴らし、内意には、只天若彦によくもいきうつしの神なれば、われ小倉姫と縁合わして賜り度（た）し。然らば父母の悦び是に過ぎず。姫も身にうながせる玉の如くに愛し睦まじく成すものぞやと、なぞによみかけたる歌にして、且（かつ）高彦根神の怒を宥（なだ）む為（ため）に詠みしなり」――とまことに深い洞察を示しています。

この歌を受けた高彦根命は、

この歌に　続きも知れり
高彦根命（たかひこ）も　怒り弛（ゆる）めて
太刀（たち）収め　御瓊（みと）のミヤビを
諭（さと）さんと　答えの歌に

と返歌を詠みます。ここに小倉姫の歌の力によって、高彦根命の猛き心が和されたことがはっきりと示されています。「御瓊（みと）」とは「ミトノマグバイ」の「ミト」とおなじです。「ト」はトの神、完全に整うのトです。ここでいう「御瓊のミヤビを　諭さんと」とは、正しい恋情の示しかたを諭そうと、というほどの意味です。「ミヤビ」は『ホツマ』に「人のミヤビは　情け枝」とあり、「情け」から派生する感情、あるいは「情け」をもとにした枝葉のような感情であるといえます。高彦根命の返し歌はつぎのとおりです。

天下(あまさ)がる　鄙(ひな)つめの意(い)は
ただせとひ　然(しか)は片縁(かたふち)
片渕に　網張(あみは)り渡し
めろよしに　よしより来(こ)ねい
然(しか)は片縁(かたふち)

というたいへん難解な歌です。これを通當(みちまさ)はこう解釈しています。——「アマサガルとは、天疎(さがる)の意にして、天上皇都より踏みくだりたる田舎と申の意なり。ヒナツメノイハとは、鄙辺土者(ひなつめ)の味耜が意は、なり。上国の人に対し悼せし言葉なり。タタセトヒとは、唯一途に天若彦の死亡の喪を弔うの為(ため)に、登り来りし所なれば、シカハカタフチ然(しか)らば片縁(かたふち)なり、弔仕舞(とむらいしま)ひゆれば、東国へ帰るべきの筈のものなり。カタフチニ其(その)近き縁といへどもアミハリワタシ渕に網を張りて魚を取るように、求めてたまわるならばよし、左様なければ帰るべきなり。メロヨシニ求めるよしに。ヨシヨリコネイ其為(そのため)には来たりはしませぬ意なり。シカハカタフチ然らば網張り求めども、片縁、片渕の網にして求めがたし。我れに求める斗(ばか)りにしては片縁に居りて網を張るが如し。向うの渕へ張り渡さねば魚は流れかゝらぬが如し。故に我が親へも申し求めて請ふべき事なり。と返答申し給ふのなぞ歌なり」——

とても深い解釈がなされています。小倉姫の恋情を悟られた高彦根命の返歌は、「喪を弔うためにいっしょうけんめい馳せ参じました。わたしはただ、そのためだけにやって来たのです。そこであなたは急に網を張って魚を求めるように恋情を示されましたが、わたしはそのためにやって来たのではありません。また求婚なさるのなら、まずわが親の許しを得、しかるべき仲人を立ててなさるべきでしょう。ちょうど片一方の渕にいて両岸に網を張り渡そうとするようなものです」というような意味です。

「この歌は　のちの縁の　合ふウスの　鴨居と結ぶ　鄙振はこれ」とそのあとにしるされ、高彦根命と小倉姫がめでたく結ばれたことを知ることができます。そこで九紋を見ると、「ワカ歌の雲櫛文は　小倉姫　授けて名をも　下照姫と」と書かれています。実は小倉姫は、和歌の神である天照大神の姉君、和歌姫から和歌の道の奥義である「雲櫛文」を授けられていたほどの和歌の達人だったのです。この下照小倉姫の和歌の力にかかっては、いかに猛き武士といえども、すぐにその怒りは鎮まってしまうのはあたりまえです。

ところで、「合うウスの　鴨居と結ぶ」という所はとても難解な部分ですが、あえて解釈を加えるなら、「ウス」とは第四代の天君桃雛木・桃雛実の二神であろうと考えられます。「雛」とは「雛はまだ　人なる前よ」と見え、さらに「天つ君　一より十までを　尽くすゆえ　仁に乗ります」とあるように、代々の君は一から十までの教え、道をまっとうすることから「一十」にちなみ、御名に仁(ひと)を付すようになったのです。「雛」とはそれ以前の段階を示す語であるということがわかります。この桃雛木・桃雛実の神は、三月三日に婚礼をとりおこなわれました。これが婚儀のはじまりとなったのです。これ以来諸臣民も妻を定め、子孫繁栄して「天成る道(あめなるみち)」も確かなものとなったのでした。桃雛木・桃雛実神は着物の裾が大少(うす)に濡(ひぢ)たことから、名を大濡丹(うひぢに)・少濡丹(すひぢに)神と改められました。婚儀が定まる前の雛振(ひなぶり)から、夫婦の道を確立された二神の名が「ウ・ス」だったのです。

「鴨居と結ぶ」といえば、高彦根命より後世の彦火々出見尊(ひこほほでみのみこと)の御代のことが思い浮びます。産後の姿を見られた恥によって、豊玉姫(とよたまひめ)は火々出見尊のもとを離れてしまわれます。お困りになった火火出見尊は姫のことを天児屋根命(あまのこやねのみこと)にご相談なされると、児屋根命は、「過去によい例(ためし)があります」とお答えになったので、さらに子守神の母君の美穂津姫(みほつひめ)に問うと、「歌をお詠みになられるとよろしゅうございます」といわれました。さっそく火々出見尊は御歌を詠まれ、豊玉姫のもとへ送られたのでした。その歌は、

沖つ鳥　鴨着く島に
わが居寝(ゐね)し　妹(いも)は忘らじ
夜のことごとも

というものでした。『秀真政伝』を参考に考えてみましょう。「沖つ鳥」とは、鴨にかかる枕詞ですが、これは古え豊玉姫の先祖の沖津彦命が沖に泳ぐ鴨をご覧になり、櫨船(ろぶね)をお造りになられた古(いにしえ)

風(ぶり)によるもので、豊玉姫とその先祖の船神としての沖津彦命のご神徳を讃美したものです。「鴨着く島に」とは、昔、火々出見尊が鴨船に乗り、豊玉姫のいる筑紫(つくし)に着いたことを示しています。その地で失った釣針を取り返すことができ、高恩を受けその上に、姫と睦み過した夜のことも忘れることができません、という内容です。それにたいし豊玉姫は、

沖つ鳥　鴨を納むる
君ならで　夜のことごとを
ゐ屋は防がん

という歌をお返しになりました。「鴨」とは沖津彦命のご子孫である姫自身にたとえていった言葉です。「ゐ屋」の「ゐ」は、「ゐ男(をとこ)」「ゐ少女(をとめ)」に同じで、すぐれたよい家という意味です。睦まじく過ごすことをわが君が家となって防ぎ治めてくれましょう、ということです。

この歌の力により、火々出見尊と姫はふたたび睦まじくお暮しになられたのでした。右の内容から、先の「鴨居と結ぶ」という言葉が使われたと考えられます。すなわち、「この歌は　のちの縁(ゆかり)の合ふウスの　鴨居と結ぶ　鄙振(ひなぶり)はこれ」とは、味耜高彦根命と下照小倉姫の歌は、夫婦の道を結ぶ歌であり、古え因み合われた大濡丹(うひぢに)・少濡丹尊(すひぢにの)は、独身である雛振(ひなぶり)から婚礼を創始されました。鄙(ひな)に住む高彦根命も鄙風(ひなぶり)の歌の力によって、小倉姫と結ばれました。またのちの世、火々出見尊も歌の力によって豊玉姫と睦まじくお暮しになることができました、とばかりの意味と考えられます。

人の心を和す力をもつ和歌は、神代よりわが国の風儀として尊ばれていたのでした。この美風は、現在の教育においてもっとも伝えていかねばならぬ美意識のひとつです。

ところで、先の高彦根命と小倉姫のうたは、『ホツマ』における五七調をくずした形で、のちの『古事記』『日本書紀』に伝えられて、まったく意味の通じない歌となってしまいました。記では、

天なるや　弟棚機の　項がせる　玉の御統　御統に　穴玉はや　み谷　二渡らす　阿治志貴
高日子根の神ぞ

と見え、紀では、

天なるや　弟織女の　頸かせる　玉の御統の　穴玉はや　み谷　二渡らす　味耜高彦根

また、

天離る　夷つ女の　い渡らす　迫門　石川片渕　片渕に　網張り渡し　目ろ寄しに　寄し寄り
来ね　石川片渕

となり、とくにあとの歌は五七調をくずしたために、まったく意味が異なってしまっています。全編をとおして、五七調である『ホツマ』の原記紀としての重要性がよくわかる部分です。そして歌の情を通じ、その鄙振の中に神代の風儀の典型を見ることができ、伝統の美しさを確かめることができるのです。

「神楽」

神楽は「神遊び」ともいうように、神人合一の神事で、神代の美風をそのままに示したものです。舞姫の手振、装束の美しさ、和琴や笛の神秘な響き、荘重にして素朴な神楽歌の古風。そこには、日本の伝統の美意識のすべてがこめられています。そしてなによりも、降臨された神と一体となって舞うという、神の依代としての表現の形に、わが国の伝統を象徴したものを見ることができます。神の依代としての表現こそが伝統の表現であり、表現の本質です。天と地と人との区別のない、今生の穢れという穢れをすべて清めてくれるような美しさが、そこにあります。今日的な少々卑近な言葉でいえば、神楽は、絵画、音楽、建築などの要素を備えた総合芸術であるということができます。

神楽の起源は、天照大神が天岩室にお隠れの際、岩室の前において鈿女命らが踊りを奏したことにはじまります。『ホツマ』原文につぎのように書かれています。

「高天原に議り
兵主命が
祈らんや」
「真栄木の　上枝は瓊玉
中つ枝に　真悉鏡

下和幣　懸けて祈らん」
鈿女命らに　日陰蔓を襷
茅巻矛　朮を庭火
笹湯花　神座の殿
神がかり　深く議りて
思兼命　常世の踊り
永幸や　俳優歌ふ

「瓊玉」は八坂瓊の曲玉。「真悉鏡」は、『書紀』に「一に云はく、真経津鏡」と見えますが、「ホツマ」に「真悉なら　鑑んとて　御鏡に　写せば悉く　翼あり」と真実を悉く写し見る鏡であることがわかります。「日陰蔓」は「ヒカゲカヅラ」のこと。大嘗祭などの祭礼奉仕の物忌のしるしとして、冠に掛け垂れる白糸、素糸を組んで作ったものに「ひかげの蔓」というものがあり、古くは植物の「ヒカゲカヅラ」をそのまま用いたといわれます。「朮を庭火」とは、記紀にはない『ホツマ』独自の記述です。京都の八坂神社では元旦の朮祭には朮を加えた篝火が社前で焚かれたり、上野五條天神社では節分に朮焚の特殊神事がおこなわれたりします。また、京都五條天神社の朮も有名です。「笹湯花」は笹湯のことで、巫女が神懸りをする前におこなう湯立のことです。笹の葉を熱湯にひたして自身にふりかけ、手に持って祈ります。「神がかり」は原文では「カンカガリ」となっていて「神篝」のような印象を与えますが、笹湯が神懸りの神事であること、前後の文章との関係、記紀ともに「神懸り」「顕神明之憑談(かむがかり)」とあることから、「カンガカリ」の誤写ではないかと考えられます。

さて上記の原文のあとに、記紀をはじめとするほかの文献に見ることのできない神楽歌の最古のものと考えられる「常世(とこよ)の踊り」がしるされています。

香久の木　枯れても匂(にほ)ゆ
しほれても良や　あが妻
あわ　あが妻あわや　しほ
れても良や　あが妻　あわ

「香久の木」は橘のことで、国常立尊と常世国と橘とは深い関係にあり、橘を植えることは政事(まつりごと)をはじめるときの第一の儀とされていました。ここでは「香久の木」は、政事にたとえ、天照大神にたとえた言葉です。「あわ」は天地のことかと思われます。たとえ日の神である天照大神がお隠れあそばしても、天地(あわ)と妻のように睦びあっていこうよ、わたしの妻は天地(あわ)なのだから、というような意味が含まれるものと考えられます。

いまひとつ、天照大神が無事岩室からおでましになられたあとの、喜びの神楽歌が載っています。

あはれ　あなおもしろ

あな楽し　あなさやけ
おけ　さやけおけ
あわれ　おもしろ
さやけおけ　あな楽し
相ともに　手を打ち延べて
歌ひ舞ふ　ちわ破るとぞ
楽しめば　これ神座(かんくら)に
天照(あまてらす)　大御神(ををんかみ)なり

先の原文には「神座(かんくら)の殿」とあり、ここには「神座に　天照　大御神なり」とあり、神楽が神座をもととした言葉であることがわかります。みなで拍子をとりながら、手をのばし歌い踊って、悪い気を吹きとばし、楽しんだことが記されています。宮神楽のはじまる前に歌われる「庭燎(にはび)」の中の「阿知女作法(あちめわざ)」という神楽歌には、本方と末方とに分かれ歌い合い、神の降臨を喜び庭燎のあたりに、神聖な気をひろがらせることを目的としたものです。この歌は、

本方　あちめ　おおお
末方　おけあちめ　おおおお
本方　おけ

取合　おおお
末方　おけ

というもので、『ホツマ』の歌にたいへんよく似ています。「庭燎」は宮神楽がはじまるのが夕刻なのでその照明のためのものですが、それは単に照明としてだけではなく、火が穢れを浄化するはたらきがあることからおこなわれるものとされています。この伝承は『ホツマ』における「朮を庭火」と一致します。さらに、そのつぎに奏される初めの神楽の「採物」に「榊」というものがあります。

榊葉の　香をかぐはしみ　求め来れば　八十氏人ぞ　円居せりける　円居せりける

「香をかぐはしみ」は榊に香りがないことから難解なところとされていますが、これは『ホツマ』の「香久の木」すなわち香久橘の歌が伝わったものと考えられます。

『日本書紀』には、天鈿女命が猿田彦神と出あい、「猿女君」の号を瓊々杵尊から賜ったことが書かれています。「猿女」はのちに神祇官の職のひとつとなり、大嘗祭、鎮魂祭などの神楽の舞に奉仕する、世襲の氏となっています。『ホツマ』では、「猿田彦命をほめて　三尾の神　好む鈿女命を　賜わりて　その名表わす　猿部等と　神楽男子の　君の元なり」と書かれ、「猿部」「神楽男子君」なる名が見えます。

また『ホツマ』には、景行天皇が安房国に行幸されたとき、鹿島神楽の獅子舞をご覧になりまし

大神神社の神楽

た。その獅子舞の謂は、「これ昔　伊予に渡りて　獅子食むを　猿田君捕りて　奉る　君楽しみの　神楽獅子　八万歳鹿島に　有る形　障り無かれと　玩ぶ　猿田の神の　名にし合ふ」――ということであると、書かれています。これは先の宮神楽の伝承にたいし、里神楽の伝承として注目されます。みやびにして流麗なる宮神楽と、素朴にして力強い里神楽の都風と鄙振。いずれも日本美の原始な形を伝えたものにほかなりません。この日本美の総合表現としての神楽のすばらしさが、さらに多くの人々によって理解されなければならないと思います。西洋の伝統の流れの中でおこなわれている、音楽教育、美術教育をいまいちど考えなおすときが来ているのではないでしょうか。音楽、美術を総合した、まことにすぐれた神楽の伝統が自国

伊勢神宮の倭舞

にありながら、それをまったく無視した形で教育をおこなっているのは、世界広しともいえどもわが国だけでしょう。明治政府は、西洋の文明の結果に驚愕してしまい、西洋の伝統というものをまったく知りませんでした。この風潮は、今もあまり変わらぬようです。西洋芸術、文化というものは、日本とまったく異なった自然観、政治観によって生まれたものなのです。

ゆえあって、近年多忠朝氏によって新たにつくられた神楽を明治神宮で見ることができました。多忠朝氏は神武天皇のご子孫にして、太宗万侶に姓を発し、多自然麿より千数百年来右方の舞の伝統を受け嗣いだ家柄で、「浦安の舞」の創作者として知られています。その神楽公演では、「悠久の舞」「呉竹の舞」「主基地方風俗舞」「八乙女の舞」「御田植の舞」「豊前岩

神楽・呉竹の舞

戸神楽」などが上演されましたが、いずれもすばらしいもので、宮神楽、里神楽による日本伝統継承の調和と、神代（かみよ）の風儀（てぶり）のなつかしさを知ることができました。日本の文明は常に宮中と民間の相互の協和によって保たれていたものであり、それは権力による支配、被支配というものとはまったく無縁の、ういういしい天地開闢の心ばえから発したものでした。この神楽一点をもってしても、西洋史観によって日本の歴史を解明しようとすることのむなしさを知ることができるのです。

「浦安の舞」は昭和天皇の御製、

天地（あめつち）の神にぞいのる朝なぎの海のごとくに波たたぬ世を

に多氏が曲と舞をつけられたもので、伝統表現の本質が浦安の心ばえにこそあるのだ、ということがよく表われています。「岩戸神楽」は天照大神の岩戸隠れを描いたもので、手力雄命の力強さと天照大神のうるわしさが対照的にみごとに表わされていました。稲作に根ざした土俗の確固たる力強さ、やさしい人の力強さという日本の風儀をまのあたりにし、感動となつかしさを味わうことができました。

ここに神楽歌による神と人との区別のない表現を見てみましょう。神あがりを意味する「星」の中の「得選子(とくせこ)」の一部です。

本　朝尋ね　君も神ぞ
末　汝(まし)も神ぞ
本　君も神ぞ
末　汝(まし)も神ぞ
本　君も神ぞや　遊べ　遊べ　遊べ　遊べ　遊べ
末　遊べ　遊べ　汝(まし)も神ぞ　遊べ　遊べ　遊べ　遊べ　遊べ　遊べ

「琴」

琴、とくに和琴(わごん)は、神楽の中でもっとも重要なものです。和琴はただの楽器ではなく、日本の表現の本質すべてに共通する、神の依代(よりしろ)としての御霊代(みたましろ)であるといえます。和琴の起源は『ホツマツ

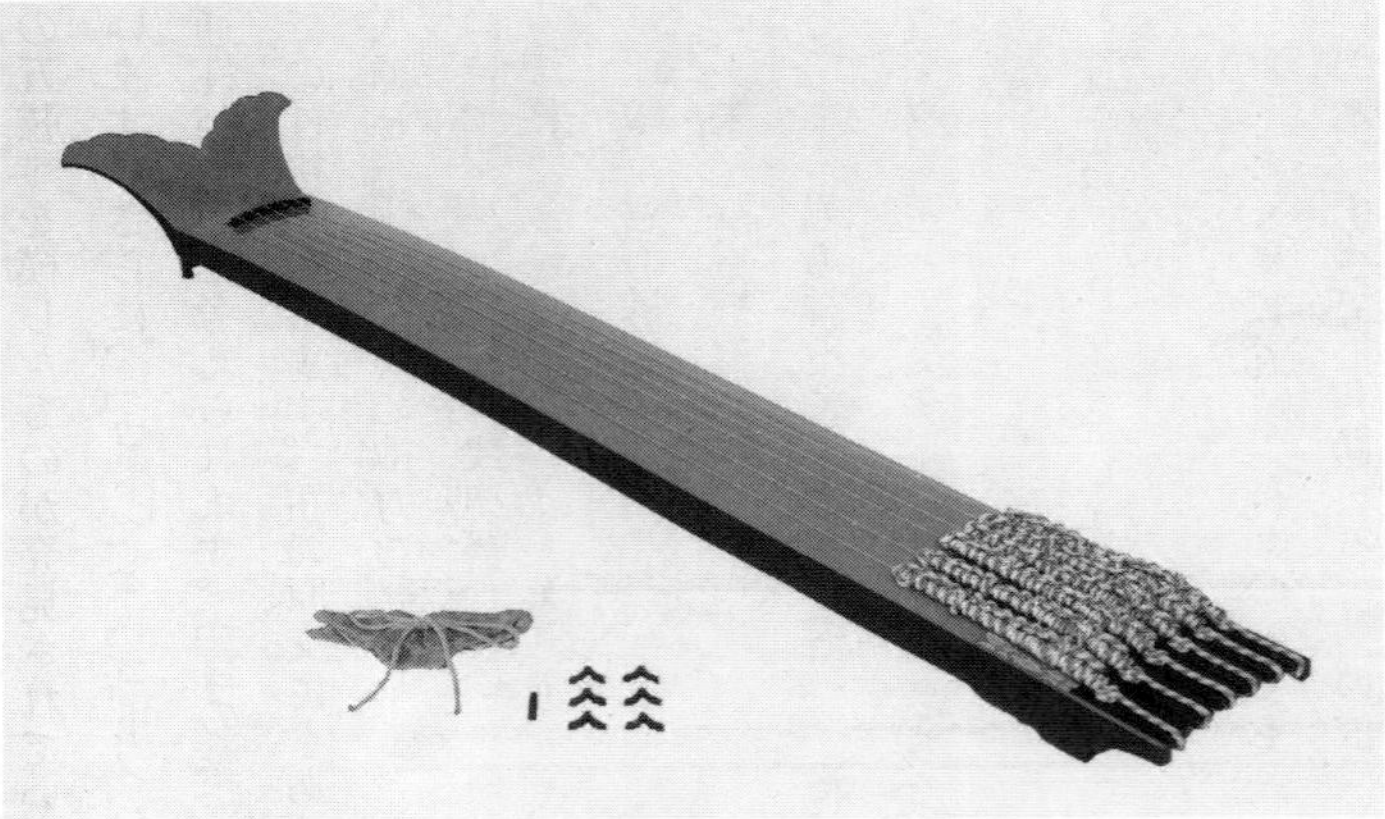

鵄尾御琴

タヱ』をはじめ、北畠親房の『元元集』や『楽名考』『康富記』『無名秘抄』などに見ることができますが、いずれも弓をひきならすこと、すなわち鳴弦を起源にしていることから、魔を祓うための神器としての性格を強くもっていることがわかります。また琴のわきに依板を立て、琴を弾きならし神懸りとなる交霊、霊媒としての役目も知られています。

『ホツマ』には、「五筋琴は　五臓に響く　音を分けて　地のアワ歌を　教ゆれば　琴の音通る　糸薄打琴」「アワの歌　葛垣打ちて　弾き歌ふ　自づと声も明らかに　五臓六腑緒　音声分け」「六筋の琴は　酔ひ眠る　大蛇に六弦の　弓弦かけて　八雲打琴とぞ名づくなり」と、他の文献には見えない和琴に関する神器としての驚くべき性質が具体的に書かれています。現在の和琴は六弦琴が一般に知られていますが、沖の島遺跡、登呂遺跡、稲荷山古墳などで、土製、青銅製の五弦琴を模したものが発見されています。『ホツマ』には、三弦琴、五弦琴、六弦琴が書かれています。さらに、「コト」と「コトノハ」には、親密な関係があることから、両者には語源的な共通性があると考えられます。「言の葉」は高天原の四十八神（よそやのかみ）の依代（よりしろ）であり、琴もまた神の依代としての性格を有します。右の原文にもあるように、琴を弾きアワ歌四十八音を歌うことにより、四十八神と一体となって神力を発揮するものと考えられるのです。日本の楽器や中でももっとも大切なものは、素朴にして神代の響きを備えた神の依代としての和琴なのです。

「日本の美術」

唐絵にたいして大和絵というものがあります。平安朝には、漢詩（からうた）にたいし倭歌（やまとうた）、漢才（からざえ）にたいし大和心という言葉が使われるようになります。「大和絵」という言葉は、はじめ唐絵との題材的なちがいから生じたのですが、それがやがて画風の相違、めざす美意識の相違へと発展し、日本美の本質を絵画においてもっとも濃厚に表わすものとなりました。文学性を特徴とする大和絵にとって、かなによる詞書（ことばが）きは重要な要素となりますが、『源氏物語絵巻』は大和絵の美しさと文学性がみごとに調和一体化した傑作であり、日本美を語るときに欠くことのできないものです。物語と和歌と絵がひとつになった総合表現です。わが国特有の高度な表現形式といえるでしょう。和歌の情趣を

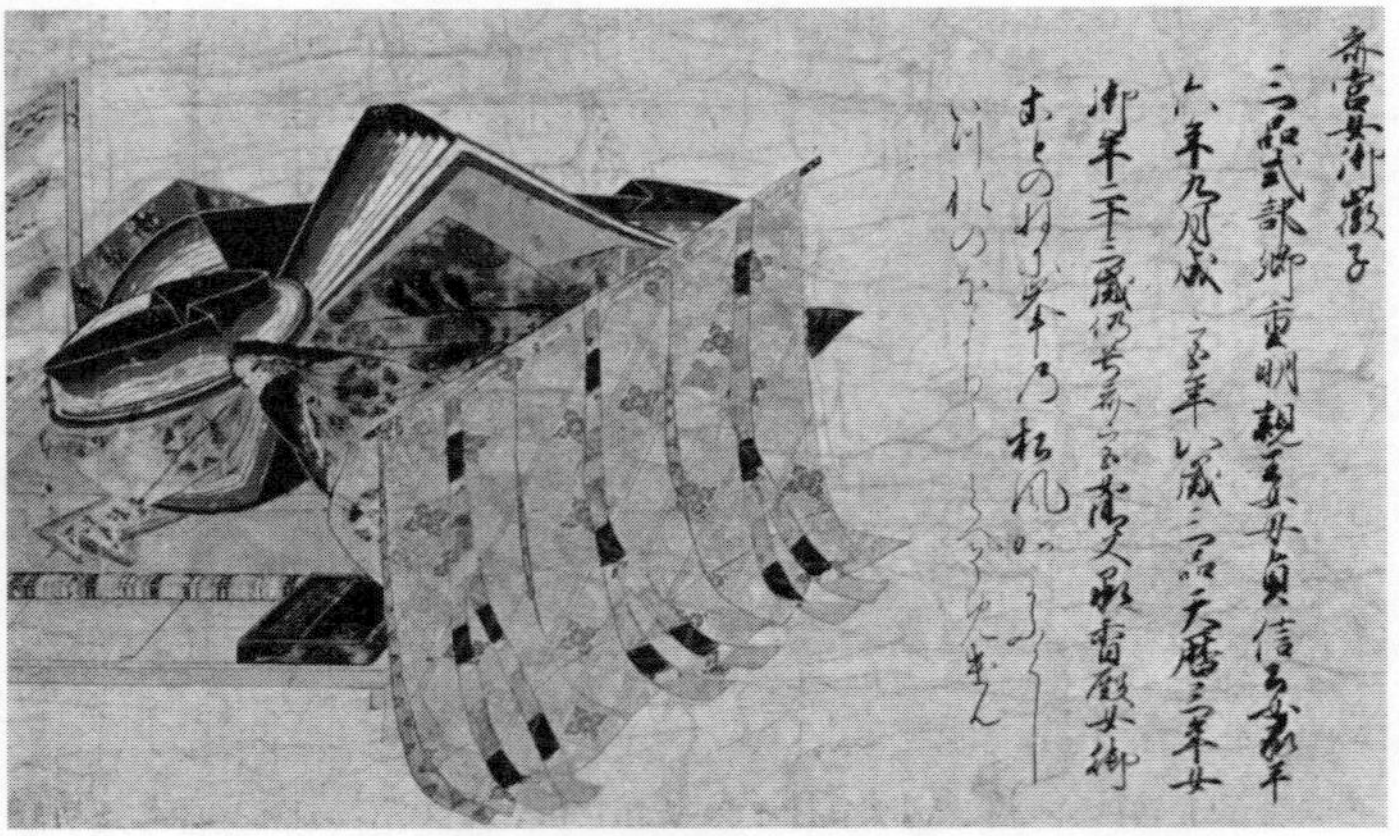

三十六歌仙絵

あますところなく表現した大和絵に、佐竹本『三十六歌仙絵』の「住吉明神」があります。『新古今和歌集』に載る、

夜（よ）や寒き衣や薄き片そぎのゆき合ひの間より霜や
置くらん

という、住吉明神の御歌を絵にしたものですが、清らかさ、和らかさ、神々しさ、古風（いにしえぶり）などが調和し、高度な情緒と技術によって描かれています。

本阿弥光悦と俵屋宗達の二人は、日本の伝統の本質のなんたるかを深く見ぬいていた人たちで、漢意（からごころ）を厳しく排除した表現によって、江戸の初期、大和絵に新しい息吹を与え復興させました。みやびやかでいて力強い筆意には、国柄にたいする誇りと自信がみなぎっています。大和絵の特質として宗達らの作品によくあらわれているのは、「紋なす」ということです。描くものをそのままの形で描かずに、円みのある文様として形を整えていくのです。西洋の絵画とはまったく異なった心の世界がそこにはあります。

源氏物語絵巻

大和絵を考えるとき忘れてはならないものに、お伽草子（とぎぞうし）があります。お伽草子は室町時代より、婦人や子ども向けの物語草子として民間に流布したもので、絵巻物形式や冊子形式の奈良絵本、あるいは木版の刊本と形式を展開させていきました。このお伽草子は一般庶民のための大和絵ということができます。ふつうの大和絵にくらべ、その筆法描法は拙いところがありますが、拙いがゆえの土俗の力強さ、清らかさがあふれ、天地開闢のころの無邪気な心ばえが伝わってきます。著名な大和絵の作品よりもいっそう原始な、ありのままの情感がそこにはあります。一筆一筆どこをとっても自他のない、神と人とがひとつに溶けあって遊ぶよろこびがあります。個性、創造性などというこざかしい人工の考え方とは別世界の人の心によって描かれた、健康な美を感じることができるのです。清らかにして素直で、人の心を和し、明るくほめたたえる心に満ち、慎みをもち

光悦・宗達の大和絵

ながら自然と一体となるという日本の伝統の心のあり方が、すべてお伽草子の中に表わされているのです。

元禄時分に近江国大津で土産用として描かれていた大津絵もまた、日本の心をよく表わした絵です。土産物として何枚も同じ絵を描くため、線は単純化され、色もすばやく塗られていますが、かえってそこに「われ」を忘れた清らかさがわき出ています。大量生産によって生み出された近代の製品とはまったく異なった、「天の道」にそった量産がそこにはあります。神、儒、仏、あるいは国学と多岐

お伽草子

にわたる学問を究めた富岡鉄斎翁が、二百年ほど前に売られていた土産物の大津絵を、

大津絵の昔の筆にならへどもおよばぬものは心なりけり

と詠んでいる、この一点をもってしても、近代美術の基本である創造性、個性などというものをまったく知らない大津絵の職人たちの心のあり方が、どれほど高く澄みわたったものであったかということが証明されましょう。われもなく、心素直に天なるままに描くとき、天地の力と一体となった「まこと」があらわれることを、古えの人々は悟りという形で知っていたのでした。

大津絵といえばすぐに思い起されるのが、柳宗悦（むねよし）氏です。氏は近代における個人主義的な美術を厳しく批判し、わが伝統の民芸を普及することにつとめ、日本美を多くの人々に知らしめる美術のあり方を説

大津絵「酒飲み鼠」

かれたのでした。「伝統をただ形式として受け取るなら生命は枯れよう。しかし篤信な時代では受け取りかたが純粋であった。だから驚くべき結果を生んだ。伝統が彼らへの救いであった」と柳宗悦氏はのべています。

田舎へ行くと、民家の床の間などに「高砂の松」を描いた掛軸がかけられているのを、よく見かけることがあります。わたしはこの「高砂の松」の中にあらわされた美意識を、究極のものと常に考えています。日本の伝統では美しく老いることが、人々の美意識の究極的な目標だったのです。清浄なものを食し、清浄な心を保ち、和歌を歌うことによって若がえり、美しさを保ちつづけながら老いるということが、もっとも尊ばれていたのでした。このような老いの美しさをあらわしたものが、「高砂の松」に描かれた老翁老婆の姿です。わが国では、「老い」は「枯れ」ることではありませんでした。若くして老いる、老いてもなお若いという考え方があったのです。世阿弥の『風姿花伝』には、幼年の花、青年の花、壮年の花、老いの花の美しさが示されていますが、老いた父観阿弥の能を見た感想をつぎのようにのべています。「控えめに色どりを添えながら演じていたが、それでもいよいよ花が増しているように見えた。これは真に体得しきった花であったために、その能は枝葉も少ない老木に花が散らずに残っているごとくであった」。「高砂の松」は、このもっともむずかしい技である「老いの花」をみごとに表わしたものといえるでしょう。

高　砂

「高砂の松」の図は、この世阿弥の作った謡曲「高砂」、古名「相生(あいおい)」にその題材を得たものです。肥後国阿蘇の宮の神主友成が都に上る途中、高砂の浦で景色をながめていると、老人夫婦がやってきて松の木陰を掃き清めます。そして、友成に高砂と住吉の二本の松を相生の松という謂や、松のめでたいことなどを語って、舟に乗って沖に去っていきます。友成が住吉に着くと、明神が現われ、御代を祝って神舞をまう、という話しです。これは、代表的な祝賀能、新年能として諸流みな演ずるものです。兵庫県高砂市に高砂神社があり、浜辺に近い境内にある伊奘諾尊・伊奘冉尊を

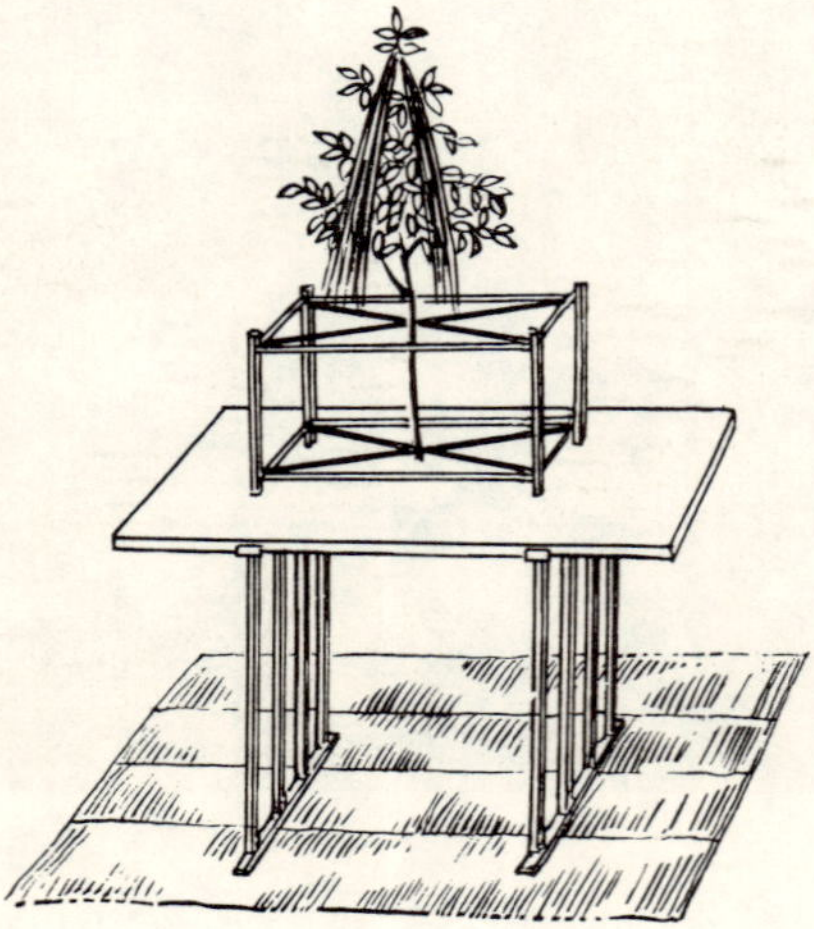

神籬（『いけばな辞典』東京堂出版より）

祀(まつ)る尉姥(いろう)神社に、相生(あいおい)の霊松があります。

近年おこなわれている生け花は、その起源において神の依代としてなされたものでした。「立花(たてばな)」が仏前に花を立てるのを起りとすると考えるのは誤りで、古くは神籬(ひもろぎ)としての意味を有していたものです。仏教には、草木を仏の依代とする思想はありません。『ホツマ』によって、この「立花」の原型と思われる神籬の記述を見てみると、まず二紋に常世神、すなわち国常立尊が橘を植え、高皇産霊尊(たかみむすびのみこと)をお生みになったことがしるされています。四紋には八御子神(やみこがみ)が「常世の花を　ハラミ山　香久山となす」と書かれています。「常世の花」とは橘のことであり、「香久の木」ともよぶことから、ハラミ山を香久山と名づけたのです。五紋には二神が「筑紫に行幸(みゆき)　橘を　植ゑて常世の　道なれば」とあり、国常立尊がおはじめになった「常世の道」と橘の関係が明確にしるされているのに気づきます。また、「紀州国(きしいくに)　橘植ゑて　常世里」とあることから、橘が国造り、政事をはじめる前の重要な神籬(ひもろぎ)であったことがわかります。天照大神の御代には「南(さ)の殿に　橘植ゑて　香久の宮

東に桜植ゑ　大内宮　親ら政事　聴こし召す」と見え、やはり政事をはじめる前の祭りとしての植樹のことが書かれています。時代が下り、垂仁天皇の御代には、神代国常立尊が常世の道をもって治められた、常春の常世国の政事をわが代に復古せんと、田道間守命をして、常世国に橘を求めに行かせたのでした。このように、橘、香久の木には政事をはじめる前に立てる神籬としての、神秘的な役割があったのです。その後「立花」となって室内に息吹を与え、整えるものと変化していったものと考えられます。

橘の花

祭祀というものを美的な対象として考えることは、いささか不敬なことのようにも思えますが、「神々しさ」を美の至上のものとするなら、祭祀に関するもろもろの風儀は、すべて至高な美をともなうものであるといえるのです。神の依代としての社殿、神霊の憑依する所としての御霊代、御霊代を奉安する御神座、神宝やくさぐさの御調度、幣帛、神饌、そして、それらが総合的に表現される祭典、その作法、装束、神楽など、神を斎き祀るための、高い品格と洗練された美を、それぞれが具備しています。『秀真政伝（ほつませいでん）』にも、「神人（かみ）と生れて礼なくんばあるべからず」とあるように、人と神とを区別しない日本の伝統の中では、「礼」というものが道徳とは別の神霊的な視点において尊ばれていました。『ホツマ』では、「伊佐宮に　諾（うなつ）き編（あ）みて　伊奘諾尊（いざなき）と　伊奘冉尊（いざなみ）となる」と神代の礼（うやまい）の手振（てぶり）が見られます。現在おこなわれている祭典も、伝統のまにまに神への最上の礼を最上の形式をもって表わそうとするもので、そこにもっとも洗練された美意識がおのずと生まれてくるのは当然のことといえます。そこには個性、創造性といったものとはまったく無縁の、静粛な心の表現があります。祭祀はあらゆる美の総合的な、あるいは究極的な表現形態であるといえましょう。中国の古礼をまとめた『礼記（らいき）』に、「礼を心得た人は、その座にあるときは尸（かたしろ）のごとく行儀よく、立ったときは、あたかも斎戒中の人のように厳かである」としるされています。礼とはその人自身によって表現される美の形、といえるのではないでしょうか。

　祭典に欠かすことのできない神饌は、古来「ミケ」と称し、実際の食事をもととしています。祭りは神にたいする御饗（みにえ）の形でおこなわれるため、神饌を奉ることは中心的な行為となります。基本的な品目は、和稲（にぎしね）、荒稲（あらしね）、酒、餅、海魚、川魚、野鳥、水鳥、海菜、塩、水の順に上位から供えられますが、神社の古式によって異なることもあります。それぞれの神社によって、美しい盛りつけ方や神饌の用具などが伝えられています。

春日大社の神饌

「美術教育」

明治五年に学制が発布され、西欧の近代的学校教育制度を模して、学校制度による国民教育が開始されました。近代の美術教育もまたそこからはじまったわけです。しかしながら、それは西洋にたいする劣等意識をもとにするもので、日本の伝統的美意識にたいする正しい認識は、学校教育の中では岡倉天心先生らの特例をのぞきほとんどされていませんでした。戦後においては、その傾向はさらに強まり、日本の伝統美にほとんど関心をもたない、鑑賞力の不足した教育者によって美術教育がおこなわれてきたのでした。それらの流れの中でも、ことに大正期におこなわれた山本鼎(かない)の「自由画教育」は、まことに単純な論理と、日本伝統美術にたいする無知と、明治政府の「臨模」(模写)にたいする「反動」として流行し、いまだにその尾を引いています。著者が今までのべたような、伝統に根ざした美意識の問題は、美術教育論や美学論の中ではまったくあつかわれませんでした。近ごろ少しずつではありますが、美学の研究者の中から、日本美にたいする論究がおこなわれるようになりはじめました。それでもまだ、哲学という西洋の方法論にとらわれているために深い認識ができていません。日本美は日本独特の認識方法によらなくては、その真意を知ることができないのです。すでに無効となった「神道指令」の趣旨をついだ憲法における、政教分離などの問題を残しながらも、文部省では情操を養うために美術教育が宗教的なものにまでおよぶことを認めています。心の問題がより問われる昨今において、すぐれた自然観、すぐれた心のありかたを面目とする日本の伝統美は、教育界において今後ますます注目されてくることでしょう。

日本の美術史における古儀(いにしえぶり)の尊重は、天上高天原の風儀(てぶり)をこの地上の聖地(すがのち)に写し、国風(くにぶり)としたところからはじまりました。清らかさ、素直さ、慎みといった心ばえにもとづき、明るい表現、活(いき)の表現によって鑑賞者に健康な神の息吹、高天原の息吹を与えるとき、その表現は「神々しい」ということを至上とするがゆえに、もっとも美しく強力なものとなるのです。物と魂魄(たましゐ)が結い和される初(うい)のごとき状態におけるよろこびこそ、わが国柄のもつ美意識なのです。

われも無し　慈(ゐつくし)を以(も)て
神形(かんかたち)　中心(なかご)素直に
神力(かんぢから)　良く物知るは
神通り(かんどほり)　事無(な)ふ保つ

大円寺所蔵　桜図襖（鳥居礼画）

奇(く)し日霊(ひる)ぞ　ただ和(やわ)らぎを
手段(てだて)なり

という、まことに平和な心の状態をその教えの根本とする伝統が、わが国の「神代(かみよ)の風儀(てぶり)」だったのです。

新版の出版にあたって

日本は美の国である。わが国の歴史の根底には、高い情緒性に裏づけられた美意識が常に存在していた。それは、神々の美を淵源とするものであって、太古より変わることなく奥深くそして静かに流れ続けているものである。しかし、歴史を語る人々は、このもっとも大切なことがらを忘れがちである。それは、戦後の文化的混乱によってもたらされたことはいうまでもない。

今後の世界的文明のあり方を考えようとする者は、自然と一体融合することを最大の目的としたような、日の出ずる国の美意識を、今一度問い直さなくてはならない。もうすでに物質中心の政治的イデオロギーの時代は終焉すべきときに来ているのではないか。人類の存亡という一点において。はじめ活版であった『神代の風儀』を、見やすくするために、わざわざ新しく組み直して下さった新泉社社長の石垣雅設氏に心からの敬意と感謝を表し、日本の美意識を知ろうとする真摯なる読者諸氏にこの新版『神代の風儀』をお贈りする次第である。

平成十四年十一月二十三日　新嘗祭の日に

笹気庵　鳥居　礼

神々の系図

神代の系図［1］

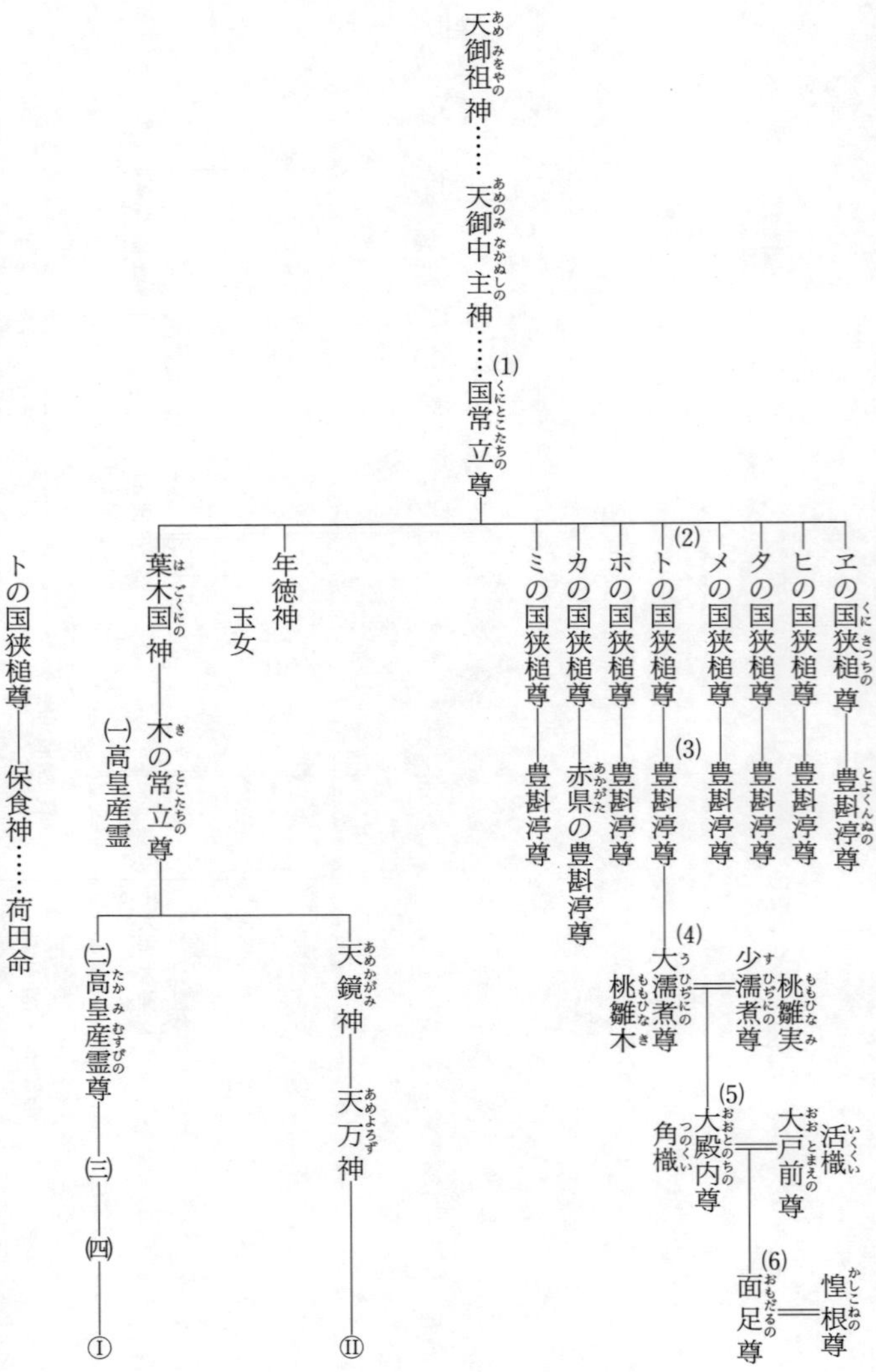
天御祖神
天御中主神
(1)
国常立尊
葉木国神
年徳神
玉女
ミの国狭槌尊
カの国狭槌尊
ホの国狭槌尊
(2)
トの国狭槌尊
メの国狭槌尊
タの国狭槌尊
ヒの国狭槌尊
ヱの国狭槌尊
豊斟渟尊
赤県の豊斟渟尊
豊斟渟尊
(3)
豊斟渟尊
豊斟渟尊
豊斟渟尊
豊斟渟尊
豊斟渟尊
(4)
大濡煮尊
桃雛木
少濡煮尊
桃雛実
(5)
大殿内尊
角𣏐
大戸前尊
活𣏐
(6)
面足尊
惶根尊
木の常立尊
㈠高皇産霊
㈡高皇産霊尊
㈢
㈣
Ⅰ
天鏡神
天万神
Ⅱ
トの国狭槌尊
保食神
荷田命

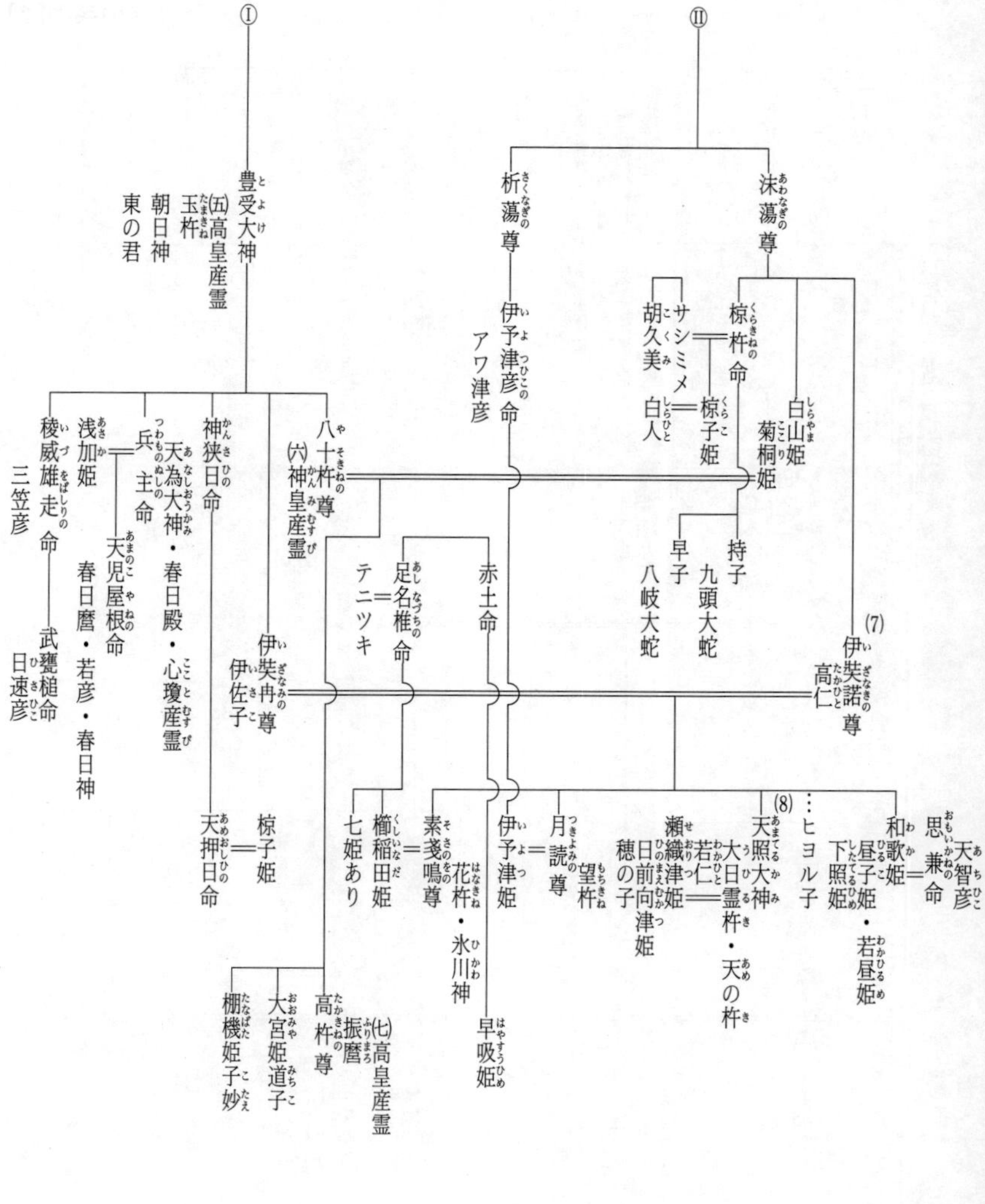
Ⅰ
豊受大神
(五)高皇産霊
玉杵
朝日神
東の君
八十杵尊
(六)神皇産霊
神狭日命
天為大神・春日殿・心瓊産霊
兵主命
浅加姫
天児屋根命
春日麿・若彦・春日神
稜威雄走命
三笠彦
武甕槌命
日速彦
伊奘冉尊
伊佐子
天押日命
椋子姫
(七)高皇産霊
振麿
高杵尊
大宮姫道子
棚機姫子妙
Ⅱ
析蕩尊
伊予津彦命
アワ津彦
沫蕩尊
椋杵命
サシミメ
胡久美
白人
椋子姫
白山姫
菊桐姫
持子
早子
九頭大蛇
八岐大蛇
赤土命
足名椎命
テニツキ
(7)伊奘諾尊
高仁
七姫あり
櫛稲田姫
素戔嗚尊
花杵・氷川神
早吸姫
伊予津姫
月読尊
望杵
瀬織津姫
若仁
日前向津姫
穂の子
(8)天照大神
大日霊杵・天の杵
…ヒヨル子
和歌姫
天智彦
思兼命
昼子姫・若昼姫
下照姫

神代の系図[2]

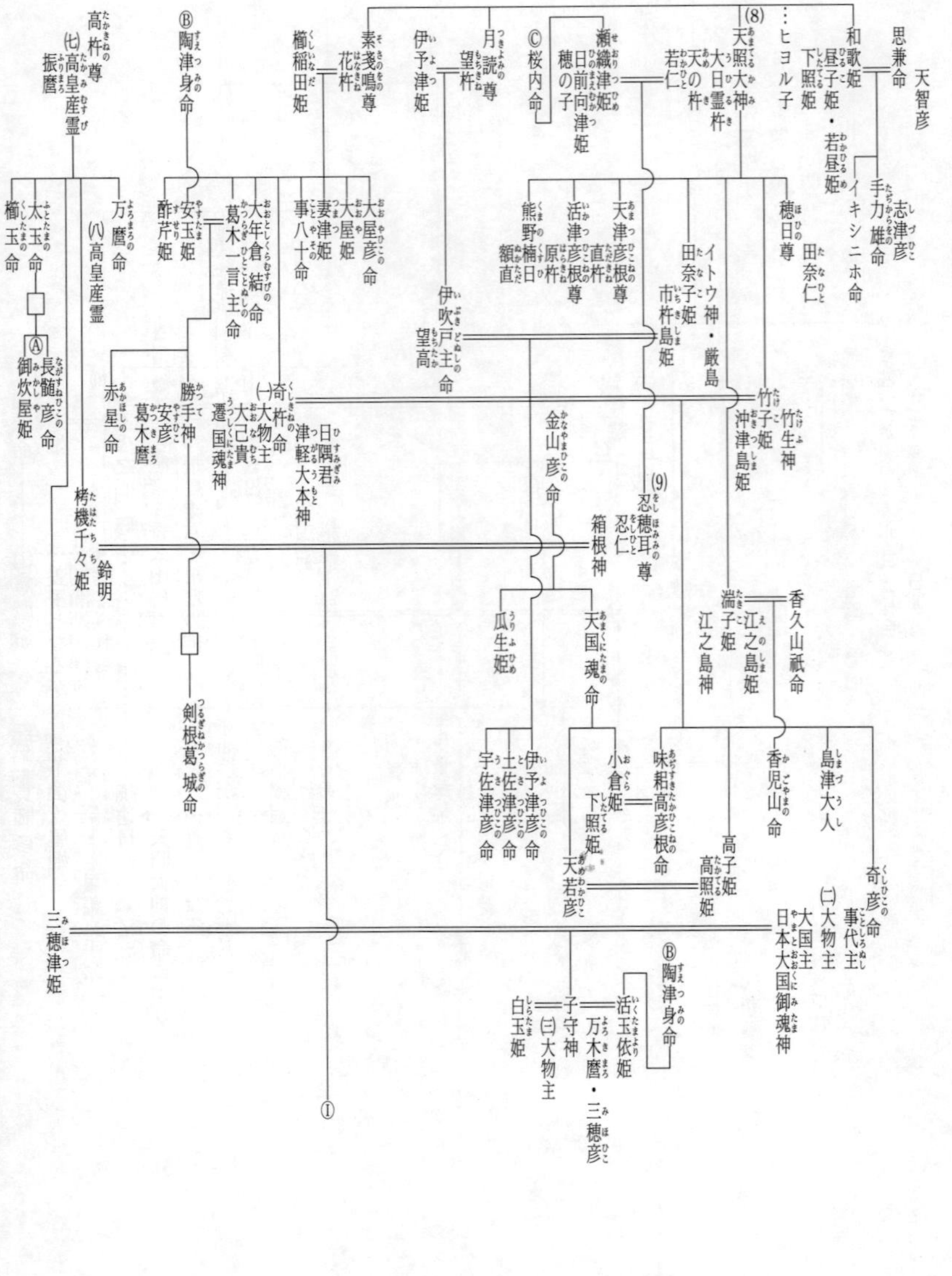
天智彦
思兼命
和歌姫
昼子姫・若昼姫
下照姫
…ヒヨル子
(8)天照大神
大日霊杵
天の杵
若仁
瀬織津姫
日前向津姫
穂の子
Ⓒ桜内命
月読尊
望杵
伊予津姫
素戔嗚尊
花杵
櫛稲田姫
Ⓑ陶津身命
高杵尊
(七)高皇産霊
振麿
志津彦
手力雄命
イキシニホ命
穂日尊
田奈仁
イトウ神・厳島
田奈子姫
市杵島姫
天津彦根尊
直杵
活津彦根尊
原杵
熊野楠日
額直
伊吹戸主命
望高
大屋彦命
大屋姫
妻津姫
事八十命
大年倉結命
葛木一言主命
安玉姫
酢芹姫
万麿命
(八)高皇産霊
太玉命
櫛玉命
Ⓐ長髄彦命
御炊屋姫
竹子姫
沖津島姫
竹生神
(一)奇杵命
日隅君
津軽大本神
大己貴
遷国魂神
大物主
勝手神
安彦
葛木麿
赤星命
金山彦命
(9)忍穂耳尊
忍仁
箱根神
栲機千々姫
鈴明
香久山祇命
江之島姫
湍子姫
江之島神
天国魂命
瓜生姫
剣根葛城命
島津大人
香児山命
高子姫
高照姫
味耜高彦根命
小倉姫
下照姫
伊予津彦命
土佐津彦命
宇佐津彦命
奇彦命
事代主
(二)大物主
大国主
日本大国御魂神
天若彦
三穂津姫
Ⓑ陶津身命
活玉依姫
万木麿・三穂彦
子守神
(三)大物主
白玉姫
Ⓘ

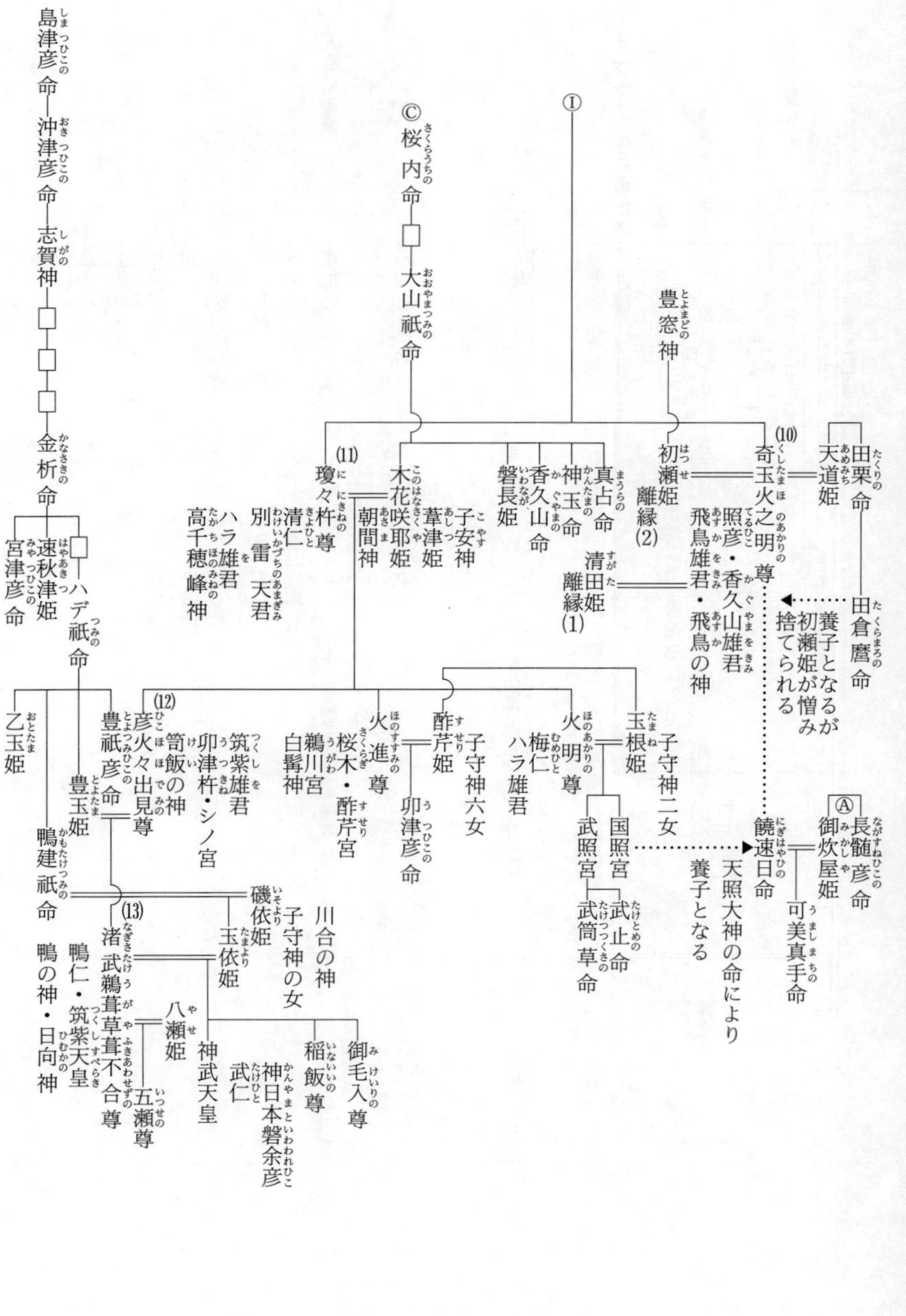
Ⓐ 長髄彦命
御炊屋姫
可美真手命
饒速日命
天照大神の命により養子となる
田栗命
天道姫
田倉麿命
養子となるが初瀬姫が憎み捨てられる
(10) 奇玉火之明尊
照彦・香久山雄君・飛鳥雄君・飛鳥の神
初瀬姫 離縁(2)
清田姫 離縁(1)
Ⓘ
豊窓神
真占命
神玉命
香久山命
磐長姫
Ⓒ 桜内命
大山祇命
子安神
葦津姫
木花咲耶姫
朝間神
(11) 瓊々杵尊
清仁
別雷天君
ハラ雄君
高千穂峰神
玉根姫
子守神二女
火明尊
梅仁
ハラ雄君
国照宮
武照宮
武止命
武筒草命
酢芹姫
子守神六女
卯津彦命
火進尊
桜木・酢芹宮
鵜川宮
白髭神
筑紫雄君
卯津杵・シノ宮
筍飯の神
(12) 彦火々出見尊
豊祇彦命
豊玉姫
乙玉姫
鴨建祇命
磯依姫
子守神の女
川合の神
玉依姫
(13) 渚武鵜葺草葺不合尊
鴨仁・筑紫天皇
鴨の神・日向神
八瀬姫
五瀬尊
神武天皇
神日本磐余彦
武仁
稲飯尊
御毛入尊
島津彦命
沖津彦命
志賀神
金析命
宮津彦命
速秋津姫
ハデ祇命

春日神の系図

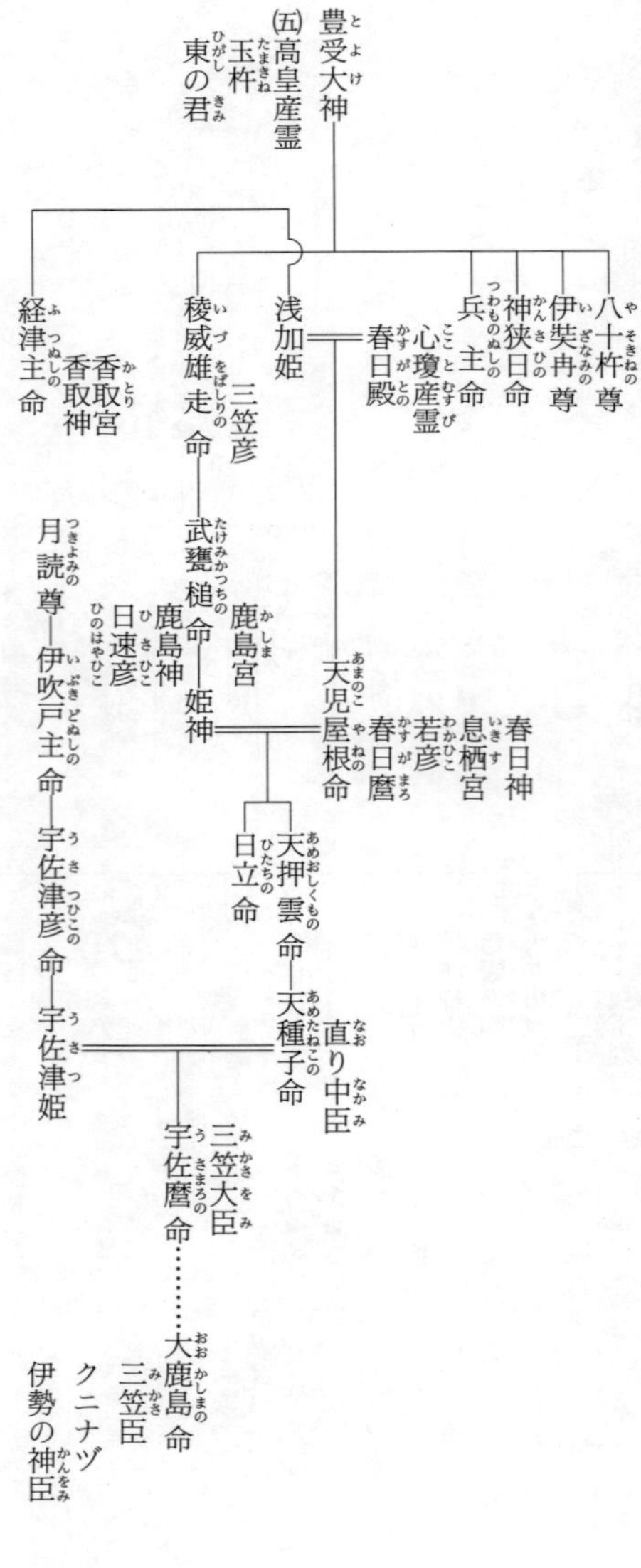

ホツマの道奥義伝承の系譜

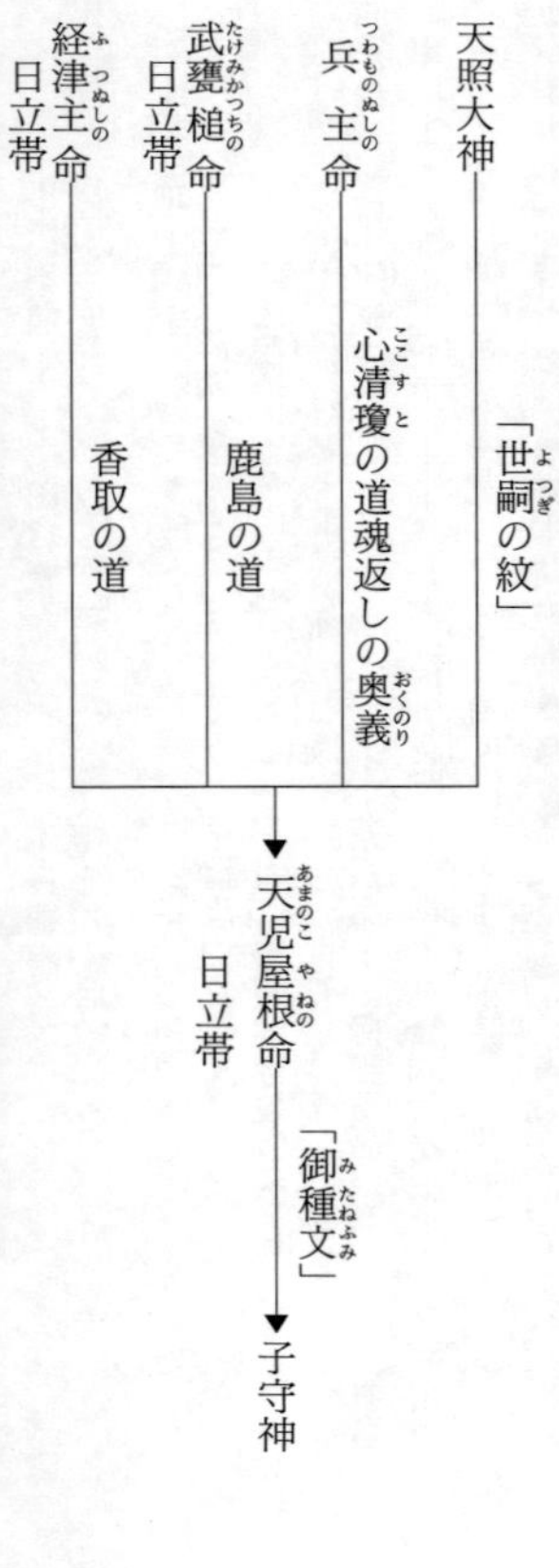

大物主の系図　(旧)は「先代旧事本紀」

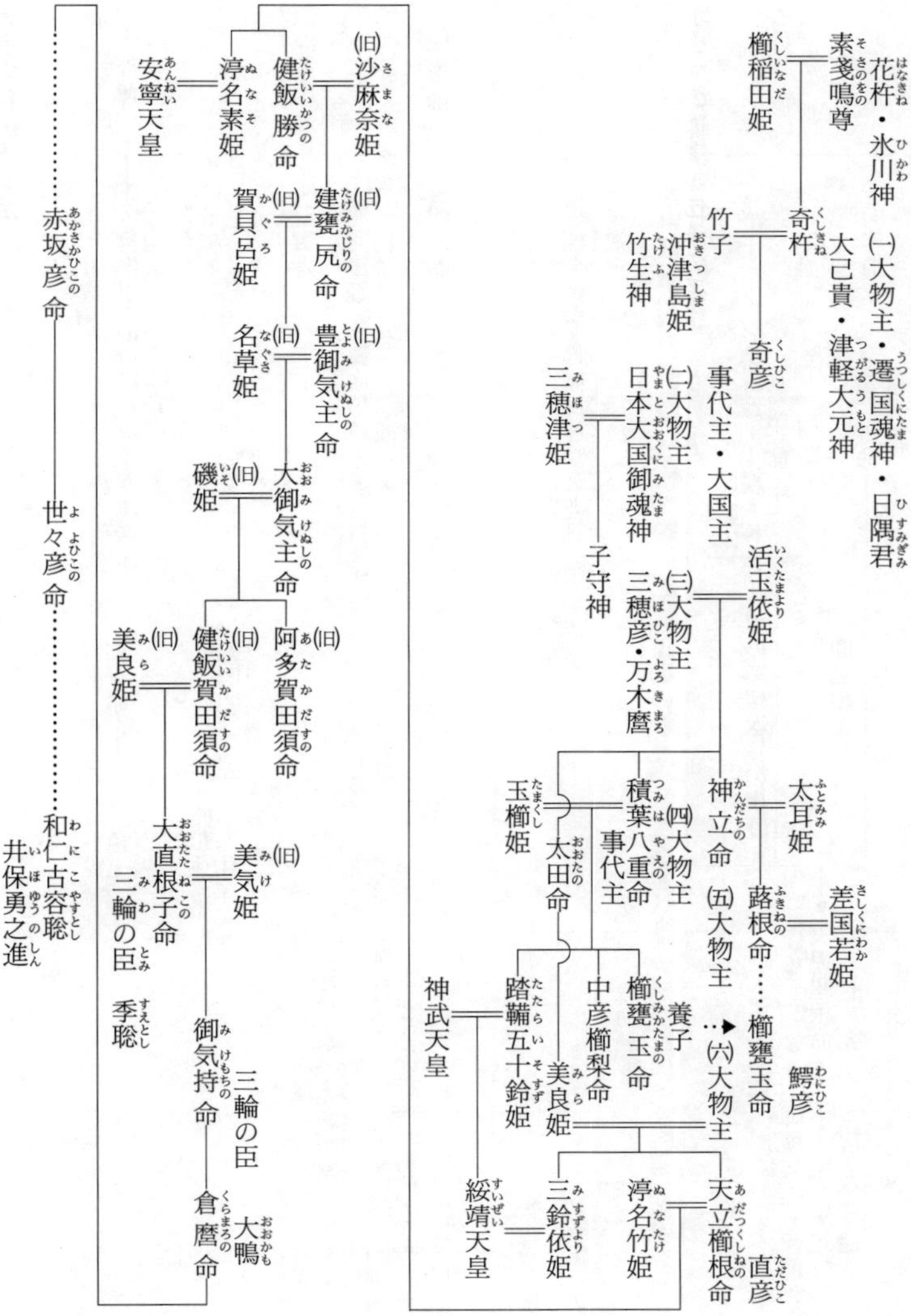

天照大神の十二后

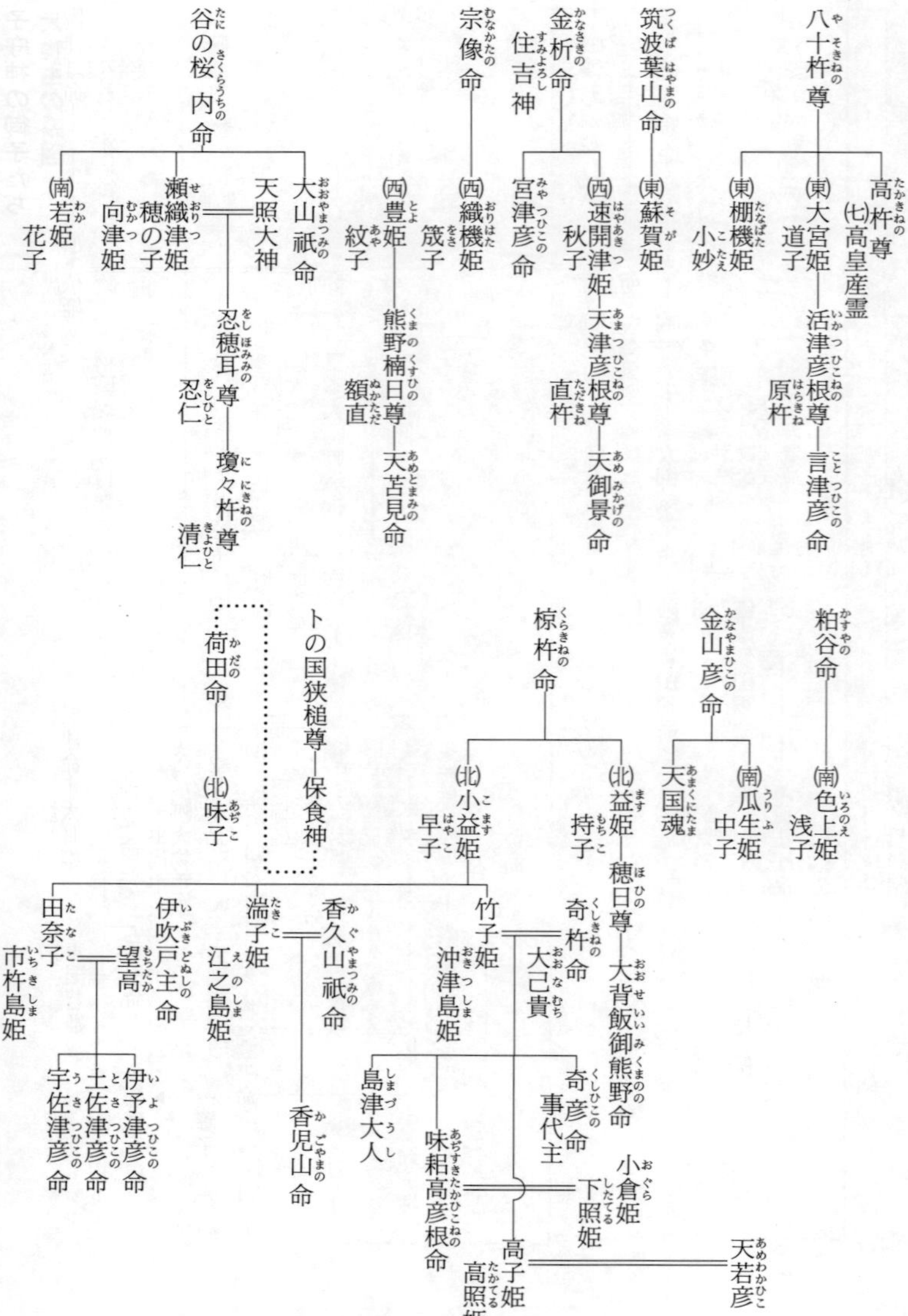
八十杵尊
高杵尊
(七)高皇産霊
(東)大宮姫
道子
活津彦根尊
原杵
言津彦命
(東)棚機姫
小妙
筑波葉山命
(東)蘇賀姫
金析命
住吉神
(西)速開津姫
秋子
天津彦根尊
直杵
天御景命
宮津彦命
宗像命
(西)織機姫
筬子
(西)豊姫
紋子
熊野楠日尊
額直
天苫見命
谷の桜内命
大山祇命
天照大神
瀬織津姫
穂の子
向津姫
忍穂耳尊
忍仁
瓊々杵尊
清仁
(南)若姫
花子
粕谷命
(南)色上姫
浅子
金山彦命
(南)瓜生姫
中子
天国魂
椋杵命
(北)益姫
持子
穂日尊
大背飯御熊野命
(北)小益姫
早子
奇杵命
大己貴
竹子姫
沖津島姫
奇彦命
事代主
島津大人
味耜高彦根命
下照姫
小倉姫
高子姫
高照姫
天若彦
トの国狭槌尊
保食神
荷田命
(北)味子
香久山祇命
湍子姫
江之島姫
香児山命
伊吹戸主命
望高
田奈子
市杵島姫
伊予津彦命
土佐津彦命
宇佐津彦命

子守神の御子たち

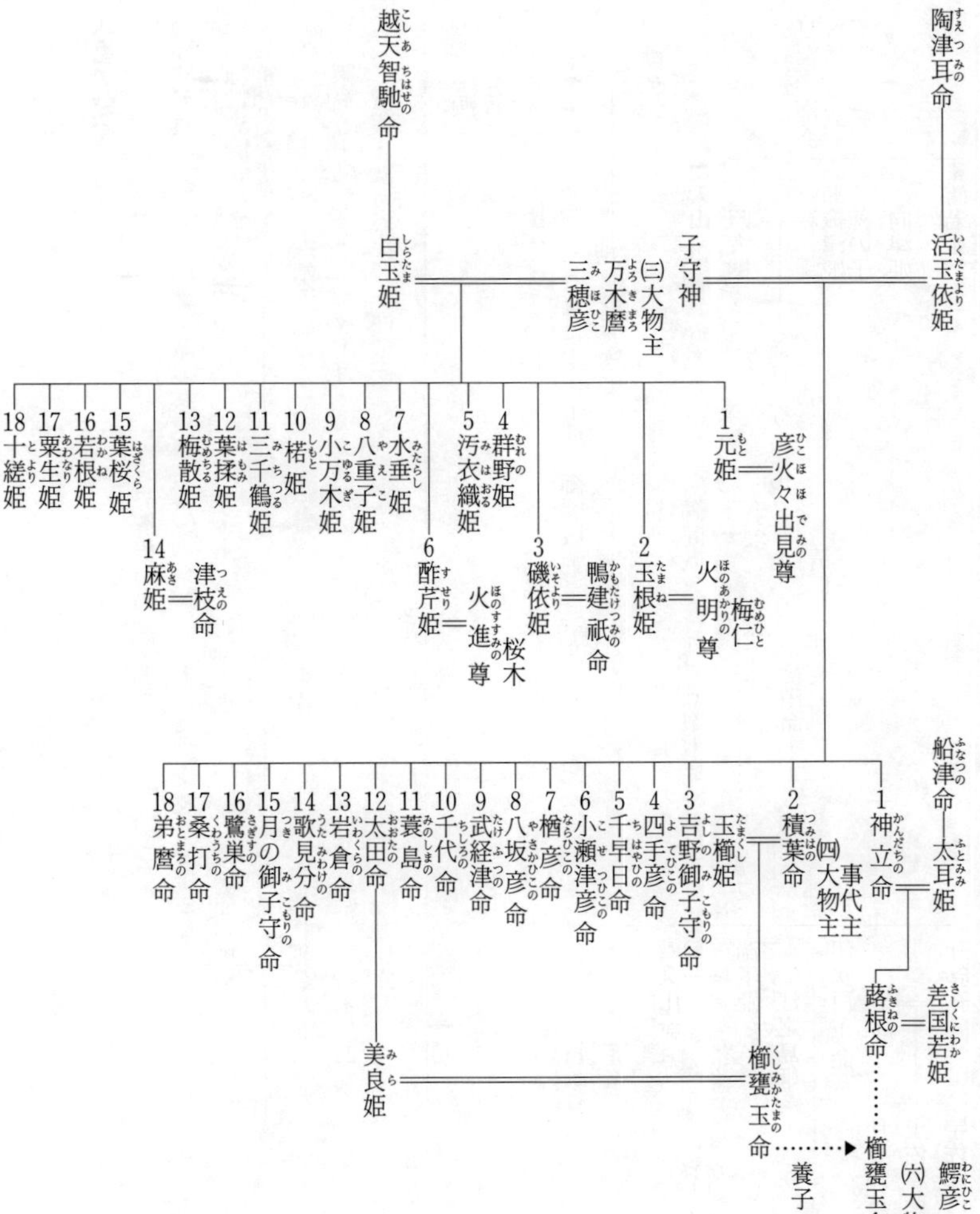

陶津耳命
活玉依姫
子守神
(三)大物主
万木麿
三穂彦
白玉姫
越天智馳命
1 元姫
彦火々出見尊
2 玉根姫
火明尊
梅仁
3 磯依姫
鴨建祇命
4 群野姫
5 汚衣織姫
6 酢芹姫
火進尊
桜木
7 水垂姫
8 八重子姫
9 小万木姫
10 椙姫
11 三千鶴姫
12 葉揉姫
13 梅散姫
14 麻姫
津枝命
15 葉桜姫
16 若根姫
17 粟生姫
18 十縒姫
船津命
太耳姫
1 神立命
2 積葉命
(四)大物主
事代主
玉櫛姫
3 吉野御子守命
4 四手彦命
5 千早日命
6 小瀬津彦命
7 楢彦命
8 八坂彦命
9 武経津命
10 千代命
11 蓑島命
12 太田命
13 岩倉命
14 歌見分命
15 月の御子守命
16 鷺巣命
17 桑打命
18 弟麿命
差国若姫
蕗根命
櫛甕玉命
美良姫
養子
櫛甕玉命
(六)大物主
鰐彦

天皇の略図

(一)神武天皇
武仁(たけひと)
神倭磐余彦(かんやまといわれひこ)
踏鞴五十鈴姫(たたらいそすず)
積葉八重命の女

櫛甕玉命の女
三鈴依姫
(二)綏靖天皇(すいぜい)
神渟川耳(かぬかわみみ)
安杵(やすきね)

天立櫛根命の女
渟名襲姫(ぬなそ)
(三)安寧天皇(あんねい)
玉手看(たまでみ)
磯城仁(しぎひと)

義仁(よしひと)
大日本彦鉏友(おおやまとひこすきとも)
(四)懿徳天皇(いとく)
天豊津姫(あめとよつ)

海松仁(みるひと)
香殖稲(かえしね)
(五)孝昭天皇
世襲足姫(よそたり)

押姫(おし)
(六)孝安天皇
日本足彦国押人(やまとたりひこくにおしひと)

根子彦(ねこひこ)
大日本太瓊(おおやまとふとに)
(七)孝霊天皇
細姫(ほそ)

元杵(もときね)
日本根子彦国牽(やまとねこひこくにくる)
(八)孝元天皇
欝色謎(うつしこめ)

太日日(ふとひひ)
稚日本根子彦(わかやまとねこひこ)
(九)開化天皇
伊木色謎(いきしこめ)

御間城姫(みまき)
(十)崇神天皇(すじん)
御間城入彦(みまきいりひこ)
五十瓊殖(いそにゑ)

五十狭茅(いそさち)
活目入彦(いくめいりひこ)
(十一)垂仁天皇(すいにん)
日葉洲姫(ひはす)

(十二)景行天皇
日本忍代別(やまとおしろわけ)
足彦(たりひこ)
稲日大郎姫(いなひをいらつ)
八坂高依姫(やさかたかより)
弟姫(おと)

日本武尊(やまとたけの)
花彦(はなひこ)
小碓尊(おうすの)
望仁(もちひと)
大碓尊(をうすの)
(十三)成務天皇

参考文献

〈ホツマ関係〉
『生洲問答』 三輪容聡著 小笠原長明蔵
『秀真政伝』全十巻 小笠原通當著 国立公文書館蔵
『小笠原信濃由緒記』 小笠原通當著 小笠原重興蔵
『ホツマ歌』 小笠原長武著 小笠原長明蔵
『秀真とはいかなるものか』 小笠原長武著 小笠原長明蔵
『蓬莱参山』 小笠原長武著 小笠原長明蔵
『三女神』 小笠原長武著 小笠原長明蔵
『秀真紀記三書比較』小笠原長武著 小笠原長明蔵
『春日山紀』全五巻 溥泉著 小笠原長明蔵
『ホツマツタヱ』 小笠原長弘本 小笠原長明蔵
『ホツマツタヱ』 小笠原長武本 国立公文書館蔵
『ミカサフミ』 三輪容聡本 小笠原長明蔵
『フトマニ』 小笠原長武本 小笠原長明蔵
『おやのひかり』 小笠原長武著 小笠原長明蔵

〈神道国学関係〉
『特選神名牒』 内務省蔵版
『神社名鑑』 神社本庁刊
『神道大辞典』 臨川書店
『中世神道論』 日本思想大系 岩波書店
『近世神道論』 日本思想大系 岩波書店
『神道大系』全百二十巻 神道大系編纂会
『祝詞講義』 鈴木重胤著 日本文学古註釈大成
『神道叢説』 国書刊行会
『祭祀概説』 川出清彦著 学生社
『日本祭祀研究集成』 名著出版
『明治維新と神道』 阪本健一著 同朋舎出版 都立中央図書館蔵
『日本神道史研究』 西田長男著 講談社
『本居宣長』 日本思想大系 岩波書店
『本居宣長集』 日本古典集成 新潮社
『神道の基礎知識と基礎問題』 小野祖教著 神社新報社
『伴信友全集』 国書刊行会
『神道の成立』 高取正男著 平凡社選書
『お伊勢まいり』 伊勢神宮刊

『出雲大社由緒略記』　出雲大社刊
『神さまお宮鎮守の森』　小野迪夫著　中外日報社
『神道の思想』　梅田義彦著　雄山閣
『神典』　大倉精神文化研究所編
『神道建築』　山内泰明著　神社新報社
『神道思想史』　安津素彦著　神社新報社
『祭祀概論』　西角井正慶著　神社新報社
『神祇史概論』　宮地治邦著　神社新報社
『神社有職故実』　八束清貫著　神社本庁刊
『神社有職』　川出清彦著　都立中央図書館蔵
『神道思想名著集成』　小野祖教編

〈紀記関係〉
『校本日本書紀』　国学院大学日本文化研究所編
『日本書紀』　国史大系　吉川弘文館
『日本書紀』　日本古典文学大系　岩波書店
『日本書紀私記』　吉川弘文館
『釈日本紀』　卜部兼方著
『日本書紀通証』　谷川士清（ことすが）著
『日本書紀通釈』　飯田武郷（たけさと）著
『日本書紀新講』　飯田季治（すえはる）著

『古事記祝詞』　日本古典文学大系　岩波書店
『古事記上代歌謡』　日本古典文学全集　小学館
『古事記伝』　本居宣長著
『先代旧辞本紀の研究』　鎌田純一著　吉川弘文館
『古語拾遺』　斎部（いんべ）広成著　新撰古典文庫　現代思潮社
『上代史籍の研究』　岩橋小彌太著　吉川弘文館
『記紀批判』　梅澤伊勢三著　創文社
『古史通』　新井白石著　新井白石全集第三巻　都立中央図書館蔵
『古史通或問（わくもん）』　新井白石著　新井白石全集第三巻　都立中央図書館蔵
『記紀歌謡全註解』　相磯貞三　有精堂
『古代歌謡全注釈』　土橋寛　角川書店

〈言霊関係〉
『水穂伝（みづほのつたへ）』　山口志道著　都立中央図書館蔵
『言霊秘書』　山口志道著　八幡書店
『言霊或問』　中村孝道著　国会図書館蔵

〈その他〉
『神字日文伝(かんなひふみ)』平田篤胤著　新修平田篤胤全集第十五巻　名著出版
『日本古代文字考』落合直澄著　八幡書店
『万葉集古義』鹿持(かもち)雅澄著
『古今和歌集』日本古典文学全集　小学館
『日本の美術史』保田與重郎(よじゅうろう)著　新潮社
『天と人との際』胡蘭成(こらんせい)著　清渚会刊
『日本民族』岡潔著　月刊ペン社
『大和絵の研究』源豊宗著　角川書店
『日本人の言霊思想』豊田国夫著　講談社学術文庫
『日本雛祭考』有坂与太郎　拓石堂出版
『日本史新論』保田與重郎著　新潮社
『日本美術史論究』源豊宗著　思文閣出版
『神道の美術』景山春樹著　塙書房
『日本の文様』光琳出版
『物語日本史』平泉澄著　講談社学術文庫
『日本語のこころ』渡部昇一著　講談社現代新書
『装束の知識と着法』文信社
『日本国語大辞典』全二十巻　小学館
『古事類苑』吉川弘文館
『古今(ここん)要覧稿』国書刊行会
『国書総目録』国書研究室
『日本年中行事辞典』鈴木棠三(とうぞう)著　角川書店
『倭漢三才図絵(さんさいずえ)』寺島良安著
『絲管秘書』国立公文書館蔵
『出雲琴考』中山琴主著　都立中央図書館蔵
『和琴の形態の発育経過について』林兼三著
『古代和歌史』久松潜一著　東京堂出版　都立中央図書館蔵
『箏絃辞典』石瀬雅之著
『群書類従』塙保己一著
『大和絵の研究』源豊宗著　角川書店
『日本美術論究』源豊宗著　角川書店
『茶の本』岡倉天心著　海南書房
『美術教育学への道』山本正道著　玉川大学出版部
『日本文化私観』ブルーノ・タウト著　宝文館出版
『日本の美』西田正好著　創元社
『東洋の美学』今道友信著　ＴＢＳブリタニカ
『文人画論集』中田勇次郎著　中央公論社
『支那絵画史』内藤湖南著　弘文堂

著者紹介

鳥居　礼（とりい　れい）

1952年　東京に生まれる。
武蔵野美術大学卒業後，日本画の制作に没頭。

1981年　『秀真伝』に出会う。日本文化の本質がその中にあるを知り，以後秀真研究に力を注ぐ。『秀真伝』の精神を抽出した鳥居流大和絵を描く。

主な著書　『言霊ホツマ』（85年），『神代の風儀』（87年），『宇宙原理ホツマ』（92年，以上たま出版）。『完訳秀真伝（上下）』（88年，八幡書店）。『ホツマツタヱ入門』（89年），『神代巻秀真政伝』（91年，東興書院）。『秀真伝が明かす超古代の秘密』（93年），『超古代史が明かす神々の謎』（95年，日本文芸社）。『知られざる古代日本』（00年），『天照大神男神論』（02年，フォレスト出版）。
その他『鳥居礼作品集』，個展多数。

改訂新版　神代の風儀

1997年9月15日　第1刷発行
2003年3月3日　改訂新版第1刷発行

著　者＝鳥居　礼

発行所＝株式会社　新泉社

東京都文京区本郷2-5-12
振替　00170-4-160936番　電話03(3815)1662　FAX03(3815)1422
印刷・太平印刷社　製本・榎本製本
ISBN 4-7877-0214-9　C1021